"十二五"职业教育国家规划教材
经全国职业教育教材审定委员会审定

全国职业教育规划教材·旅游系列

浙江省"十一五"重点教材建设项目

旅游交通实务

（第二版）

任 鸣 编著

内 容 简 介

本书从旅游需求出发,详细介绍了旅游交通的概念、作用、组织构建和旅游交通常识;从基本知识、运作方法到常见问题的处置等对旅游航空交通、旅游铁路交通、旅游公路交通、旅游水路交通、城市公共交通和旅游景区交通作了完整的表述;此外,还介绍了旅游交通的组织与管理的步骤与方法,以及国际国内的有关交通运输的法律法规等。

本书实用性和操作性强,可作为旅游类本科及高职高专院校的公共选修课教材,旅游经营与管理类必修课教材,以及旅行社企业的培训教材。

图书在版编目(CIP)数据

旅游交通实务/任鸣编著. —2 版. —北京:北京大学出版社,2014.9
(全国职业教育规划教材·旅游系列)
ISBN 978-7-301-23653-6

Ⅰ. ①旅… Ⅱ. ①任… Ⅲ. ①旅游业—交通运输管理—高等职业教育—教材 Ⅳ. ①F506

中国版本图书馆 CIP 数据核字(2014)第 001150 号

书　　　　名:	旅游交通实务(第二版)
著作责任者:	任　鸣　编著
策 划 编 辑:	李　玥
责 任 编 辑:	李　玥
标 准 书 号:	ISBN 978-7-301-23653-6/F·3809
出 版 发 行:	北京大学出版社
地　　　　址:	北京市海淀区成府路 205 号　100871
网　　　　址:	http://www.pup.cn　新浪官方微博:@北京大学出版社
电 子 信 箱:	zyjy@pup.cn
电　　　　话:	邮购部 62752015　发行部 62750672　编辑部 62765126　出版部 62754962
印 刷 者:	北京虎彩文化传播有限公司
经 销 者:	新华书店
	787 毫米×1092 毫米　16 开本　14.75 印张　287 千字
	2010 年 7 月第 1 版
	2014 年 9 月第 2 版　2021 年 1 月第 6 次印刷(总第 9 次印刷)
定　　　　价:	32.00 元

未经许可,不得以任何方式复制或抄袭本书之部分或全部内容。
版权所有,侵权必究
举报电话:010-62752024　电子信箱:fd@pup.pku.edu.cn

第二版前言

近年来,随着交通业的飞速发展,旅游业的交通运用也发生了巨大变化。洲际航空、高速铁路、跨洋邮轮和景区交通等作为旅游交通的新一轮核心向纵深发展。由此,新的旅游出行方式、运作组合和交通事务处置方法等都有了重大的转变。作为旅游组织者,在进行有效组织旅游交通,合理编制旅游产品行程和充分利用现代交通实现游览等方面应有新的思路和方式。而作为旅游者则更需要在"快旅慢游"和"慢旅舒游"中了解旅游交通的合理利用和选择。

《旅游交通实务》第一版于2010年出版,鉴于交通发展的变迁,有诸多内容已不适应现代旅游的交通变化,更有新型交通的全面介入,使得本书中的很多内容需要增加和补充。为此,编者广泛收集相关交通技术资料和运作规范内容,在汇集各旅游交通职能管理部门处置旅游交通事务规程和方法的基础上,结合旅游企业和交通企业的具体组织、操作程序和方法的实践,在近几年教学实践的基础上,特此进行本次修订。**目前,本书已经被评为"十二五"职业教育国家规划教材,并配有配套课件供教师教学使用。**

第二版基本保留了第一版的结构与框架,主要在第一、三~八章有以下几个方面的修改。

(1) 第一章:表1-1国际旅游(外汇)收入构成由2008年换成2011年。

(2) 第三章:全部将2008年的数据更新为2012年的数据。增加了国际机场理事会(AACI)、中国航空运输协会(CATA)、中国民用机场协会(CCAA)和世界三大航空联盟等组织的介绍;增加了对机票种类的按年龄特性分类、机场按飞行区等级分类和世界使用最多的民用飞机制造商的飞机系列简介的内容。

(3) 第四章:增加了高铁和动车组的诸多内容,包括概念、购票、退票、坐车及相关处置方法等。

(4) 第五章:增加了"绿道"的知识内容。

(5) 第六章:增补了邮轮上下船和船上活动等流程与要求;增加了旅客在邮轮上的权利与义务、邮轮管理者的义务等;增加了网络、通信等服务内容。

(6) 第七章:增补了"电瓶车"的内容和国内地铁的标志。

(7) 第八章:增补了旅游相关交通行业的管理和技术问题的内容。

全书分为八章,在保持原教材内容简洁、精选的基础上,力求体现各种旅游交通特色、常规问题处理方法和特殊问题处置内容的编写主线，做到理论与实践应用相结合，符合高职高专人才培养的教学要求。

本版第一章～第七章的修订工作由任鸣教授完成，第八章的修订工作由浙江旅游职业学院池静老师协助完成。原教材自 2010 年出版以来，得到了许多院校的欢迎，老师们也提出了一些宝贵意见，在此表示感谢。同时，本书得到了国家旅游局、铁道科学研究院、浙江省教育厅、浙江省旅游局的指导和帮助，也得到了北京大学出版社的鼎力支持，在此一并表示谢意。

任　鸣

2014 年 8 月于杭州

第一版前言

自古以来，交通就对旅行的发展有着深刻的影响。便利、迅速、安全的交通运输不仅改变了人们的旅游形式，也实现了人类可以到世界各地，甚至太空旅游的欲望。所以，旅游交通一直以来是旅游业的三大支柱产业之一，属于旅游的先决要素和旅游发展的前提条件。因此，熟悉、掌握和有效组织旅游交通是提高旅游行业效益、实现旅游品质服务的重要保证。

随着现代化交通的不断发展和城际、城内交通形式的快速更新，加之旅游目的地景区交通的变迁和交通旅游项目的不断升温，旅游从业者对旅游交通知识和其组织、运营、绩效等实操能力与技巧更为关注。从对旅游企业调研和网上搜索调查的结果看，几乎百分之百的人认同交通运作能力对旅游发展，尤其对旅游效益和旅游品质服务具有决定性作用。而从业人员更渴望提升自身对旅游交通方面的知识。

由此可见，"旅游交通实务"课程的开设不仅填补了目前旅游类专业课程的空白，更满足了旅游行业的客观需要，要求开设"旅游交通实务"课程已成为旅游类专业课程改革的热门话题。为满足教学的需要，经过近两年的实践（在浙江旅游职业学院旅游管理专业两届学生中已开设"旅游交通实务"课程）与准备，我们在《旅游交通实务讲义》的基础上，搜集多方资料并走访旅游、交通等职能管理部门、企事业单位和相关院校，编写了本书，且本书已纳入2009年度浙江省"十一五"重点教材建设项目。

本书共分为8章，对旅游交通进行了较为全面的阐述。从旅游需求出发，详细介绍了旅游交通的概念、作用、组织建设和旅游交通常识；从基本知识、运作方法到常见问题的处置等对旅游航空交通、旅游铁路交通、旅游公路交通、旅游水路交通、城市公共交通、旅游景区交通和特殊旅游交通作了完整的表述；还介绍了旅游交通的组织、管理的步骤与方法，以及国际国内的有关交通运输的法律法规等。

本书在编写过程中，得到了浙江省旅游局、浙江省教育厅、浙江旅游职业学院和周德邦老师、邓进老师的大力协助和支持。同时，本书还得到了北京大学出版社李玥老师的悉心帮助，在此一并表示衷心的感谢。

由于时间和水平的局限，书中肯定有不完善之处，恳请读者批评指正。

任　鸣
2010年7月于杭州

目 录

第一章 概述 / 1

第一节 旅游交通概念 / 1

第二节 旅游交通特征与功能 / 2

第三节 旅游交通的构成方式 / 7

第四节 影响旅游交通的因素 / 14

第二章 旅游交通实务常识 / 17

第一节 旅游地图认知 / 17

第二节 旅游中方向识别与记路方法 / 24

第三节 常见公共交通标志 / 35

第三章 旅游航空交通 / 39

第一节 走进航空 / 39

第二节 旅游航空常备知识 / 46

第三节 旅游航空常规性处置 / 68

第四节 旅游航空常见标志 / 82

第四章 旅游铁路交通 / 94

第一节 走进铁路 / 94

第二节 旅游铁路常识 / 96

第三节 旅游铁路常规性处置 / 103

第四节 旅游铁路常见标志 / 114

第五章 旅游公路交通与景区交通 / 117

第一节 走进公路 / 117

第二节 旅游公路常识 / 120

第三节　旅游公路常规性处置　/ 127

第四节　景区交通概况　/ 137

第五节　旅游公路常见标志　/ 141

第六章　旅游水路交通　/ 149

第一节　走进水路　/ 149

第二节　旅游水路常识　/ 150

第三节　旅游水路常规性处置　/ 167

第四节　旅游水路常见标志　/ 172

第七章　城市旅游公共交通与特种旅游交通　/ 181

第一节　城市旅游公共交通概述　/ 181

第二节　城市旅游公共交通方式　/ 183

第三节　特种旅游交通　/ 197

第四节　城市交通和特种旅游交通的常见标志　/ 206

第八章　旅游交通的运作与组织　/ 211

第一节　旅游交通行业管理　/ 211

第二节　旅游交通的营运　/ 215

第三节　旅游交通的协调　/ 220

参考文献　/ 226

第一章 概　述

第一节　旅游交通概念

旅游作为一种产业，其发展与完善的过程既与社会经济发展、民众生活水平直接相关，也同旅游的诸多要素变化紧密结合。从传统观念的角度看，旅游要素包括：旅游景点、旅游者条件（如费用、健康、文化素质、性格等）和旅游服务条件（如食、宿、行、购以及组织、导游等）等。其中，旅游交通一般仅作为硬件设施中的一项，普遍被当做"服务手段"之一而按较低的水平来策划安排。事实上，旅游活动已经从低级的以赶景点为主要目标的"苦行游"，向包含多种文化生活内涵在内的、高级的、以休假与游览结合为主要目的的"康乐游"、"享乐游"、"休闲游"等转化。因此，旅游交通的地位与作用就日益突出，值得重新认识。

旅游交通是指旅游者利用交通工具，实现从一个地点到另一个地点的空间转移的过程。这个过程包括旅游者从常住居所到旅游目的地之间的空间位移过程，以及旅游者在旅游地各景点之间的空间位移过程；包括交通类旅游（如海底潜艇、热气球、太空飞船等）的交通工具；还包括为帮助旅游者完成空间转移过程而提供的服务，这个服务是指各种交通设施以及与之相应的一切旅途服务，即**旅游交通是指为旅游者在旅游过程中提供所需交通运输服务而产生的一系列社会经济活动与现象的总称**。用西方旅游学家伯卡特（BurKart）和梅德里克（Medlik）的话来说，旅游交通既是旅游者"抵达目的地的手段，同时也是在目的地内活动往来的手段"。

现代旅游之所以会有今天这样的规模，其活动范围之所以会扩展到世界各地，一个重要的原因便是得益于现代交通运输的发展。外出旅游，有"旅"才成"游"。故首先要解决从常住地向旅游目的地的空间移动问题，没有旅游交通这一环，整个旅游活动的链条就会脱节。

旅游交通业是由旅游公路、旅游航空、旅游铁路、旅游水运、城市旅游交通、景区旅游交通以及特种旅游运输方式共同构成的产业集合体，它介于公共交通运输业与旅游业之间，属于第三产业的范畴。

第二节　旅游交通特征与功能

一、旅游交通的特性

旅游交通能满足旅游者空间位移的需要，作为一个相对独立的交叉性产业，除了有第三产业的共性，有与交通运输业和旅游业共同的某些特性外，还有其自身的显著特性。

（一）无形性

农业收获粮食，工业生产工业品，它们均具有生产有形产品的产业特征。但旅游交通运输业不产生有形产品，只导致旅游者及其行李的空间位置转移，这种运输服务看不见，摸不着，无法试用，具有无形性特征。无形性增加了旅游交通经营管理的难度，诸如服务质量难以评定，服务产品难以促销，服务特色难以体现，服务纠纷难以解决，等等。

（二）不可储存性

粮食和工业品都可以长期储存，今天卖不出去可留到明天再卖，其使用价值保持不变。但是旅游交通运输能力不能储存，今天的舱位卖不出去，这些舱位今天的使用价值就浪费掉了，明天的舱位有明天的使用价值。

运力的不可储存性，要求企业制订科学周密的运营计划，建立高效的预订及销售网络，并进行及时合理的运营调度，不断提高客座利用率，才能避免运力浪费，实现良好的经济效益。

（三）季节性

受节假日、气候和旅行日程安排等诸多因素的影响，旅游者的旅游活动在时间上分布不均，这一现象被称为旅游活动的季节性。受旅游活动季节性的影响，旅游交通运输量也随季节和时间的推移而发生明显的、有规律的变化，具有较强的季节性。比如一年之中的寒暑假进入运输旺季，假期之后一般跌入运输淡季，其余为平季。

季节性在运力安排方面给旅游交通企业带来巨大困难，克服季节性带来的不利影响，必须做到"运力适中、调控灵活、协作经营"，即按平季或各季平均客流量安排运力，通过浮动价格适时调节淡、旺季客流量，与景点、饭店、旅行社等相关企业共同开展常客优惠和淡季优惠等促销项目，维持基础客源，从而实现旺季不旺、淡季不淡、常年均衡的良性运输目标。

(四)区域性

旅游交通线路是根据旅游者的流向(流动方向)、流量(旅客数量)、流时(旅行时间)和流程(旅行距离)等因素,集中分布在旅游客源地与目的地之间,以及旅游目的地内各旅游集散、居留、餐饮、游览、购物、娱乐等场所之间,具有明显的区域性。旅游者首先从各旅游客源地集中流向旅游目的地的口岸城市和中心旅游城市,然后向其他热线旅游城市和旅游区分流,之后才向其他温线、冷线旅游城市和旅游区延伸。

外部旅游交通,统称大交通,是指旅游客源地与目的地之间的交通,决定着旅游者可以进出旅游目的地的总量,对旅游业的发展具有长远的战略意义。内部旅游交通,统称小交通,是指旅游目的地或旅游景区内部交通,决定着能否保持旅游交通热线、温线、冷线旅游客运量的相对均衡,保证旅游者在旅游目的地内正常流动和分流,对旅游业的发展具有重要的现实意义。

只有外部、内部交通有机结合,构成便利的旅游交通体系,才能克服区域性带来的热线、温线、冷线客运量分布不均的弊端,保证旅游者"进得来、散得开、出得去",推动旅游业持久稳定的发展。

(五)服务与消费同步性

工农业的产业运行一般分为生产、流通和消费三个相对独立的环节,在时间和空间上表现出相互隔离的特征。而旅游交通产业只有服务和消费两个环节,而且这两个环节在时间和空间上高度统一,同步进行。旅游交通运输服务开始,旅游者的交通运输消费同时开始;运输服务结束,消费也随之结束。

(六)游览性

旅游交通产业运行具有明显的游览性特征。

第一,旅游交通客运一般只在旅游客源地与目的地之间进行直达运输,在若干旅游目的地之间进行环状运输,使旅游者能够在最短的时间内到达旅游目的地,在一次旅行过程中经过较多的旅游目的地,尽量避免走回头路,从而做到"旅速游慢"、"旅短游长"。

第二,旅游交通线路特别是公路和水运线路一般连接若干旅游景区(点),或经过风景、风情特色浓郁的地区,旅游车船多带有宽大玻璃窗和可调节坐椅,以便使旅游者在旅行过程中集中参加多项游览活动,领略沿途美景,从而做到"旅中有游"。

第三,旅游交通工具富有特色,如具有传奇色彩的东方列车、具有民族特色的羊皮筏、具有地方风格的滑竿、具有现代特征的水翼船等。这些交通工具本身对旅游者有着极大的吸引力，能够满足旅游者求新、求奇、求特、求异的心理需要，从而达到"游旅结合"。

（七）舒适性

较之社会上的大众交通，旅游交通更注重舒适性。旅游列车在车厢设施、服务项目和质量、乘客定员控制等方面，都优于一般旅客列车。旅游车船公司所使用的交通工具，一般是以带空调、音响的豪华型车船为主。在航空飞行中，旅游者更多会选择既舒适又安全的大中型喷气式客机。当今世界豪华旅游交通工具当首推巨型远洋游船，它们一般在7万吨级左右，拥有星级客房、风味餐厅、购物中心和各类娱乐、健身设施，被誉为"海上浮动胜地"，是最舒适的旅游交通工具。

（八）灵活性

普通旅客的出行一般是有往返性，其流量、流时、流向、流程比较均衡和固定，因此公共客运一般采用定期、定班、定线的固定作业方式。旅游者的出行季节性强且随意性大，其流量、流时、流向、流程极不稳定，分布极不均匀，因此旅游交通客运具有较强的灵活性和机动性。

比如，定期民航班机不能随意变更航线和飞行时间，更不能随意取消和增减班次，而旅游包机则可自由选择航线和飞行时间，并可根据客源状况及时取消或增减包机飞行次数。旅游交通运输的灵活性为运输企业提供了多方位开拓市场的巨大空间，有助于提高客座使用率和减少经营风险。

二、旅游交通的功能

旅游交通源源不断地向旅游业输送客源，从而保障旅游业持续稳定的发展，具有输送功能；在客源输送过程中，还能使旅游者体验各种交通方式的特殊游览需求，具有游览功能；能够连接旅游景点、饭店、餐馆、商店和娱乐场所等旅游经营单位，具有旅游产品组合功能；通过运输服务赚取外汇和回笼货币，具有创汇、创收功能；作为一个新兴产业，能够为社会创造更多的就业机会，吸纳大量社会富余劳动力，具有扩大就业功能。

（一）客源输送功能

人力、畜力、自然力代步工具使早期活动成为可能。蒸汽机船和火车导致了近代旅游业的产生。航空、公路、铁路、水运、城市旅游交通和特种旅游运输工具构成的现代旅游交通体系推动旅游业进入现代发展阶段。而喷气式飞机、高速公路、高速铁路等高科技交通工具促成了当代大众国际旅游的蓬勃发展。

历史证明，旅游交通是旅游业产生与发展的前提条件和基本保证。

无旅不成游，异地消费是旅游活动的一般规律，客源市场与消费市场相分离是旅游业的基本特征。只有实现客源与消费市场的有机融合，才能保证旅游业的健康发展。没有客源，旅游业就失去了服务对象和消费市场，也就失去了存在和发展的必要性和可能性。旅游交通畅通，旅游者才能"进得来、散得开、出得去"，旅游服务、旅游设施和旅游资源才能得到充分利用，从而实现良好的社会和经济利益。否则，便会产生旅游交通"卡脖子"和"双颈"效应，从而严重制约和抑制旅游业的发展。旅游交通具有为旅游业输送客源的强大功能，因而被称做旅游业的大动脉。

首先，它要承担旅游者在旅游客源地与目的地之间的运送任务，解决旅游者进出旅游目的地的对外交通问题。对外旅游交通一般是中远距离运输，表现为某一客源地与若干目的地之间的环状往返运行形式，其中国际旅游交通占相当大的比重。

其次，它还要承担旅游者在旅游目的地内各交通站（场）、饭店、餐馆、景区（点）、商店、文体娱乐场所之间的运送任务，解决旅游者在目的地内的疏散问题。内部旅游交通一般是近中距离运输，表现为交通站（场）与饭店之间的直达往返运行形式，以及饭店与餐馆、景区（点）、商店、文体娱乐场所之间的环状往返运行形式。

（二）特殊游览功能

旅游交通方式的传承性、多样性和参与性，决定了它具有独特的游览价值。不同历史时期、不同民族和地区都有其特色鲜明的交通方式，可供游人观赏和体验，并从中探询人类交通文化的发展脉络。旅游交通方式类型繁多，风格各异，给旅游者留下认知、比较、鉴别的巨大空间，有助于让旅游者开阔眼界，增长知识。相当一部分特种旅游交通方式是要求旅游者亲自或参与驾驶，如热气球、滑翔机、羊皮筏等，具有较高的技术难度和冒险性，为旅游者挑战自我、战胜自我开辟了一片新天地。旅游交通业的游览功能源于其专业技巧与技术，是游览景物所无法替代的，因而是独具魅力的特殊游览功能。

（三）产品组合功能

旅游综合产品由交通、住宿、饮食、景点、购物、娱乐等单项产品组合而成，缺一不可。旅游交通以其独特的流动性，将其他单项产品串联起来，从而为旅游者提供完整的旅游组合产品。无论是团队旅游还是散客旅游者，都要乘坐交通工具往返于各种单项旅游产品经营场所，实现旅游组合产品的异地消费和综合消费。因此，旅游交通具有重要的旅游产品组合功能。

(四) 创汇与货币回笼功能

旅游交通具有劳动、资本、技术密集型三重属性,它所提供的高水平运输服务比低水平的公共运输服务所消耗的社会必要劳动更多,因而包含着更高的商品价值。作为旅游活动的先决要素和旅游组合产品不可缺少的组成部分,旅游交通服务成为旅游者购买和使用最频繁的消费项目,从而成为旅游创汇和货币回笼的主渠道。

2011年,中国长途交通外汇收入占全国旅游外汇总收入的31.2%,长途与市内交通两项收入共占国际旅游总收入的34.5%,表明旅游交通已成为我国旅游业创汇的主要渠道(见表1-1)。

表1-1 2011年国际旅游(外汇)收入构成

项目	收入总额(亿美元)	占总收入比重(%)
一、长途交通	151.17	31.2
1. 民航	114.70	23.7
2. 铁路	14.06	2.9
3. 汽车	14.06	2.9
4. 轮船	8.35	1.7
二、游览	25.32	5.2
三、住宿	50.98	10.5
四、餐饮	35.98	7.4
五、商品销售	118.56	24.5
六、娱乐	34.66	7.2
七、邮电通信	10.36	2.1
八、市内交通	16.19	3.3
九、其他服务	41.41	8.5
总计	484.64	100.0

注:资料来源于2012年《中国旅游统计年鉴》。

(五) 扩大就业功能

旅游交通是社会化大生产分工不断细化的结果,属于国民经济的新兴产业。在其成长与发展过程中,为社会创造的就业岗位日益增多,对社会劳动力的需求不断增加,因而具有扩大就业规模的功能。作为一个集劳动、资本、技术密集型于一体的服务性产业,它对高、中、低各种层次劳动力均有较大需求,因此对于优化就业结构,提高就业水平具有积极的推动作用。据2012年中国旅游年鉴统计,到2011年年末,全国旅游业直接从业人数为386万人,其中旅游车船公司从业人数为54万人,约占旅游从业总人数的14%,仅次于星级饭店和旅行社，成为第三大旅游就业产业。

第三节 旅游交通的构成方式

现代旅游交通产业主要由航空、铁路、公路、水运、城市旅游交通和特种旅游交通六种交通方式构成。每一种旅游交通方式，又由旅游交通线路、旅游交通场站和旅游交通工具三个基本生产要素构成。各种交通方式根据其自身优势分工协作，运用不同运距、不同运速、不同运价来细分旅游交通市场，同时又优势互补，互相衔接，彼此竞争，共同构成现代旅游交通产业综合体系。

一、旅游交通线路

旅游交通线路分为人工建成的线路和自然形成的线路两类。人工建成的线路有旅游公路、旅游铁路、旅游索道、人工运河等，自然形成的线路有旅游空中交通航线、旅游内河航线、湖泊航线、旅游航海航线等。前者是大部分或全部以人工劳动修筑而成，后者是利用天然的航道，再经过人工探测、整修加工和试航后形成。一般而言，人工修筑的旅游交通线路成本较高，耗资较多；自然形成的线路耗资较少，但值得指出的是，空中旅游线路由于管制是技术密集型行业，所以成本较高。人工建成的线路除在投入使用前需要人工开辟、修筑外，使用后还需日常维护，以确保旅游活动的安全。

二、旅游交通场站

旅游交通场站是旅游交通运输的起点和终点，是旅游者的集散地。根据旅游者提供的运输方式不同，场站可分为机场、火车站、汽车站、码头等。场站的建立，其地点、规模、方式等的选择与确定，都要根据旅游客源市场和旅客流向因素而定。

三、旅游交通工具

旅游交通工具主要分为传统旅游交通运载工具、现代旅游交通运载工具和特殊旅游交通运载工具三种。传统旅游交通运载工具有人力车、马车、轿子、竹筏、皮筏、自行车等；现代旅游交通运载工具主要包括飞机、火车、汽车、邮轮等；特殊旅游交通运载工具有索道、热气球、飞艇、观光直升机、观光潜水艇等。

现代旅游交通工具是当今旅游活动中的主要转移交通工具,而传统旅游交通工具和特殊旅游交通工具则起到对现代旅游交通工具的补充、辅助和增色作用。

(一)传统旅游交通运载工具

1. 人力车

人力车是指靠人力推挽的车辆,是人类最早使用的一种车辆。它的载重能力比人肩挑、背负的能力大得多,而且它可以免除人体直接承受重压。但人的体力有限,因此人力车多是轻便的两轮车或独轮车。

中国商代(公元前16—前11世纪)已能制造有辐车轮的轻便两轮车。秦汉时代(公元前221—前220年)人力两轮车称为"辇",一般为皇帝和显贵乘用。汉魏时代盛行用人力推挽的独轮车,货架安设在车轮的两侧,用以载货,也可乘人。独轮车只有一个车轮着地,便于通过田埂、小道。

19世纪末期,亚洲出现一种载客人力车。它的主要组件是弹性车轮、钢片弹簧的悬挂装置和木制车厢。车厢前伸出两根辕杆,是挽车的手把。提起辕杆,乘车人身躯后仰,可减轻挽车力。中国的载客人力车是由日本传入的,故又称"东洋车"(见图1-1)。

2. 马车

马车是马拉的车子,或载人,或运货。马车已有四千多年的历史。先秦时期称马车为"小车",供贵族出行和战争时使用。因为马车具有浓厚的乡土气息,所以我国一些旅游胜地出现了修饰后的彩装马车,其外观鲜艳华丽,车内座位舒适,成为别具民族特色的旅游交通工具,如山东曲阜孔子故里的彩装马车(见图1-2)。

图1-1 东洋车

图1-2 马车

3. 轿子

轿子具有结构轻便、乘坐舒适、灵活性大等特点，自古就是封建帝王封禅祭祀、夫人小姐进香还愿、平民百姓访亲求医等活动的代步工具。到 20 世纪三四十年代，由于人力车、畜力车和汽车的使用，轿子逐渐减少。最近几年，轿子又随旅游业的兴起和发展而出现在旅游景点和山地风景区，成为吸引旅游者的特殊运输工具（见图 1-3）。

4. 竹筏

竹筏，又称竹排（见图 1-4），用竹材捆扎而成，是有溪水的山区和水乡的水上交通工具，流行于我国东南、中南和西南诸省湖河上的一种运载人的民间传统工具。它有着悠久的历史，在船舶发展史上有自己的地位。竹筏用真竹配加刺竹捆扎而成，小筏用5~8根竹子，大筏用11~16根。一般的竹筏长约3丈，宽数尺。竹子的粗端做筏头高高翘起，细端做筏尾平铺水面。在一些著名的水资源风景区把竹筏作为我国传统的旅行游览工具，用来接待中外游客。例如福建武夷山风景区，就开辟了乘竹筏畅游九曲溪的游览项目，备受中外旅游者的青睐。

图 1-3　轿子

图 1-4　竹筏

5. 皮筏

皮筏是用羊牛皮扎制成的筏子（见图 1-5），为黄河沿岸的民间保留下来的一种古老的摆渡工具。当你在中山桥至黄河母亲雕塑之间的河滨小道上信步漫游时，偶尔会看到仍有皮筏子在河道上悠闲漂荡。远远望去，就像一叶扁舟，人筏混为一体，随波逐流；近看则见在紧贴水面的皮袋筏上，坐着五六个客人，随着波涛的起伏，颠簸而行，有惊无险，极富刺激。这是令人叹服的民俗文化的遗产。

6. 自行车

自行车（见图 1-6），又称脚踏车或单车，通常是二轮的小型陆上车辆。人骑上车后，以脚踩踏板为动力，是绿色环保的交通工具。在日本称为"自耘车"；在中国大陆、中国台湾地区和新加坡等地，通常称为"自行车"或"脚踏车"；在中国香港、澳门地区则通常称为"单车"。在短途旅游中，自由、低碳、经济的自行车也受到欢迎，可以随时停车欣赏美景。

图 1-5　皮筏

图 1-6　自行车

（二）现代旅游交通运载工具

1. 飞机

飞机是指具有机翼和一具或多具发动机，靠自身动力能在大气中飞行的重于空气的航空器。严格来说，飞机指具有固定机翼的航空器。20世纪初，美国的莱特兄弟在世界的飞机发展史上做出了重大的贡献。他们在1903年制造出了第一架依靠自身动力进行载人飞行的飞机——"飞行者"1号，并且获得试飞成功。他们因此于1909年获得美国国会荣誉奖。同年，他们创办了"莱特飞机公司"。自从飞机发明以后，飞机日益成为现代文明不可缺少的运载工具。它深刻地改变和影响着人们的生活。

从20世纪60年代起，随着大型喷气客机的出现，飞机已成为国际和国内长途旅游的重要交通工具，它不仅缩短了空间距离，而且减少了旅途耗费的时间，为进行长距离国际旅游和国内大跨度旅游提供了前所未有的有利条件。现在，一个国家或地区的航空运输能力和机场旅客吞吐量，是衡量其旅游发展水平的一个重要标志。

2. 火车

火车是人类历史上最重要的机械交通工具，早期称为蒸汽机车，也叫列车。有独立的轨道行驶。铁路列车按载荷物，可分为运货的货车和载客的客车；亦有两者一起的客货车。1804年，由英国的矿山技师德里维斯克利用瓦特的蒸汽机造出了世界上第一台蒸汽机车，行驶速度为5～6千米/小时。因为当时使用煤炭或木柴做燃料，所以人们都叫它"火车"，于是一直沿用至今。1840年2月22日，康瓦耳的工程师查理·特里维西克设计了世界上第一列真正在轨道上行驶的火车。1879年，德国西门子电气公司研制了第一台电力机车。1905年美国通用电气公司制造了世界上第一台内燃机车。新型机车的使用，大大提高了铁路运输效率，到1905年，全世界一百多个国家和地区有了铁路。20世纪60年代以后，铁路运输开展了以提高运载量和运行速度为中心的运输革命，除了采用集装箱运输和组织万吨"长、大"列车以外，西欧、日本、澳大利亚等国重点致力于高速铁路的研究和建设，利用"气垫"列车和磁悬浮列车，使新型火车的行驶速度达到200～480千米/小时。而大力发展的电气化高速列车是目前铁路发展的主旋律。

铁路旅游交通经济、舒适、安全、方便。游客在车厢内可以尽情饱览沿线自然风光、城乡美景，同时还可以在车上休息，车下游览，节省旅游的开支费用，是适合中国国情、旅游者经常采用的中远距离旅游交通方式。近年来我国铁路部门为了提高铁路旅游交通的吸引力，专门开辟了旅游列车，采取了增加服务项目、减少停站等措施，以保证旅游者在旅途中的舒适和到达目的地的时间，极大地提高铁路交通的效率。电气化高速列车的出现将更加有助于铁路旅游交通的发展。当今，铁路交通是制约我国大规模开发国内旅游的关键因素，铁路交通的建设水平直接关系到我国旅游事业的发展规模与水平。

3. 汽车

汽车是指有自身装备的动力装置驱动，一般具有四个或四个以上车轮，不依靠轨道或架线而在陆地行驶的车辆。汽车通常被用作载运客、货和牵引客、货挂车，也有为完成特定运输任务或作业任务而将其改装或经装配了专用设备成为专用车辆，但不包括专供农业使用的机械车。全挂车和半挂车并无自带动力装置，它们与牵引汽车组成汽车列车时才属于汽车范畴。

公路汽车旅游交通是最重要、最普通的短途运输方式，其特点是灵活性较大，快速方便，能深入到旅游点内部，实现"门对门"的运送服务；对自然条件适应性强，道路质量要求不高，可随时停留，任意选择旅游点，把旅游活动从点扩大到面；公路建设费用少，工期短、见效快。但是它的运客量小，运费较高，受气候变化影响大，长途运输成本高。

公路旅游交通不仅可以独立完成运送旅游者的任务，更是其他交通方式不可缺少的联运伙伴。一个旅游区，除了航空、铁路等交通长距离交通可进入性好外，旅游区还必须有良好的公路系统，公路旅游交通在承担短途旅游者运送中有着重要的作用。我国目前广泛修建了旅游中心城市到所辖风景区的高等级公路，将大大缩短旅行时间，增加游览时间。随着公路旅游交通专用汽车大型化、全天候服务的发展，使公路旅游交通运行距离延伸为中远程旅游服务。

随着汽车制造技术的提高和生产速度的加速，私人汽车数量猛增，加之高速公路的出现，人们开始利用汽车外出旅游，既方便又自由。在私人汽车发展的同时，乘旅游汽车也得到普遍采用。

4. 邮轮

邮轮，是一种航行于大洋的班轮、邮船客船。

19世纪60年代，喷气式飞机普遍应用以前，蒸汽机船一直是民用远洋运输的主要交通工具，是旅游者使用最多的交通工具。1896年，英国的帕森发明了汽轮机船。20世纪初，柴油机船以效率高和油耗低的特点而问世，到40年代末成为水上运输的重要工具。随着造船技术的普遍提高，世界上交通运输蓬勃发展，20世纪30年代末，出现了"玛丽皇后"号、"伊丽莎白皇后"号、"诺曼蒂"号等大型豪华邮轮。

从20世纪60年代以后，随着国际旅游业兴起，许多船舶公司放弃了传统的定期班轮航线，转向经营灵活的游船业务，使游船从单一的海上空间移动工具转变为集住宿、美食、娱乐、休养和观赏于一体的海上浮动胜地。乘坐豪华游轮旅游，犹如生活在一个设施齐全、食宿方便、行动自由、生活舒适的环境里，别有一番情趣。

自2008年以来，我国的邮轮旅游呈快速发展的趋势，国外邮轮公司纷纷在我国设置分支机构和直航班线，为了迎接世博会，交通部和国家旅游局相继在上海、广州、三亚、天津、大连、青岛、宁波、厦门等省市开放邮轮码头，国家旅游局还将2010年的旅游发展特色年称为"中国邮轮旅游年"。

（三）特殊旅游交通运载工具

除上述两种旅游交通工具外，还有其他一些交通工具起着辅助作用。这些交通工具主要用来游乐，较少用来旅途运载。它们各具特色，有较强的技术含量，更高的娱乐性和享受性，但常因地形环境的限制，不宜普及推广，活动范围较小。

1. 索道

索道又称吊车、缆车（缆车又可以指缆索铁路）、流笼，是特殊旅游交通工具的一种，通常在崎岖的山坡上运载乘客或货物上下山。索道是利用悬挂在半空中的钢索，承托及牵引客车或货车。除了车站外，一般在中途每隔一段距离建造承托钢索的支架。部分的索道采用吊挂在钢索之下的吊车；亦有索道是没有吊车的，乘客坐在开放在半空的吊椅上。使用吊椅的索道在滑雪区最为常见。客运索道多用于城市或风景游览区的交通运输。我国第一条大型往复式客运索道是建于1983年的泰山索道（见图1-7）。

2. 热气球

热气球在中国已有悠久的历史，称为天灯或孔明灯，知名学者李约瑟也指出，1241年蒙古人曾经在李格尼兹（Liegnitz）战役中使用过龙形天灯传递信号。1783年，法国的孟格菲兄弟向空中释放了欧洲第一个内充热空气的气球。

热气球严格地讲应叫做密封热气球，由球囊、吊篮和加热装置三部分构成。球皮是由强化尼龙制成的（有的热气球是由涤纶制成的），尽管它的质量很轻，但却十分结实。球囊是不透气的。热气球具有航空体育比赛、探险、休闲、空中摄影、高空作业、气象探测、旅游观光、空中广告、地质地貌测绘、青少年科普教育等多重功能（见图1-8）。

图1-7 索道

图1-8 热气球

3. 飞艇

飞艇是一种轻于空气的航空器（见图1-9），它与热气球最大的区别在于具有推进和控制飞行状态的装置。飞艇由巨大的流线型艇体、位于艇体下面的吊舱、起稳定控制作用的尾面和推进装置组成。艇体的气囊内充以密度比空气小的浮升气体（氢气或氦气）借以产生浮力使飞艇升空。吊舱供人员乘坐和装载货物。尾面用来控制和保持航向、俯仰的稳定。

4. 观光直升机

观光直升机是采用民用直升机作为空中交通工具进行空中观光旅游的一种特殊旅游形式（见图1-10），尤其在较为广域的旅游景区（如海湾、湖泊、峡谷、

图1-9 飞艇

图1-10 观光直升机

都市等），这种旅游形式不仅全面显现景区亮点，更给旅游者以极好的视觉享受并留下深刻的印象。在美国、欧洲等地有许多类似的旅游项目，我国也已有多地区进行尝试和季节性实施。

5. 观光潜水艇

观光潜水艇是一种让人们能在水下观察水中动植物和水下世界的交通工具（见图1-11）。观光潜艇可在 0～45 米水深范围内任意潜浮，让游客体验潜水也无法感受到的奇异景观。通过观景窗口（见图1-12），可以近距离观赏该海域最有特色的软硬珊瑚，色彩斑斓的热带鱼，形态各异的海胆、海星、贝壳等，令游客仿佛置身于珊瑚及千百种海洋鱼类之中，享受海洋中的快乐。

图 1-11　观光潜水艇

图 1-12　在观光潜水艇中

旅游交通工具的多样性及其各自的特点，要求人们在安排旅游活动时，尽量综合使用各种交通工具，用其所长，避其所短，既做到安全、舒适，又做到快捷、经济。

第四节　影响旅游交通的因素

旅游交通作为综合性极强的行业，必然受到许多因素的影响，分析影响旅游交通的因素对旅游本身具有十分重要的意义。影响旅游交通的因素应从消费者的选择上进行。

人们为了实现旅游的愿望，总要选择一定的旅行方式。人们在选择旅行交通方式上通常考虑以下五方面因素。

一、旅行目的

旅行目的对交通工具选择的影响较大。一般根据旅游目的将旅游者划分为商务型和消遣型两大类。

商务型旅游者外出旅游的目的是办理公务，这不仅决定着他们不能改变旅行目的地，不能随便选择动身的时间，而且对旅行费用的高低也不太在意。因此，他们往往会选择快速省时、舒适安全的交通工具，如飞机、豪华大巴等。

消遣型旅游者外出旅行目的地都不是固定的，动身的时间不受严格限制，对不同的旅行方式的选择自由度较大。但大多数人对价格比较敏感，倾向于价格较低的旅行方式。所以，他们一般会尽量选择安全、价低的旅行方式，如火车、汽车、轮船等，有时他们也会选择自己驾车、徒步或骑自行车旅行。

二、运输价格

票价高低是选择运输方式的前提。大多数旅游者对运输价格都很敏感，价格上的稍微波动都可能导致某种交通工具的营业量发生很大变化，特别是在供大于求、同行业竞争激烈的情况下尤其如此。对大多数人来说，他们的旅游都有一定的预算，旅游者所关心的问题之一便是在自己的旅游预算限额之内，如何使旅游活动更为充分和有效。所以，人们往往会考虑各种可供选择的旅行方式的价格，甚至在选定旅行方式后，人们还会比较不同的公司、企业提供的价格。实际上，很多旅游者来自中低收入家庭，使得旅游交通价格对选择旅行方式的影响更为突出。所以运输部门要注意控制交通运输价格的涨幅。

三、旅行距离

为了更有效地利用有限的外出时间，人们必须努力缩短用于交通方面的时间。因此，对于长距离旅行，人们通常会选择航空旅行方式；反之，人们则较倾向于选择火车或汽车旅行，因为，这两种方式不但比航空旅行经济，而且也比较便利。

四、个人偏好和经验

在有多种旅行方式同时可供选择的情况下，具有相同条件的人可能会选择不同的旅行方式，这是因为每个人的旅行偏好和经验不同。对外出旅行的人来说，他们对某种旅行方式的偏好，主要受个性心理类型的影响。自我中心型的人会选择平稳的交通工具，而多中心型的人喜欢富于刺激的交通工具。更具实际意义的是，人们对某种旅行方式的偏好往往产生于自己过去的旅行经验。据国家旅游安全研究中心对旅客交通选择的报告显示，旅客在旅途中首先考虑的是安全（约占44%），其次为快捷（约占30%），最后为舒适（约占26%）。而广大旅客对安全的要求不仅是平安到达目的地,而且要求旅途中有一个良好的秩序和治安环境。不论是在中国还是在其他国家,不少人喜欢乘火车外出旅行,因为旅行经验使他们深信火车较其他旅行方式安全。如果一个人根据经验认为乘火车旅行不理想,甚至有一次不愉快的乘火车经历,那么在有其他旅行方式可供选择的情况下,便不大可能选择乘火车旅行。

五、服务质量

服务质量是旅客选择运输方式的重要依据。广大旅客已不再满足于能顺利、安全地到达目的地,更需要旅途有一个舒适、便利、温馨的服务环境。

旅游交通的服务质量具体体现在旅游交通工具、旅游交通时间、旅游服务意识这三个方面。

当然,除上述因素外,还有许多其他因素会影响人们对旅游方式的选择,如旅游的节奏、旅游者的年龄结构、旅游者合成影响等。各种因素在决定人们对旅行方式的选择时,都是相互联系、相互影响、综合作用的。

练习与思考

1. 什么叫旅游交通?
2. 旅游交通的特征有哪些?
3. 旅游交通的功能是什么?
4. 构成旅游交通的交通方式有哪几种?
5. 列举几种特殊旅游交通形式。
6. 影响旅游交通的因素是什么?
7. 旅游交通对旅游的作用有哪些?

第二章

旅游交通实务常识

当你进入陌生的地区时,无论是大城市还是偏远的丛林,如何辨认方向和位置都很重要。如果是到偏僻或有危险的地方,走错了路或沿错误的方向走得太远的话,结果可能会非常糟糕。在我国,旅行者在偏僻的地方迷路时常会身陷麻烦——每年都有消息报道在某处人迹罕至的山地发生惨剧,还有大量关于年轻人在冒险活动中和同伴走失的意外发生。因此,方向与定位,对于旅游发展迅速的今天来说,是一个关乎"生存还是死亡"的问题。

很多旅行者根本不具备旅行技巧,特别是方向识别能力不强就贸然出游。不仅如此,有一些旅行组织者的旅行技巧并不比他们的顾客丰富多少。外出参加旅行,旅行者应该也具备一些技巧,以便万一和集体失散时派上用场。本章就旅游交通的常识性知识作实务性介绍。

第一节 旅游地图认知

一、旅游地图常识

(一)什么是地图

地图就是依据一定的数学法则,使用制图语言,通过综合制图,在一定的载体上,表达地球(或其他天体)上各种事物的空间分布、联系及时间中的发展变化状态的图形。随着科技的进步,地图的概念不断发展变化,如将地图看成是"反映自然和社会现象的形象、符号模型",地图是"空间信息的载体"、"空间信息的传递通道"等。传统地图的载体多为纸张,随着科技的发展出现了电子地图等。

(二)什么是旅游地图

旅游地图是显示旅游地区、旅游线路,以及旅游点的景观、交通和各种旅游设施的地图。如一个大地区甚至全国的旅游一览图；沿着某条交通线（公路、铁路、水道或港湾沿岸带）的旅游图；一个城市的旅游图；一个点的旅游图，如一个公园，一处古迹，一所娱乐场，甚至一家宾馆等。有按不同交通工具设计的旅游图，像汽车旅游图、自行车旅游图、汽艇旅游图、滑雪旅游图以至步行旅游图等。旅游图的重点内容、详简程度、幅面等视旅游地区、线路、地点的特征而定，但其共同特征和要求是：标明到达该地的交通条件、重点景物特征、住宿饮食场所等。中国目前很多城市和主要旅游点都编制了旅游地图。

（三）什么是数字地图

数字地图是纸制的地图的数字存在和数字表现形式，是在一定坐标系统内具有确定的坐标和属性的地面要素和现象的离散数据，在计算机可识别的可存储介质上概括的、有序的集合。数字地图，是以地图数据库为基础，以数字形式存储在计算机外储存器上，可以在电子屏幕上显示的地图。数字地图上可以表示的信息量远大于普通地图。

数字地图可以非常方便地对普通地图的内容进行任意形式的要素组合、拼接，形成新的地图。可以对数字地图进行任意比例尺、任意范围的绘图输出。它易于修改，可极大地缩短成图时间；可以很方便地与卫星影像、航空照片等其他信息源结合，生成新的图种。可以利用数字地图记录的信息派生新的数据。如地图上等高线表示地貌形态，但非专业人员很难看懂，利用数字地图的等高线和高程点可以生成数字高程模型，将地表起伏以数字形式表现出来，可以直观立体地表现地貌形态，这是普通地形图不可能达到的表现效果。

数字地图具有如下六个特点：
（1）可以快速存取显示；
（2）可以实现动画；
（3）可以将地图要素分层显示；
（4）利用虚拟现实技术将地图立体化、动态化，令用户有身临其境之感；
（5）利用数据传输技术可以将电子地图传输到其他地方；
（6）可以实现图上的长度、角度、面积等的自动化测量。

（四）地图的种类

按照地图的内容，地图可分为普通地图、地形图和专题地图三种。

普通地图是以同等详细程度来表示地面上主要的自然和社会经济现象的地图，能比较全面地反映出制图区域的地理特征，包括水系、地形、土质、植被、居民地、交通网、境界线以及主要的社会经济要素等。它和地形图的区别主要表现在：地图投影、分幅、比例尺和表示方法等具有一定的灵活性，表示的内容比同比例尺地形图概括，几何精度较地形图低。

地形图是指国家几种基本比例尺（1∶5000，1∶10000，1∶25000，1∶50000，1∶100000，1∶250000，1∶500000，1∶1000000）的全要素地图。它是按照统一的规范和符号系统测（或编）制的，全面而详尽地表示各种地理事物，有较高的几何精度，能满足多方面的需要，是国家各项建设的基础资料，也是编制其他地图的原始资料。

专题地图是着重表示一种或几种自然或社会经济现象的地理分布，或强调表示这些现象的某一方面特征的地图。专题地图的主题多种多样，服务对象也很广泛。可进一步分为自然地图和社会经济地图。

旅游地图是专供旅游者在旅游活动中识别方向和目的地的信息图，属社会经济地图。市面上出售的旅游地图多种多样，有全国旅游行政区划图、旅游景区图、旅游交通图、旅游购物图等。但是在户外旅游时，比如登山、越野、森林探险等，旅游者最需要的是等高线地图，它可以告诉你哪里有高山，哪里是悬崖，哪里有水源，哪里可以露营等。你甚至可以根据地图想象出旅途中可能经过的各种地貌，并在实际登山过程中一一印证。

（五）地图的方向

上北、下南、左西、右东是大多数地图的方向，但这可不是通用原则，如果地图上有方向标，那么可以通过方向标了解到这些。在实际应用中，你可以把地图转过一定角度，把地图上的目标和实地的目标方向一致，这样感觉上舒服一些，也能很快确定自己的位置。

（六）比例尺

比例尺是表示图上距离比实际距离缩小（或放大）的程度，因此也叫缩尺。如1∶10万，即图上1厘米长度相当于实地1000米。严格讲，只有在表示小范围的大比例尺地图上，由于不考虑地球的曲率，全图比例尺才是一致的。通常绘注在地图上的比例尺称为主比例尺。在地图上，只有某些线或点符合主比例尺。比例尺与地图内容的详细程度和精度有关。

比例尺用公式表示为：比例尺＝图上距离/实际距离。比例尺通常有三种表示方法。

（1）数字式。用数字的比例式或分数式表示比例尺的大小。例如地图上1厘米代表实地距离500千米，可写成1∶50000000或写成1/50000000。

（2）线段式。在地图上画一条线段，并注明地图上1厘米所代表的实际距离。

（3）文字式。在地图上用文字直接写出地图上1厘米代表实地距离多少千米，如：图上1厘米相当于地面距离500千米，或五千万分之一。

以上三种表示方法可以互换。

（七）等高线

顾名思义，等高线就是把地图上海拔相同的、相近的各点连接成线。虽然这是一种假想的线条，但是通过观察等高线的疏密程度可以了解到大致的地形：等高线稀疏的地方坡度就缓，等高线密集的地方坡度就陡；等高线上方间距小于下方间距的为凹形坡，反之为凸形坡等。等高线通常用褐色印刷，其中包括首曲线（按基本等高距由零点起算的细实线）、计曲线（为计算高程加粗描绘的实线）、间曲线（相邻两条等高线之间补充测绘的长虚线）、助曲线（在任意高度，描绘重要细小变化的短虚线）等。在彩色地形图上，添加了一些颜色来记录海拔的变化，一般海拔越高颜色越深，直到深褐色。

图例（见图 2-1）是地图上用来标明各种符号意义的注记。对登山者而言，最需要注意的是陡崖、峭壁、山峰、冰川、河流、湖泊等。

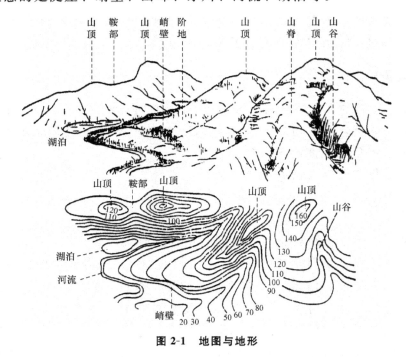

图 2-1 地图与地形

二、野外旅游者的地图携带与标记

每个参加野外活动的人都应该携带地图。因为自然是变化万千的，即使最有经验的人也不能洞悉一切，凭直觉做出的判断会冒极大的危险。随身携带的地图可以把重要的部分复印下来，分开保存，以免遗失。

地图最好放在胸前的口袋里。有人把地图用透明胶带封存起来，这是一个非常实用的办法。你至少应该把地图装在不透水的塑料袋内，以免下雨或渡河时浸湿。

利用不同颜色的荧光笔在地图上标出路线、溪流、宿营地等，以便灯光昏暗的时候也能准确迅速地查找到。

地图遗失后，要尽快借到同伴的地图，利用休息时间画出简易示意图。如果是自己一个人，那么就只能查阅旅游观光手册之类的资料，或者查看自己本次行动的详细笔记。

三、如何寻找更适合自己的地图

寻找适合自己的地图是旅游者外出的主要事务，也是使旅游行程更舒适的重要保证。如何寻找更适合您的地图应从以下三个方面着手。

（1）有的放矢。根据自己的使用目的选择地图，如果登山，应该准备专业的登山地图；如果是一般旅游可察看旅游地图。

（2）出版年代。地图的出版年代是衡量地图质量的一个重要指标，购买地图别忘了察看一下。

（3）范围。一般来讲，范围越小的地图就越详细。

四、看地图"顺口溜"

（一）地球与地图记忆"顺口溜"

1. 地球特点

赤道略略鼓，两极稍稍扁；
自西向东转，时间始变迁。
南北为经线，相对成等圈；
东西为纬线，独成平行圈。
赤道为最长，两极化为点。

2. 东西南北半球的划分

西经二十度，东经一百六；
一刀切下去，东西两半球。
南北半球分，赤道零纬度；
四季温带显，南北相反出。

3. 昼夜交替和四季变化

地球自转，昼夜更换，
绕日公转，四季出现。

自转一日，公转一年，
自西向东，方向不变。

4．地球五带

地球有五带，全靠四线分；
回归间热带，极圈分寒温；
寒温各有二，五带温不均①。

5．地图辨方向

地图方向辨，摆正放眼前；
上北下为南，左西右东边。
标图易分辨，经纬网较难；
纬线指南北，东西经线圈。
极地投影图，定向较特殊；
对于北半球，心北四周南；
北纬圈东西，自转反时走。
对于南半球，心南北四周；
南纬圈东西，自转顺时走。

（二）地貌与地图记忆"顺口溜"

1．地图符号颜色识别

绿为林地蓝为水；
地貌、公路棕色绘；
其他符号都用黑。

2．等高线显示地貌特点

等高闭合是规律，弯曲形状像现地；
线多山高线少低，坡陡线密坡缓稀。

3．等高线显示地貌原理

由底到顶，高度相等；
水平切开，垂直投影。

4．地貌识别

山顶凹地小环圈，区别要看示坡线；
山顶短线向外指，凹地短线向里边。

---

① 温，指温度。

　　　　　山背曲线向外凸，山谷曲线向里弯；
　　　　　山背凸棱分水线，山谷凹底合水线。
　　　　　两山相连叫鞍部，高低两组等高线；
　　　　　群山相连最高处，棱线称为山脊线。

5. 四种地形地物分布规律

　　　　　山成群，形似脉，小山多在大山内；
　　　　　先抓大山做骨干，记了这脉记那脉。
　　　　　上游窄，下游宽，多条小河汇大川；
　　　　　河名顺着河边写，流向流速看注记；
　　　　　桥梁渡口有几处，深度底质要熟悉。

6. 道路

　　　　　平原地，多而宽；
　　　　　山丘地，窄而少；
　　　　　山区若是有大路，多沿河旁和山谷。

7. 居民地

　　　　　平原密，山区稀；
　　　　　要记村镇有规迹。
　　　　　桥、堡、店、镇靠公路；
　　　　　沟、涧、岭、峪在山区；
　　　　　泡、湾、河、洼顺水找；
　　　　　村、屯、庄、窑多散居。

（三）行政地理与地图记忆"顺口溜"

1. 大洲和大洋

　　　　　地球表面积，总共五亿一；
　　　　　水陆百分比，海洋占七一。
　　　　　陆地六大块，含岛分七洲；
　　　　　亚非南北美，南极大洋欧。
　　　　　水域四大洋，太平最深广；
　　　　　大西"S"样，印度北冰洋。
　　　　　板块构造学，六块来拼合；
　　　　　块内较稳定，交界地震多。

2. 我国省级行政区

　　　　　东北三省黑吉辽，北部边疆内蒙古；

两河两山连京津，两湖三江接皖沪；
南部琼台闽粤桂，川黔云藏加重庆；
西北陕甘宁青新，港澳特别行政区。

3．我国七大古都

七大古都是北京，西安南京杭州城；
河南洛阳和开封，安阳殷墟史料重；
北京故宫天安门，颐和园及八达岭；
西安大小两雁塔，骊山华清池秦陵；
南京雨花台江桥，蓄武湖和中山陵；
杭州西湖双十景，灵隐寺与飞来峰；
洛阳龙门石窟精，白马少林寺著名；
开封铁塔和龙亭，相国寺钟观音听。

第二节　旅游中方向识别与记路方法

识图是基础，用图是关键。使用地图是在掌握识图基本知识的基础上进行的，是定向定位的重点内容。然而，如何确定自己所在的位置和方向，如何识别和准确记忆目的地的位置和方向，无论是对在城里还是在野外都有着十分重要的意义。

一、常用的几种方向识别方法

（一）使用指南针（或指北针）

指南针（或指北针）是根据地球自身的磁场而设计的一种方向器，如图2-2所示。

(a)

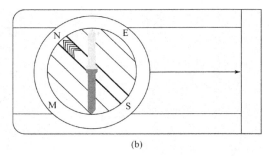
(b)

图 2-2　指南针

1. 如何使用指南针（或指北针）

将指南针持平，红色指针就会指向北方。在测试时，请确认已经拿走或远离刀子、铁制背包扣、铁轨、卡车、电线等物品，否则会影响指南针的测试结果。需要注意的是，指南针指出的"北"并不是真正的北，而只是磁北。在一般情况下，两者只有细微的差别，但是野外定向时有必要知道磁偏角（一般地形图上都有标注），并且作出一定的调整，容不得疏忽。在我国除部分磁力异常的地方外，一般磁偏角都是西偏。磁偏角是不断有规律地变化的，地图上的磁偏角只是测图时的磁偏角，而且只是图上若干点的平均值，要心中有数。

2. 简易指南针

用一截铁丝（缝衣针即可）反复同一方向与丝绸摩擦，会产生磁性，悬挂起来可以南北指向。磁性不会很强，隔段时间需要重新摩擦，增加磁性。

如果你有一块磁石，会比用丝绸更有效——注意沿同一方向将铁针不断与磁石摩擦，如图2-3所示。用一根绳将磁针悬挂起来，以便不影响平衡，但不要用有扭结或绞缠的绳线，如图2-4所示。

图2-3 产生静电

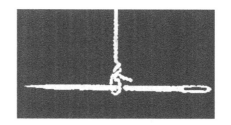

图2-4 磁针南北指向

在野外宿营地或行进间暂停休息时，还有一种更好的方法：把磁针平放在一小块纸、树皮或草叶上让它们自由漂浮在水面上，如图2-5所示。

3. 同时使用指南针和地图来确定自己的位置

指南针是用来定位的，但是要准确地知道方位，必须学会将指南针和地图配合使用。旅行途中第一件要做的事就是确定地图的北方。也就是说，地图上的北方和指南针的北方要在同一方向，这样你看地图时，上面的方位才能和真实的地形相对应起来。具体的方法如下。

第一步，要找到磁北在哪个方位。把指南针放在地图上，等指南针指出磁场北之后，转动地图使纵线和指南针的方向相同，这样地图上的北就是磁北了。

图2-5 指针南北指向

第二步，设法确定自己所在的位置。方向确定后，你可以将地图上的方向和实际地形联系起来。进而从地图到指南针和从指南针到地图的方位角就统一了。接着，看看地形上有没有什么显著的特征，然后在地图上找出来。找找看有没有山脉、山谷、森林（森林的情况可能从地图出版到现在已经有了改变）、河流和城镇、主要道路、铁路和电力设施，这些都很醒目，很容易识别出来。最好事先在地图上标出你的出发点和目的地，标出旅行中可能遇到的地貌特征，这样到你看到这些特征时就能大概知道自己在哪儿了。

第三步，方位的修正。由于在北半球实际磁北和地图的北有向西的偏差，所以为了更准确确定自己所在的位置，有必要修正磁场偏差所带来的位置偏差。

磁场偏差取决于你所在的位置，地图的图例上一般有偏差数的说明。只要看到了图例的说明，很容易就能进行处理。必须记住，如果把从实际地形上得到的方位角用到地图上去，要减去偏差数；如果是地图上的方位角用到实际地形，要加上偏差数。

4．估算距离

在远足或徒步旅行时，特别是在艰苦的环境中，你应该清楚自己走了多远的距离。有一些基本的技巧可以帮助你估算自己已经走出多远了。

第一，时间和距离。只要知道你行进的速度和时间，就可以大致知道已经走出了多远。你行进的速度由几个因素决定——地形、身体状况和负重。一个没有背东西的成年人在平地上每小时能走约5千米，或者，每10分钟走大约1千米。但是，同一个人在山区旅行或背负重物行进时，在同样的时间内其实走不了那么快，并且还会越走越累，不可能总是保持同一速度。表2-1给出了一般成年人在不同负重、地形下每小时可徒步的距离参考值。

表2-1　成年人在不同负重、地形下徒步距离参考值

负重（千克）	地　　形	距离（千米）	预计时间（小时）
0	易于旅行	5~6	1
16	平坦的野外	4	1
18	艰苦地形	3	1
18	山区地形	1	可多达3

第二，利用地图估算距离。在确定出发地和目的地后，先量出地图上的距离，然后利用比例尺在纸上计算出你要走的行程。沿地图上的路线，找出明显的标志物，记下这些标志在地图上的距离，然后你对自己实际上走了多少路会比较清楚。

第三，民间估算距离法。一般成年人每8步走10米的距离，在较陡峭的山地、上山和下山差不多是11米或12米。运用这种步数测距的方法，每前进10米都能记录下来。还有人用绳结来计算距离，每前进100米就打一个结或解开一个结。你也可以用小石子，每走100米就把一个石子从一个口袋放到另一

口袋去,然后数数第二个口袋里有多少石子,就明白自己走了多少路。

此外,还有一些工具也能帮你估算自己已经走出了多远。计步器能记下你走了多少步,然后转化成多少米,但你需要设定自己每步的长度。如果你在一个能使用 GPS 的地方,这种工具能为你提供最精确的距离。

(二)机械手表测量法

在户外活动中如果出现指南针丢失或失灵现象时不要慌张,如天气晴朗又戴有机械手表的话就把手表摘下,然后将手表水平放置,按照下面的口诀进行方向的辨认:时针折半对太阳,12 指的是北方。如:上午 8 点时,就将手表表盘上的阿拉伯数字 4 对准太阳,那么手表表盘上的阿拉伯数字 12 所指的方向就是北方了,如图 2-6 所示。在南半球,正好相反。

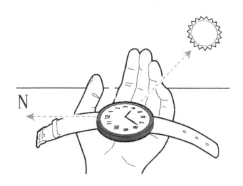

图 2-6 机械手表测量法

(三)太阳自转测量法(又称影钟法)

太阳自转测量法,又称影钟法。因为太阳自转始终是由东至西的,那么就可以利用太阳的自转和太阳照射的阴影来寻找方向,即俗话说的"立竿见影"。

影钟法一:找一根尽量长的直杆直插在地上并固定,将太阳投射直杆的阴影顶端做一个标记(A 点),过 15 分钟后(时间允许的话测量时间越长越好,测量方位也就越准确)再将直杆的阴影顶端做一个标记(B 点),然后将 A、B 两点画线连接起来,此线一定就是东西方向了。接着在 A、B 点连线中点的地方画一条垂直于 A、B 两点连线的直线,朝太阳的一方就是南方了,反向就是北方(见图 2-7)。在南半球,判定方法与此相反。

影钟法二:如果你有时间,还可以用另一种更精确的方法——在早晨标出第一个树影顶点,以树干所落点为圆心,树影长为半径作弧。随着午时的来临,树影会逐渐缩短移动,到了下午,树影又会逐渐变长,标记出树影顶点与弧点的交点,弧上这两点间的连线会为你提供准确的东西方向——早晨树影顶点为西(见图 2-8)。在南半球,判定方法与此相反。

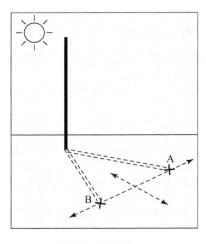
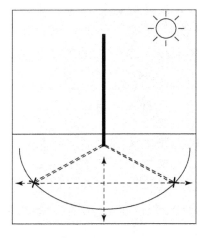

图 2-7 影钟法一　　　　　图 2-8 影钟法二

(四) 地形地貌测量法

1. 观察建筑物

总体上讲我国民居、宗教建筑的正门都是朝南开的，要特别注意的是由于民俗的特点，回民的清真寺的门是朝东开的。蒙古包的门通常朝向背风的东南方向。

2. 观察大型植物

常言道，万物生长靠太阳，太阳的热能在自然界形成了许多间接判定方向的特征。掌握这些特征之后，即使在没有太阳的阴天仍可以依此判定方向。例如：靠近树墩、树干及大石块南面的草生长得高而茂盛，冬天南面的草也枯萎干黄得较快。树皮一般南面比较光洁，北面则较为粗糙（树皮上有许多裂纹和高低不平的疙瘩）。这种现象以白桦树最为明显。白桦树南面的树皮较之北面的颜色淡，而且富有弹性。

夏天松柏及杉树的树干上流出的胶脂，南面的比北面多，而且结块大。松树干上覆盖着的次生树皮，北面的较南面形成的早，向上发展较高，雨后树皮膨胀发黑时，这种现象较为突出。

秋季果树朝南一面枝叶茂密结果多，以苹果、红枣、柿子、荔枝、柑橘等最为明显。果实在成熟时，朝南的一面先染色。

如果树木已经倒下或者被砍倒，树桩上的年轮也能指示方向——在面向赤道的一边年轮间距更宽一些，生长更茂盛一些，如图 2-9 所示。

图 2-9　树桩年轮辨方向

3. 观察岩石

在岩石众多的地方，也可以找一块醒目的岩石来观察，岩石上布满青苔的一面是北侧，干燥光秃的一面为南侧。在南半球，这种判断正好相反。

4. 观察风

在自然界中，风也能帮助我们辨识方向。如木制的柱架，其迎风面颜色深黑容易腐坏，而悬崖及石头迎风面较为光滑。但必须熟悉当地的盛行风向，这在沙漠地区尤为重要。

风是塑造沙漠地表面形态的重要因素，在单风向地区一般以新月形沙丘及沙丘链为主。沙丘和沙垄的迎风面，坡度较缓；背风面，坡度较陡。我国西北地区，由于盛行西北风，沙丘一般形成西北向东南走向。沙丘西北面坡度小，沙质较硬；东南面坡度大，沙质松软。在西北风的作用下，沙漠地区的植物，如酥油草、红柳、梭梭柴、骆驼刺等向东南方向倾斜。蒙古包的门通常也朝向背风的东南方向。冬季在枯草附近往往形成许多小雪垄、沙垄，其头部大尾部小，头部所指的方向就是西北方向，如图 2-10 所示。

图 2-10　新月形沙丘及沙丘链

5．一些常见的方向现象

以下一些常见的自然现象也可用来辨识方向。

（1）树下和灌木附近的蚂蚁窝总是在树和灌木的南面。在南半球，这种判断正好相反。

（2）草原上的蒙古菊和野莴苣的叶子都是南北指向的。

（3）我国北方的山岳、丘陵地带，茂密的乔木林多生长在北坡，而灌木林多生长在南坡。

（4）春季积雪先融化的一面朝南方，后融化的一面朝北方。坑穴和凹地则北面向阳融雪较早。在南半球，这种判断正好相反。

（5）北方冻土地带的河流，多为北岸平缓南岸陡立。

（6）秋天雁南飞，而春天雁北飞也可用来辨识方位。

（五）夜间识别

星星很少相对运动，所以可用来夜间导航。在北半球，北极星的位置看上去总是一成不变的，可以根据它来辨别方向。而在南半球时，根据南十字星就能找到南方。

（1）在北半球，很容易找到人们所熟知的北斗七星（大熊星座），其形状像把勺子。小北斗七星（小熊星座）的形状也像把勺子，勺柄上的北极星位于正北方。这颗明亮的北极星，在大熊星座"勺底"的两颗星之间长度延长约 5 倍处。如果我们在繁星密布的星空中找到北极星，那么面对着北极星，前面是北，后面是南，左边是西，右边是东，立刻就可以定出方向来，如图 2-11 所示。

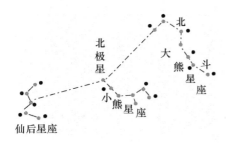

图 2-11 围绕北极星转动的星座

（2）在南半球，包括我国南方，那里地理纬度较低，北斗七星有时会没入地平线以下，或者由于它离地平线近而被树木、村庄、山峰等所遮挡。在看不到北极星的情况下，可以利用南十字星座来定方位。南十字星座由 4 颗亮星组成，如将对角的两星相连，即成"十"字形。其中最亮的两颗星连线的延长线即指向南方。如需更精确一些，可利用南十字星座旁边的猎户星座，将其中两颗亮星作一假想连线，在连线中间作一垂直线与南十字星座的指南线相交，交点离真正的南极只偏差 1°，如图 2-12 所示。

（3）黑夜的天幕上，无论在南半球或北半球，都可利用猎户星座来定方位。猎户星座由 4 颗明亮的星座组成，腰带是 3 颗并排的小星，通过小星作一假想的横线即为天球赤道，再经小星作一条垂直于天球赤道的线即为南北方向线，猎户座头部那端指向正北，脚部那端则指向正南。

图 2-12　猎户星座

（4）夜间还可以用月亮判定方向（如图 2-13 所示）。月亮的起落是有规律的。月亮升起的时间，每天都比前一天晚 48～50 分钟。例如，农历十五的 18 时，月亮从东方升起。到了农历的二十，相距 5 天，就迟升 4 小时左右，约于 22 时于东方天空出现。月亮"圆缺"的月相变化，也是有规律的。农历十五以前，月亮的亮部在右边，十五以后，月亮的亮部在左边。上半个月为"上弦月"，月中称为"圆月"，下半月称为"下弦月"。每个月，月亮都是按上述两个规律升落的。

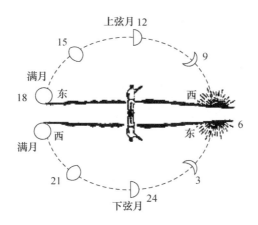

图 2-13　弦月图

此外，还可以根据月亮从东转到西，约需 12 小时，平均每小时约转 15°这一规律，结合当时的月相、位置和观测时间，大致判定方向。例如，晚上 10 时，看见夜空的月亮是右半边亮，便可判明是上弦月，太阳落山是 6 时，月亮位于正南；此时，10 时－6 时＝4 时，即已经过去了 4 小时，月亮在此期间转动了 15°×4＝60°。因此，将此时月亮的位置向左（东）偏转 60°即为正南方。

用以上方法判定方位，只能是概略的，不能够排除特殊原因影响方向的辨别，因此请大家在户外活动中要运用方法，综合验证和辨别方向。

判定方位"顺口溜"：

"磁针"、时表、北极星，
依照地物看特征。
"磁针"避开铁磁用，
摆干稳静指向定。
时针折半朝太阳，
"12"所指是北方。
先找"仙后""大小熊"，
小熊尾端是北星；
北星又居"仙后""大熊"中，
找到北星北方定。
独树南面叶茂盛，
树桩年轮北面浓，
突出地物北面潮，
靠南积雪早消融。

二、实用认路和记路方法

旅游中辨认方向是为了确认旅游者所在位置，而其最终目的是在于走向目的地，即认路或记路是辨认方向的目的。人们之所以会迷路，就是由于不能分辨方向、不会认路和记路所致。

认路或记路在不同的区域和背景下有许多不同的方法，下面将介绍几种比较实用和常用的认路、记路的方法。

（一）坐标点法

对于不太陌生的地域可用坐标点法，即把出发点和目的地当成坐标上的两个点来看，在这两点之间必然会有您能叫得出名字或者十分熟悉的路或者地点，把它们一个个的都仔细想好，然后串起来，就成为一条方位非常清晰的认路路线，有时候甚至能够找出很多条。当然了，哪条最方便、快捷就选哪条，走的时候要注意路上的指示牌。这种方法并不适用于所有人，对于那些方位感和方向感不强的人来说，就很难运用，而且它也仅适用于您比较熟悉的地区。对于能够掌握它的人来说，它的优点也是很明显的，那就是即使道路发生变化（比如道路施工、封闭路口等），也能够根据自己熟悉的这些"点"迅速组建起一条新的路线。

（二）地图、GPS 法

对于陌生的道路可用地图、GPS 法。这种方法很好理解，在地图上面找到目的地，用笔勾画出出行路线，按图行走，而且最好能够多找出几条来，以免路上有突发情况阻挡去路。数字地图导航仪和 GPS 在这方面比地图更方便，它可以从中途的任一地点重新给出旅游者新的路线。依靠数字地图导航和 GPS 自然是十分省心，但这种方法也不是万能的。首先，数字地图和 GPS 都存在一个更新的问题，现在城市建设发展得很快，它们未必都能够非常准确地反映出如今的道路交通变化，需要及时更新。其次，数字地图和 GPS 的设备可靠性都会影响指路的效果。

（三）特征记忆法

对于特征性比较强的路段可用特征记忆法。每一路段上，往往都有特点的标志性建筑或者不同于其他路段的环境特征，凭借这些参照物，就可以很方便地提示自己的转向。这种方法尤其适合新城市的记路——不必记住那些复杂的路名地名，一边看着"风景"一边就准确到达目的地了。不过这种方法的缺点也十分明显，如果路况发生变化，标志性的建筑没有了，有特色的树木也都不见了，参照物失踪了，就会造成迷路。

（四）路段法

对于长途路段可运用路段法。路段法对识别长途路段是一种较为有效的方法。将整个路程的行车路线用千米数分段表示出来，再结合各个路段中相应的地形、路形、标志和地名等信息，把一整条路线分割成几个短的、好记的路段。比如，"沿河走 5 千米后过桥右转"，"过三岔口后第一个红绿灯左转"等。这种方法虽然使用起来准确性比较高，但是遇到路口多、转向频繁的地方就不免容易出错了，另外，遇到道路发生变化的时候也很难操作。

（五）寻水源法和标记法

在野外活动中，可用寻水源法和标记法来进行识路。

1. 寻水源法

在野外活动中如出现各种辨别方向方法都不能够辨别出正确的方向时，应尽量去寻找水源，这样比较容易找到小溪和河流，根据人们靠水而居的生活习性，这样就容易找到道路和民居。

2. 标记法

高山和丘陵地应向地势低的方向走，尽量减少爬山的感觉；在平原或盆地，要尽量往一个方向行走，为避免走回头路和绕路，一定要进行适当的标记，明显的标记不仅让自己了解是否走重复路，而且也给救援者以信息。

（六）开车或带车时记路的方法

在城市，开车或者带车时，有三种基本的记路方法：用心记路、借物记路、判断记路。

1. 用心记路

在路上开车或带车时，驾驶员或带车人除了要注意观察车辆和行人的动态之外，还应多留意路旁的交通标志和路况，例如道路的走向、笔直与弯曲、宽阔与狭窄以及平坦与坎坷，这些都要有意识地记在脑海中。如果怕记不住，可以用纸记录下来，一旦重新经过此路时，就会有一种似曾相识的感觉。

2. 借物记路

每个路口都有自己不同的特征，例如标志性建筑物、不同的广告牌、电线杆以及树木，这些都可以将这个路口与其他的路口区别开来。如果没有这类参照物，也要设法找到能代表这个路口的标记。

3. 判断记路

具有清楚准确的方位判断能力是记路的关键。分不清东西南北，很难把路记清楚。一旦走错了路也会很难走回来。经常有意识地锻炼自己的方位感，或是借助太阳甚至花草树木的阴阳向背等都可判断方向。如果实在无此能力，也可买个指南针放在仪表板上。

此外，在高速公路或省道、国道上行驶时，除了可使用GPS导航仪外，还必须注意公路的指路标志。特别应注意以下几个特点。

（1）无论高速公路或省道、国道，道路两边每隔一公里就有千米数的标志，一般按道路的名称记距离数。如：指路标志的上面数为102，而下面写"沪杭"，这表明离上海102 km（见图2-14）。

 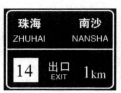  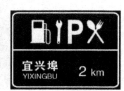

图2-14　高速公路指路标志

（2）在高速公路上，每隔 10 km 左右有前方将要到达的出口地名和距离。到某个出口处前 2 km、1 km、500 m 等均有指示牌，还有服务、施工等指示牌（见图 2-14）。

（3）在高速公路或省道、国道，现基本完善了旅游交通的指路标志（见图 2-15）。

图 2-15 旅游交通指路标志

实际上，以上归纳的方法没有一条是万能的，而且各个路况的情况也不可能像上面分析的那样绝对化。所以在实际认路和记路时，还是应该将这些方法融会贯通，通过不断的实践逐渐培养自己认路和记路的能力。

第三节 常见公共交通标志

交通标志是指由图形符号或者文字并配以特定的形状和颜色而组成的向交通参与人传递交通信息的揭示牌。

交通标志必须按全国图形符号标准化技术委员会统一规范下制定的国家标准中的许可标志来标注。

交通标志可按交通方式的不同而有不同的交通标志，有道路交通标志、空港交通标志、航运交通标志及公共交通标志等。

《道路交通安全法实施条例》第 30 条规定，交通标志分为：指示标志、警告标志、禁令标志、指路标志、旅游区标志、道路施工安全标志和辅助标志。道路交通标线分为：指示标线、警告标线、禁止标线。

有关专业性交通标志将在相关章节介绍，本节仅表述公共交通标志。

公共交通标志是指国际化的（部分国内化）的常用交通标志、地点交通标志、常用公共标志等。

(一)常用交通标志

常用交通标志是指国际化常规性交通通道、场地、设施等标志,如图 2-16 所示。

行人天桥

行人地下通道

步行标志

残疾人专用设施

停车场

大型车靠右行

地铁站

安全出口

紧急出口

火车站

客轮码头

飞机场

轮渡

图 2-16 常用交通标志

(二)地点交通标志

地点交通标志是指国际化常规性辅助交通设施和服务等标志,如图 2-17 所示。

图 2-17 地点交通标志

（三）常用公共标志

常用公共标志是指国际化常规性一般性标志，如图 2-18 所示。

图 2-18 常用公共标志

以上各标志均引用国家《标志用公共信息图形符号》系列标准中所列的内容，目前全国图形符号标准化技术委员会已制定发布《标志用公共信息图形符号 第1部分：通用符号》、《标志用公共信息图形符号 第2部分：旅游休闲符号》、《标志用公共信息图形符号 第3部分：客运与货运说明》、《标志用公共信息图形符号 第4部分：体育运输符号》、《标志用公共信息图形符号 第5部分：购物符号》、《标志用公共信息图形符号 第6部分：医疗保健符号》、《标志用公共信息图形符号 第9部分：无障碍设施符号》、《标志用公共信息图形符号 第10部分：铁路客运符号》等8个部分，公共场所符号已达430种。

 **练习与思考**

1. 如何携带地图与标记地图?
2. 如何使用指南针?
3. 如何估算自己走过的距离?
4. 熟悉三种识别方向的办法,掌握一种夜间方向识别的方法。
5. 熟记判定方位"顺口溜"。
6. 简述记路的一般方法。
7. 公共交通标志由哪些标志构成?
8. 熟记书中所标的公共交通标志。
9. 谈谈学习本章的体会。

第三章

旅游航空交通

第一节 走进航空

航空运输是国际旅游者使用最频繁的交通方式之一，世界上约35%的国际旅游者乘飞机旅行。它以机场为客运站场，以飞机为客运工具，以航空线路为客运线路，主要从事远距离旅游运输活动，如国内大城市间旅游包机和国际定期航班运输等。其运输优势表现为速度快、航程远和乘坐舒适，其劣势主要是价格高、灵活性差、游览功能弱。

航空运输是旅行速度最快的现代旅游交通方式。喷气式民用客机巡航速度一般为每小时900千米左右，比行使在高速铁路上的列车快2~3倍，比行驶在高速公路上的汽车快8~10倍，比高速远洋游船快15~24倍。运输速度快有利于减少旅游者在途旅行时间和旅行的疲劳感，相应的增加实际游览时间，符合旅游者对"旅速游慢"旅游方式的基本要求。

现代远程客机具有优越的续航性能，可持续飞行十几个小时，逾万千米，成为连接世界各国的空中长廊。航空运输沿直线运行，少走或不走"弯路"，相对缩短了始发地与目的地之间的旅行距离，航程远的优势也就越发突出，也正是这个优势使航空运输成为国际旅游最重要的交通方式。事实上，20世纪70年代以后出现的大规模国际旅游活动正是远程喷气式飞机普及应用的结果。

现代旅游航空运输主流机型——喷气式客机，采用仿生学流线型外形设计，巡航高度在万米左右，因此摩擦阻力小，基本不受低空气流影响，飞行平稳，乘坐舒适。现代宽体客机，客舱宽敞，座位行间距离大，坐、卧、行皆便。此外，航空运输还以高科技硬件设施和高水准优质服务著称，有利于满足旅游者对高品位物质享受和精神享受的双重需求。

在国家经济社会全面发展的推动下，中国民航持续、快速、健康地发展，规模、质量和效益跃上了一个新台阶。

（1）航空公司。截至2012年年底，我国共有民用运输航空公司46家，其中：国有控股公司36家，民营和民营控股公司10家；全货运航空公司10家；中外合资航空公司14家；上市公司5家。通用航空企业，获得通用航空经营许可证的通用航空企业146家,其中,华北地区41家,中南地区27家,华东地区29家,东北地区16家,西南地区16家,西北地区11家,新疆地区6家。

(2)飞机与飞行员。截至2012年年底,民航全行业运输飞机期末在册架数1941架,通用航空企业适航在册航空器总数达到1320架(其中教学训练用飞机328架)。全行业取得驾驶执照飞行员31381人。

(3)机场。截至2012年年底,我国共有颁证运输机场183个。按地区分机场分布如表3-1所示。

表3-1 2012年各地区运输机场数量

地　区	运输机场数量(个)	占全国比例%
全国	183	100%
其中:东北地区	20	10.9%
东部地区	47	25.7%
西部地区	91	49.7%
中部地区	25	13.7%

注:东部地区是指北京、上海、山东、江苏、天津、浙江、海南、河北、福建和广东10个省市;东北地区是指黑龙江、辽宁和吉林3个省;西部地区是指宁夏、陕西、云南、内蒙古、广西、甘肃、贵州、西藏、新疆、重庆、青海和四川12个省(区、市);中部地区是指江西、湖北、湖南、河南、安徽和山西6个省。

(4)航线网络。截至2012年年底,我国共有定期航班航线2457条,按重复距离计算的航线里程为494.88万千米,按不重复距离计算的航线里程为328.01万千米。2012年我国定期航班条数及里程如表3-2所示。

表3-2 2012年我国定期航班条数及里程

指　标	单　位	数　量
定期航班航线	条	2457
国内航线	条	2076
其中:港澳台航线	条	99
国际航线	条	381
按重复距离计算的航线里程	万千米	494.88
国内航线	万千米	339.04
其中:港澳台航线	万千米	13.85
国际航线	万千米	155.84
按不重复距离计算的航线里程	万千米	328.01
国内航线	万千米	199.54
其中:港澳台航线	万千米	13.33
国际航线	万千米	128.47

截至2012年年底,定期航班国内通航城市178个(不含中国香港、澳门和台湾地区)。我国航空公司国际定期航班通航52个国家的121个城市,定期航班通航香港特别行政区的内地城市40个,通航澳门特别行政区的内地城市7个,通航台湾地区的内地城市38个。

截至 2012 年年底，我国与其他国家或地区签订双边航空运输协定 114 个，与 2011 年年底持平。其中：亚洲 44 个国家，非洲 23 个国家，欧洲 35 个国家，美洲 8 个国家，大洋洲 4 个国家。[①]

一、民用航空的定义

使用各类航空器从事除了军事性质（包括国防、警察和海关）以外的所有的航空活动称为民用航空。

这个定义明确了民用航空是航空的一部分，同时以"使用"航空器界定了它和航空制造业的界限，用"非军事性质"表明了它和军事航空的不同。

二、民用航空的分类

民用航空分为两部分，商业航空和通用航空。

1. 商业航空

商业航空也称为航空运输，是指以航空器进行经营性的客货运输的航空活动。它的经营性表明这是一种商业活动，以盈利为目的。它又是运输活动，这种航空活动是交通运输的一个组成部门，与铁路、公路、水路和管道运输共同组成了国家的交通运输系统。尽管航空运输在运输量方面和其他运输方式比是较少的，但由于快速、远距离运输的能力及高效益，航空运输在总产值上的排名不断提升，而且在经济全球化的浪潮中和国际交流上发挥着不可替代的、越来越大的作用。

2. 通用航空

航空运输作为民用航空的一个部分划分出去之后，民用航空的其余部分统称为通用航空，因而通用航空包罗多项内容，范围十分广泛，可以大致分为以下几类。

（1）工业航空：包括使用航空器进行工矿业有关的各种活动，具体的应用有航空测绘、航空摄影、航空遥感、航空物探、航空吊装、石油航空、航空环境监测等。在这些领域中利用了航空的优势，可以完成许多以前无法进行的工程，如海上采油，如果没有航空提供便利的交通和后勤服务，很难想象出现这样一个行业。其他如航空探矿、航空摄影，使这些工作的进度加快了几十倍甚至上百倍。

（2）农业航空：包括为农、林、牧、渔各行业的航空服务活动。其中如森林防火、灭火、撒播农药，都是其他方式所无法比拟的。

（3）航空科研和探险活动：包括新技术的验证、新飞机的试飞，以及利用航空器进行的气象天文观测和探险活动。

（4）飞行训练：除培养空军驾驶员外还培养各类飞行人员的学校和俱乐部的飞

---

① 以上数据来自中国民用航空局的《2012 年民航行业发展统计公报》。

行活动。

（5）航空体育运动：用各类航空器开展的体育活动，如跳伞、滑翔机、热气球以及航空模型运动。

（6）公务航空：大企业和政府高级行政人员用单位自备的航空器进行公务活动。跨国公司的出现和企业规模的扩大，使企业自备的公务飞机越来越多，公务航空就成为通用航空中一个独立的部门。

（7）私人航空：私人拥有航空器进行航空活动。

通用航空在我国主要指前面5类，后2类在我国才开始发展，但在一些航空强国，公务航空和私人航空所使用的航空器占通用航空的绝大部分。

三、民用航空的组成

民用航空由三大部分组成：政府部门、民航企业、民航机场。

1. 政府部门

民用航空业对安全的要求高，涉及国家主权和交往的事务多，要求迅速的协调和统一的调度，因而几乎各个国家都设立独立的政府机构来管理民航事务，我国是由中国民用航空总局来负责管理。政府部门管理的内容主要有以下几个方面。

（1）制定民用航空各项法规、条例，并监督这些法规、条例的执行。

（2）对航空企业进行规划、审批和管理。

（3）对航路进行规划和管理，并对日常的空中交通实行管理，保障空中飞行安全、有效、迅速的实行。

（4）对民用航空器及相关技术装备的制造、使用制定技术标准进行审核、发证，监督安全，调查处理民用飞机的飞行事故。

（5）代表国家管理国际民航的交往、谈判，参加国际组织内的活动，维护国家的利益。

（6）对民航机场进行统一的规划和业务管理。

（7）对民航的各类专业人员制定工作标准，颁发执照，并进行考核，培训民航工作人员。

2. 民航企业

民航企业指从事和民航业有关的各类企业，其中最主要的是航空运输企业，即我们常说的航空公司，它们掌握航空器从事生产运输，是民航业生产收入的主要来源。其他类型的航空企业如油料、航材、销售等公司，都是围绕着运输企业开展活动的。航空公司的业务主要分为两个部分：一是航空器的使用（飞行）维修和管理，另一部分是公司的经营和销售。

3. 民航机场

民航机场，简称机场，亦称飞机场、空港，较正式的名称是航空站，为专供飞机起降活动的飞行场。除了跑道之外,机场通常还设有塔台、停机坪、航空客运站、维修厂等设施,并提供机场管制服务、空中交通管制等其他服务。

机场是民用航空和整个社会的结合点,也是一个地区的公众服务设施。由于机场既带有赢利的企业性质同时也带有为地区公众服务的事业性质,因而世界上大多数机场是地方政府管辖下的政企参半性质的机构。

民用航空是一个庞大复杂的系统,其中有事业性的政府机构,有企业性质的航空公司,还有政企参半性质的民航机场,各个部分协调运行才能保证民用航空事业的迅速发展。

 课外知识

● 飞机的分类

飞机依其分类标准的不同,可有以下划分方法。

1. 按飞机的用途划分,有国家航空飞机和民用航空飞机之分。国家航空飞机是指军队、警察和海关等使用的飞机。民用航空飞机主要是指民用飞机和直升机,民用飞机指民用的客机、货机和客货两用机。

2. 按飞机发动机的类型分,有螺旋桨飞机和喷气式飞机之分。螺旋桨式飞机,包括活塞螺旋桨式飞机和涡轮螺旋桨式飞机。活塞螺旋桨式飞机的引擎为活塞螺旋桨式,这是最原始的动力形式。它利用螺旋桨的转动将空气向机后推动,借其反作用力推动飞机前进。螺旋桨转速越高,则飞行速度越快。喷气式飞机,包括涡轮喷气式和涡轮风扇喷气式飞机。这种机型的优点是结构简单,速度快,一般时速可达800千米~1000千米/小时;燃料费用节省,装载量大,一般可载客400~500人或100吨货物。

3. 按飞机的发动机数量分,有单发(动机)飞机、双发(动机)飞机、三发(动机)飞机、四发(动机)飞机之分。

4. 按飞机的飞行速度分,有亚音速飞机和超音速飞机。亚音速飞机又分低速飞机(飞行速度低于400千米/小时)和高亚音速飞机(飞行速度马赫数为0.8~8.9)。多数喷气式飞机为高亚音速飞机。

5. 按飞机的航程远近分,有近程、中程、远程飞机之别。远程飞机的航程为11 000千米左右,可以完成中途不着陆的洲际跨洋飞行。中程飞机的航程为3000千米左右,近程飞机的航程一般小于1000千米。近程飞机一般用于支线,因此又称支线飞机。中、远程飞机一般用于国内干线和国际航线,又称干线飞机。

我国民航总局是采用按飞机客座数划分大、中、小型飞机。飞机的客坐数在100座以下的为小型,100~200座之间为中型,200座以上为大型。航程在2400千米以下的为短程,2400~4800千米之间的为中程,4800千米以上的为远程。但分类标准是相对而言的。

- 国际民用航空组织（ICAO）

国际民用航空组织（International Civil Aviation Organization，ICAO）是协调世界各国政府在民用航空领域内各种经济和法律事务、制定航空技术国际标准的重要组织。1944年11月1日至12月7日，52个国家在美国芝加哥举行国际民用航空会议，签订了《国际民用航空公约》（简称《芝加哥公约》），并决定成立过渡性的临时国际民用航空组织。1947年4月4日《芝加哥公约》生效，国际民用航空组织正式成立，同年5月13日成为联合国的一个专门机构。秘书处为处理日常工作的机构。总部设在加拿大的蒙特利尔。

其宗旨是制定国际空中航行原则，发展国际空中航行技术，促进国际航行运输的发展，以保证国际民航的安全和增长；促进和平用途的航行器的设计和操作艺术；鼓励用于国际民航的航路、航站和航行设备的发展；保证缔约各国的权利受到尊重和拥有国际航线的均等机会等。

成员大会为该组织最高权力机构，每3年召开一次。理事会为常设机构，有33名理事，第一类理事国为民航大国，占10席；第二类理事国是向国际民航提供便利方面作出大贡献的国家，占11席；第三类理事国是具有区域代表性的国家，占12席。理事会每年开会3次，下设航行技术、航空运输、法律、经营导航设备、财务和非法干扰国际民航等委员会。迄今已有185个会员国。

- 国际航空运输协会（IATA）

国际航空运输协会（International Air Transport Association，IATA）是一个由世界各国航空公司所组成的大型国际组织，其前身是1919年在海牙成立并在二战时解体的国际航空业务协会。1944年12月，出席芝加哥国际民航会议的一些政府代表和顾问以及空运企业的代表聚会，商定成立一个委员会为新的组织起草章程。1945年4月16日在哈瓦那会议上修改并通过了草案章程后，国际航空运输协会成立，总部设在加拿大蒙特利尔，执行机构设在日内瓦。与监管航空安全和航行规则的国际民航组织相比，它更像是一个由承运人（航空公司）组成的国际协调组织，管理在民航运输中出现的诸如票价、危险品运输等问题。

截至2012年年底，国际航空运输协会IATA共有来自126国家的300名会员。中国民航的国航、东航、南航都是其会员。1995年7月21日，中国国际旅行社总社正式加入该组织，成为该协会在中国内地的首家代理人会员。中国国际旅行社总社取得该组织指定代理人资格后，中国国际旅行社便有权使用国际航协代理人的专用标志，可取得世界各大航空公司的代理权，使用国际航协的统一结算系统，机票也同世界通用的中性客票相同。

《多边联运协议（MITA）》是为国际航协的成员航空公司间进行旅客、行李、货物的接收、中转、更改航程及其他相关程序提供统一标准的联运协议。全球共有三百多家航空公司加入该协议。中国西南航空公司是中国民航继国航、东航、南航之后，第四家成为MITA成员的航空运输企业。

- 国际机场理事会（ACI）

国际机场理事会（Airports Council International，ACI），原名为国际机场联合协会（Airports Association Council International），于1991年1月成立，1993年1月1日改称国际机场理事会。国际机场理事会是全世界所有机场的行业协会，是一个非盈利性的组织，其宗旨是加强各成员与全世界民航业各个组织和机构的合作，包括政府部门、航空公司和飞机制造商等，并通过这种合作，促进建立一个安全、有效、与环境和谐的航空运输体系。总部设在瑞士的日内瓦，它由六个地区分会组成：非洲、亚洲、欧洲、拉丁美洲/加勒比海、北美和太平洋。国际机场理事会拥有177个国家和地区的597名正式会员，运行1679个机场。在亚洲、太平洋地区约有42国家和地区的57名正式会员。北京首都国际机场于1996年11月17日被国际机场理事会正式批准成为该组织的会员。

- 中国航空运输协会（CATA）

中国航空运输协会（China Air Transport Association，CATA）是依据我国有关法律规定，以民用航空公司为主体，由企、事业法人和社团法人自愿参加结成的、行业性的、不以盈利为目的，经中华人民共和国民政部核准登记注册的全国性社团法人，成立于2005年9月26日。

- 中国民用机场协会（CCAA）

中国民用机场协会（China Civil Airports Association，CCAA）是经中国民用航空总局、民政部批准的中国民用机场行业（不含中国香港、澳门和台湾地区）唯一的合法代表。协会总部设在北京，目前有96个会员机场，会员机场旅客吞吐量、货运量和航班起降架次达到全国总量的99%以上。

协会按照"共同参与、共同分享、共同成就"的指导思想，以维护会员合法权益为宗旨，采用多种形式服务会员，诸如举办各类国内外交流会议，收集和评估机场发展信息，组织课题调研和提出政策建言，并受政府委托，起草行业标准，推动新技术运用等。

机场贵宾服务协会直属于CCAA。

- 世界三大航空联盟

客人只需拥有其中一间航空公司的会员卡，则乘坐此联盟内其他航空公司的航班，也能凭该会员卡累积里程。

星空联盟（Star Alliance）。其目前由以下航空公司组成：加拿大航空公司AC、新西兰航空公司NZ、全日空NH、韩亚航空公司OZ、奥地利航空公司OS、英国英伦航空公司BD、波兰LOT航空公司LO、德国汉莎航空公司LH、北欧航空公司SK、新加坡航空公司SQ、西班牙航空公司JK、TAP葡萄牙航空公司TP、泰国国际航空公司TG、美国联合航空公司UA、全美航空公司US、南非航空公司SA、瑞士航空公司LX、斯洛文尼亚航空公司JP、蓝天航空公司KF、中国国际航空公司CA、美国大陆航空公司CO、克罗地亚航空公司OU、埃及航空公司MS、上海航空公司 FM、西班牙航空公司 JK。

天合联盟（SkyTeam Alliance）。其目前由以下航空公司组成：俄罗斯航空公司（SU）、墨西哥国际航空公司（AM）、欧罗巴航空公司（UX）、法国航空公司（AF）、意大利航空公司（AZ）、中华航空公司（CI）、中国东方航空公司（MU）、中国南方航空公司（CZ）、捷克航空公司（OK）、达美航空公司（DL）、肯尼亚航空公司（KQ）、荷兰皇家航空公司（KL）、大韩航空公司（KE）、罗马尼亚航空公司（RO）、越南航空公司（VN）、沙特阿拉伯航空（公司）SV）、中东航空公司（ME）、阿根廷航空公司（AR）、厦门航空公司（MF）。

寰宇一家（One World）。其目前由以下航空公司组成：美国航空公司（AA）、英国航空公司（BA）、国泰航空公司（CX）、芬兰航空公司（AY）、西班牙国家航空公司（IB）、日本航空公司（JL）、智利国家航空公司（LA）、匈牙利航空公司（MA）、澳洲航空公司（QF）、约旦皇家航空公司（RJ）、西伯利亚航空公司（S7）、墨西哥航空公司（MX）。

第二节　旅游航空常备知识

航空是一个行业，更是一门涉及广泛的学科，它包含有许多科学知识。作为旅游工作者或旅游者在享受航空服务时，虽不必全面了解航空知识，但对航空常备知识的掌握，将为你的旅程带来意想不到的愉悦与便捷。

本节在充分搜集众多航空常备知识的基础上归纳了从购票到注意事项等最常用的航旅知识。

一、购票

航空客票是航空公司和客票上所列姓名的旅客之间运输合同的初步证据。航空公司只向持有航空公司或与航空公司签有联运协议的其他航空公司票证的旅客提供运输。航空公司客票中的合同条件是某航空公司运输总条件部分条款的概述。

购票是乘坐飞机的第一步，凡搭乘民航飞机必须先购买机票。机票可以预购或到机场现购，购票的方式有网上购票、电话购票、售票处购票和航空公司认定的任何购票点购票。

1. 机票的种类
（1）按票的媒质分为纸质机票和电子机票。
① 纸质机票。纸质机票是用特殊纸张制作的航空公司专用的乘机票，是第一代机票，目前逐渐被电子机票所取代。

② 电子机票。电子机票也称电子客票，是纸质机票的电子形式，是一种电子号码记录，电子机票将票面信息存储在订座系统中，可以像纸票一样执行出票、作废、退票、换开、改转签等操作。电子机票依托现代信息技术，实现无纸化、电子化的订票、结账和办理乘机手续等全过程。对于旅客来讲，它的使用与传统纸质机票并无差别。电子机票是目前世界上普遍使用的机票形式。

（2）按票的特性分为不定期票与定期票。

① 不定期票（"OPEN"票）。不定期票是指在航班、座位等级、乘机日期和起飞时间都没有订妥的机票。一般在国际航班的联程票上会有这样的情况。

② 定期票（"OK"票）。定期票是指机票在航班、座位等级、乘机日期和起飞时间均已订妥的机票。始发站开出的客票都是定期票。

（3）按价格特性一般分为普通票及特别票。

① 普通票（Normal Fare）。普通票又分成人票、革命伤残军人票、儿童票和婴儿票。

② 特别票。特别票又分团体票（Group Fare）、旅游票（Excursion Fare）、包机票（Group Affinity Ticket）、学生票（Group Affinity Ticket）、游览票（Inclusive Tour Fare）、商务票和优惠票等。

（4）按乘客年龄的特性分为成人票、儿童票和婴儿票。

① 成人票：成人是指年满12周岁以上的旅客。

② 儿童票：儿童是指2周岁以上、12周岁以下的公民；儿童票票价为成人全票价的50%，免机场建设税，燃油附加费减半（某些航空公司儿童票可以预订特价舱位）。其有效证件可以为：户口本或者当地公安机关开具的户籍证明。

③ 婴儿票：婴儿是指满14天年龄不满2周岁的孩子，按适用成人全价票的10%付费。

1位成人旅客只能有1名婴儿享受这种票价，如有2名婴儿，其中1名婴儿购儿童票；婴儿票无免费行李额；婴儿与成人共用一个PNR（旅客订座记录），共用一个座位；婴儿票可免费退票；婴儿票无机场建设费和燃油费；婴儿的有效证件可以为出生证明或者户口本。

 课外知识

● 机票类别

期限类别：机票期限大致分为一年（即年票）、半年、三个月、一个月等几种，一般以半年期最多，但部分团体票会因促销优惠的关系，而有不同的天数限制。

舱等类别：头等舱（First Class）、商务舱（Bussiness Class）、经济舱（Economy Class or Coach），通常价格以头等舱最高，商务舱次之，经济舱最低。

● 特别机票种类

旅游票（Excursion Fare）：为常见的个人票，限制不多，但有停留时间的限制，须注意停留效期（如 30 天效期则代表最多可在当地停留 30 天，如果是 2～30 天则表示至少须在当地停留 2 个晚上才可以回程）。

学生票（Group Affinity Ticket）：票价通常较旅游票低，但须持有国际学生证 ISIC 卡或 GO25 青年证才能购买，能享有较高的行李托运千克数，停留效期通常可长达半年或一年。

团体票（Group Fare）：又称为计划旅行票，价钱最便宜但限制较多，有最低成行人数限制（至少 10 人），所有人须同进同出，有不可退票、转让、更改回程时间等限制。

包机票（Chartered Flight Fare）：包机公司或旅行社向航空公司包下整架或部分飞机座位，以供旅客乘搭。这类机票的票价及营运限制，均由包机公司或旅行社自行订购。

优惠票（Discount tickets）：即所谓的促销票，亦属个人票的一种，大部分是航空公司于淡季不定期推出的优惠活动，通常有较多的限制，依航空公司而异。例如：教师机票是指航空公司为响应国家"尊师重教"的方针政策而推出的在特定时期内，旨在为从事教育工作的人士提供的优惠机票。革命残废军人机票，票面价值是成人适用的正常票价的 80%，须出具《革命残废军人抚恤证》。

● 中性机票（BSP）

中性机票（Billing and Settlement Plan，BSP），即开账与结算计划，它是国际航协根据运输代理业的发展和需要而建立，供航空公司和代理人之间使用的销售结算系统。该系统于 1971 年在日本建立，迄今已有 30 多年的历史。这是一个比较先进和成熟，并已获得广泛使用的系统。BSP 的管理是按地区来划分的，目前，全球已有 140 多个国家或地区建立了这一系统，有 400 多家航空公司和 6.4 万家销售代理人加入了该系统。目前我国航空公司已全部加入 BSP 系统。

根据国际航协全球实施电子客票的统一部署，自 2008 年 6 月 1 日零时起，已停止全球范围内代理人填开 BSP 纸质客票，全面使用 BSP 中性电子客票。这意味着纸质机票正式退休，电子机票时代正式来临。

● 严防"鸳鸯票"（"阴阳票"）

通俗地说，"鸳鸯票"就是机票的乘机联与财务联票额不符。乘机联上的票额是代理人实收的票额，财务联上的票额是航空公司实收的票额，两者本来应该一致，但由于代理人做了手脚，造成乘机联票额大于财务联票额，两者之差就是代理人从中渔利侵占航空公司的票额。

代理人填开"鸳鸯票"主要有三种形式，一是利用成人票与儿童票、婴儿票价格之差；二是利用经济舱与头等舱价格之差；三是利用航段长短的价格之差。一张"鸳鸯票"，代理人从中渔利少则几百元，多则上千元，不仅使航空公司在经济上直接受损，还可能造成航空公司座位的虚耗（比如利用航段不同填开"鸳鸯票"），从而侵占航空公司和旅客的双重利益。

● "鸳鸯票"的来源

自电子机票问世以来，因为存在一些不完善之处，有人开始在电子机票上动起了手脚。

按照民航总局和中国航空运输协会的硬性规定,销售、代售机票,必须要拿到民航总局正式审批颁发的行业经营许可证。但是很多销售机票的机构和网点都是在非法经营,都属于"黑代理"。

由于没有合法手续,缺乏监管,这些销售网点在销售过程中在电子机票上大动手脚。最为明显的就是他们在拿到旅客预订机票款时,都是先买一张真的机票,然后回来再仿制,重新制作一张价格更高的假机票送给客人。这就是所谓的"鸳鸯票",原本三折、四折的机票,他们可以加价到七折、八折。由于这类机票在民航订票系统里显示有旅客本人的订票信息,所以如果不改签或退票旅客就很难发现。

按照民航总局的规定,旅客到单位报销机票,行程单和登机牌要一同作为原始凭证才能上账。旅客拿到"鸳鸯票"到单位报销时,只要财务人员稍微有点常识,就能从登机牌上看出真实的价格。因此一些旅客在单位报销机票时,常常被财务退单,一些人员还被认为是自己有意填高行程单,骗取单位差旅费。

事实上,防止"鸳鸯票"的方法就是利用鉴别电子机票真伪的办法即可。

2. 电子机票的购买流程

电子机票的购买流程如图3-1所示。

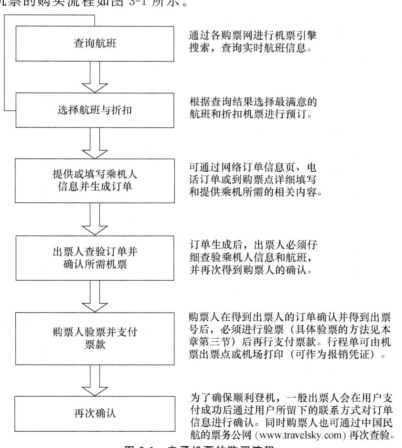

图 3-1　电子机票的购买流程

3．电子机票购买时应注意的问题

购买电子机票时应注意以下几个问题。

（1）旅客在网上购票必须遵守《中华人民共和国民用航空法》、民航总局发布的国内客运规定及航空公司关于旅客运输的各项规定。

（2）特殊旅客（包括重要旅客、伤病旅客、孕妇、无成人陪伴儿童等），因需办理有关特殊服务手续，故不能在网上购票。如有违反而产生的不良后果，自己负责。

（3）旅客应严格遵守政府有关部门对乘坐民航班机所需的有效证件的规定，并保证旅客身份证件和所需的旅行证件的准确性、合法性和有效性，如因此类问题产生的后果由旅客承担。

（4）购买联程机票的旅客须保证转机衔接时间不少于 3 小时。

（5）旅客应在航班起飞前至少 30 分钟按规定办妥乘机手续。

（6）如旅客遗失了所购买的机票，按各航空公司颁布的"旅客须知"的有关规定办理。

（7）如购票后未赶上航班，可按各航空公司关于误机的规定作自愿退票和签转处理。购票后如需退票，按航空公司颁布的"旅客须知"的规定办理退票。

（8）购票与乘机时必须使用相同信息的证件。

提供乘机人的合法证件是航空公司对旅客提出的享受航空服务的充分条件，而使用购票与乘机时相同信息的证件是旅客乘机的必要条件。

航空公司规定有效购票和乘机身份证件的种类包括以下几种。

（1）中国籍旅客的居民身份证、临时身份证、军官证、武警警官证、士兵证、军队学员证、军队文职干部证、军队离退休干部证和军队职工证，港、澳地区居民和台湾同胞旅行证件。

（2）外籍旅客的护照、旅行证、外交官证等；民航总局规定的其他有效乘机身份证件。

（3）16 岁以下未成年的中国籍旅客可凭学生证、户口簿或者户口所在地的公安机关出具的身份证件。

（4）因公致残的现役军人也可凭《革命伤残军人证》，因公致残的人民警察也可凭《人民警察伤残抚恤证》购票和乘机。

（5）重病旅客购票和乘机，须持有医疗单位出具的适于乘机的证明，经承运人同意后方可购票。

对持身份证复印件、伪造、变造或冒用他人证件者不予登机。

二、乘机

乘机流程一般分国内出发、到达，国际出发、到达，中转。

1. 国内出发乘机流程

旅客应当在航空公司规定的时限内到达机场，凭客票及其本人有效身份证件按时办理客票查验、托运行李、领取登机牌等乘机手续。大多数航空公司国内航班办理乘机手续的截止期限是航班飞机离站时间前 30 分钟，大型机场是 45 分钟，但有些机场可能是 1 个小时或更长。国际航班办理乘机手续的截止期限大多数在航班飞机离站时间前 3 个小时（国际航班还要办理政府规定的其他手续）。具体时间以客票"旅客须知"中写明的为准。

国内出发乘机的具体流程如图 3-2 所示。

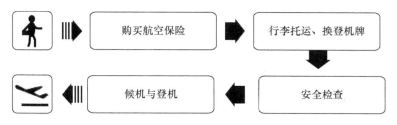

图 3-2　国内出发流程

（1）购买航空保险。旅客可在指定柜台自愿购买航空保险。

（2）行李托运、换登机牌。旅客凭机票及本人有效身份证件到相应值机柜台办理乘机和行李托运手续，领取登机牌。

（3）安全检查。应提前准备好登机牌、飞机票和有效身份证凭证，并交给安全检查员查验。为了飞行安全，旅客须从金属探测门通过，随身行李物品须经 X 光机检查。

（4）候机及登机。旅客可以根据登机牌上的登机口号到相应候机区休息候机，通常情况下，将在航班起飞前约 30 分钟开始登机。请留意广播提示和航班信息显示，登机时需要出示登机牌，应提前准备好。

2. 国内到达流程

国内到达的具体流程如下所示（见图 3-3）。

图 3-3　国内到达流程

（1）提取行李。下机后，按机场指示的路线到行李提取处提取行李后，到出站口接受机场管理员核对机票上的条形码是否与行李上的条形码吻合，防止冒领或错拿。

需中转的旅客通过机场指示中转通道办理中转手续，而不必出隔离区。

（2）进港。拿好行李后或无托运行李的乘客便可以直接到大厅。

3. 国际出发乘机流程

国际航班旅客应出具有关国家的法律、规定所要求的所有出入境文件、健康证和其他证件。旅客未遵守相关规定而使航空公司承担垫付罚金或者负担支出的，旅客应负责偿还。

旅客被拒绝过境或入境，将会被运回出发点或其他地点，旅客应支付适用的票价。用于运送至拒绝地点或者遣返地点的客票，航空公司不予办理退款。

海关和其他政府官员需要检查旅客的行李，旅客应当到场。旅客不到场而遭受的任何损失，航空公司不承担责任。

国际出发乘机的具体流程如图3-4所示。

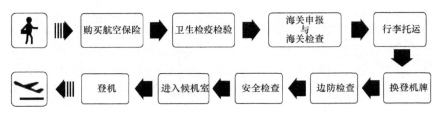

图3-4 国际出发乘机流程

（1）购买航空保险。旅客可在指定柜台自愿购买航空保险。

（2）卫生检疫检验。旅客在飞机内如果得到检疫所发的卫生健康卡，应填写必要事项并交到卫生检疫站。

（3）海关申报与海关检查。旅游若有物品申报时，应走红色通道，办理海关手续。如果没有，请走绿色通道。

（4）行李托运、换登机牌。凭客票及本人有效身份证，旅客可以在指定值机柜台办理乘机和行李交运手续（或者没有行李的旅客可以使用自助值机办理乘机手续），领取登机牌。飞机离站前30分钟停止办理乘机手续。请注意护照、签证及旅行证件应随身携带，不要放在交运行李中运输。

（5）边防检查。如果您是外国旅客，请交验您的有效护照、签证、出境登记卡，并在有效入境签证上的规定期限内出境。

如果您是中国旅客（包括港澳台地区居民），请交验您的有效护照证件、签证、出境登记卡以及有关部门签发的出国证明。

（6）安全检查。请提前准备好登机牌、飞机票和有效护照证件凭证，并交给安全检查员查验。为了飞行安全，您须从探测门通过，随身行李物品须经X光检查。

（7）候机与登机。您可以根据登机牌显示的登机口到相应候机区休息候机。通常情况下，将在航班起飞前约40分钟开始登机，应留意广播提示和航班信息显示，登机时需要出示登机牌，应提前准备好，部分航班需再次检验护照。

4．国际到达流程

国际到达的具体流程如图 3-5 所示。

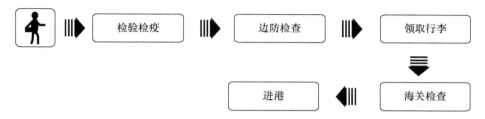

图 3-5　国际到达流程

（1）检验检疫。您在飞机内如果得到检疫所发的卫生健康卡，请填写必要事项并交到卫生检疫站。

（2）边防检查。请您确认入境卡是否填好，并连同护照、签证一并交边防检查站查验。

（3）领取行李。下机后，按机场指示的路线到行李提取处领取行李，然后到出站口接受机场管理员核对机票上的条形码是否与行李上的条形码吻合，防止冒领或错拿。

行李多时，使用行李推车比较方便。"红帽子"可为您提供行李搬运服务。

需中转的旅客通过机场指示中转通道办理中转手续，而不必出隔离区。

（4）海关检查。如果您携带的物品没有超过免税范围，走绿色通道（无申报通道）；超过或不清楚时请走红色通道（申报通道），接受检查或办理海关手续。

（5）进港。您可以在大厅接客处兑换人民币。到达大厅接客处设有市区各大宾馆柜台和公交售票柜台，出租车和公交巴士站台位于国际到达出口处。

5．中转

（1）国内转国内（见图 3-6）。飞机到达国内后，若在前站已经办理了联程手续（即 EDI 旅客），中转柜台办理确认转机行李手续；然后从国内出发候机厅；进行安全检查后，由国内出发候机厅登机若在前站未办联程手续（即非 EDI 旅客），可在中转柜台办理转机手续；然后到国内出发候机厅；进行安全检查后，由出发候机厅登机。

图 3-6　国内转国内转机流程

（2）国内转国际。您在国内到达后，先到国内行李到达处领取转运行李，然后通过国际出发值机厅，经过检验检疫、海关，到达中转柜台办理中转手续，购买机场税,进行边防检查、安全检查,最后在国际出发厅登机,如图 3-7 所示。

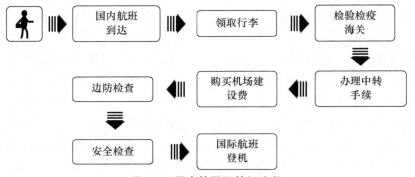

图 3-7　国内转国际转机流程

(3) 国际转国际。您在国际到达后,若旅客在前站已经办理了联程手续(即 EDI 旅客),可在国际中转厅柜台办理确认转机行李及海关等联检手续,由国际出发厅登机,如图 3-8 所示。

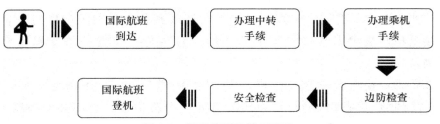

图 3-8　国际转国际转机流程

若您在前站未办联程手续,可在国际中转厅柜台办理转机及海关等联检手续,由国际出发厅登机。

(4) 国际转国内。您在国际到达后,先进行边防检查后提取行李,再经检验检疫、海关,到达中转柜台办理中转手续、购买机场税,进行安全检查后由国内出发厅登机。若旅客在前站已经办理了联程手续(即 EDI 旅客),可在国际到达中转柜台办理确认转机行李手续;然后通过国内出发厅,进行安全检查后由国内出发候机厅登机,如图 3-9 所示。

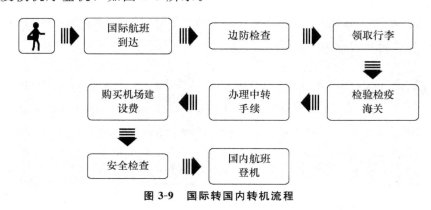

图 3-9　国际转国内转机流程

6. 误机、漏乘、错乘

旅客误机后，可要求改乘后续航班或退票，在乘机机场或原购票地点办理。退票时航空公司可以收取适当的误机费。

因航空公司原因漏乘，旅客可要求乘坐后续航班或退票，不收退票费。若因旅客原因漏乘，退票时收取适当的费用。

旅客错乘飞机，航空公司应安排错乘旅客搭乘最早的航班飞往旅客客票上的目的地，票款不补不退。若由航空公司原因造成旅客错乘，如旅客要求退票，不收退票费。

 课外知识

● 乘机十大安全守则

对乘客来说，除了不可预测的天灾或机械故障等因素，事实上乘客自己可借熟知"乘机十大安全守则"，在关键时刻挽救自己宝贵的生命。

美国飞行安全专家整理出来了以下"乘机十大安全守则"。

一、尽量选择直飞班机。统计数据指出，大部分空难都发生在起飞、下降、爬升或在跑道上滑行的时候，减少转机也就能减少碰到飞行意外。

二、在选择飞机机型方面，应该选择至少30个座位以上的飞机。专家指出，飞机机体越大，受到国际安全检测标准也越多、越严，而在发生空难意外时，大型飞机上乘客的生存几率也相对小飞机来得高。

三、熟记起飞前的安全指示。飞行安全专家表示，各种不同机型的逃生门位置都有不同，乘客上了飞机之后，应该花几分钟仔细听清楚空服人员介绍的安全指示，碰到紧急情况的时候，才不会手足无措。

四、越来越多的乘客为了节省等领行李的时间，喜欢把大件行李随身带上飞机，这却是不符合飞行安全的行为。飞行安全专家说，如果飞机遭遇乱流或在紧急事故发生时，座位上方的置物柜通常承受不住过重物件，许多乘客都是被掉落下来的行李砸伤头部甚至死亡。

五、随时系紧安全带。在飞机翻覆或遭遇乱流时，系紧安全带能提供乘客更多一层的保护，不至于在机舱内四处碰撞。

六、意外发生时，一定要听从空服人员的指示，毕竟空服人员在飞机上的首要任务便是为了维护乘客的安全。

七、不要携带危险物品上飞机，飞行安全专家说，乘客只要"动动大脑"，就知道像汽油罐这些东西都不应该带上飞机。

八、咖啡、热茶这些高温的饮料，都应该让受过专业训练的空服人员为乘客服务，乘客自己拿这些高温液体的话，经常会发生烫伤意外。

九、不要在飞机上喝太多的酒,由于机舱内的舱压与平地不同,过多酒精将使得乘客在紧急时刻应变能力减缓,丧失逃生的宝贵机会。

十、最后一点则是随时保持警觉。飞行安全专家指出,意外发生时机上乘客应该保持冷静,在空服人员的指示下尽快离开。

三、行李

1. 行李的定义

行李是指旅客在旅行中为了穿着、使用、舒适或者便利而携带的必要、适量的物品和其他个人财物。

行李分为托运行李、自理行李和随身携带行李。国家规定的禁运物品、限制运输物品、危险物品,以及具有异味或容易污损飞机的其他物品,不能作为行李或夹入行李内托运。航空公司在收运行李前或在运输过程中,发现行李中装有不得作为行李或夹入行李内运输的任何物品,可以拒绝收运或随时终止运输。

2. 行李的禁忌

为了运输安全,航空公司可以会同旅客对其行李进行检查;必要时,可会同有关部门进行检查。如果旅客拒绝接受检查,航空公司对该行李有权拒绝运输。

不得夹入行李内托运的物品主要包括以下几种。

(1) 小而贵重的物品:现金、证券、汇票、信用卡、珠宝、相机。

(2) 急用物品:药品、钥匙、护照、旅行支票、商务文件。

(3) 不可取代的物品:手稿、祖传物。

(4) 易碎品:眼镜、玻璃容器、液体。

上述物品应随身携带,或放在可置于座位下面的随身携带的行李中。航空公司对托运行李内夹带上述物品的遗失或损坏按一般托运行李承担赔偿责任。

课外知识

● 国际民航协会规定的禁带物品或特殊携带方法

为了航空安全和旅客旅行安全,民航禁止旅客随身携带或者托运的物品如下所述。

(一) 枪支、军用或警用器械类 (含主要零部件)

1. 军用枪、公务用枪:手枪、步枪、冲锋枪、机枪、防暴枪等。

2. 民用枪:气枪、猎枪、运动枪、麻醉注射枪、发令枪等。

3. 其他枪支:样品枪、道具枪等。

4. 军械、警械：警棍、军用或警用匕首、刺刀等。

5. 国家禁止的枪支、械具：钢珠枪、催泪枪、电击枪、电击器、防卫器等。

6. 上述物品的仿制品。

（二）爆炸物品类

1. 弹药：炸弹、手榴弹、照明弹、燃烧弹、烟幕弹、信号弹、催泪弹、毒气弹和子弹（空包弹、战斗弹、检验弹、教练弹）等。

2. 爆破器材：炸药、雷管、导火索、导爆索、非电导爆系统、爆破剂等。

3. 烟火制品：礼花弹、烟花、爆竹等。

4. 上述物品的仿制品。

（三）管制刀具

指1983年经国务院批准由公安部颁发实施的《对部分刀具实行管制的暂行规定》中所列出的刀具，包括匕首、三棱刀（包括机械加工用的三棱刮刀）、带有自锁装置的刀具和形似匕首但长度超过匕首的单刃刀、双刃刀以及其他类似的单刃、双刃、三棱尖刀等。少数民族由于生活习惯需要佩戴、使用的藏刀、腰刀、靴刀等属于管制刀具，只准在民族自治地方销售、使用。

（四）易燃、易爆物品

1. 氢气、氧气、丁烷等瓶装压缩气体、液化气体；

2. 黄磷、白磷、硝化纤维（含胶片）、油纸及其制品等自燃物品；

3. 金属钾、钠、锂、碳化钙（电石）、镁铝粉等遇水燃烧物品；

4. 汽油、煤油、柴油、苯、乙醇（酒精）、油漆、稀料、松香油等易燃液体；

5. 闪光粉、固体酒精、赛璐珞等易燃固体；

6. 过氧化钠、过氧化钾、过氧化铅、过氧乙酸等各种无机、有机氧化物。

（五）毒害品：氰化物、剧毒农药等剧毒物品。

（六）腐蚀性物品：硫酸、盐酸、硝酸、有液蓄电池、氢氧化钠、氢氧化钾等。

（七）放射性物品：放射性同位素等放射性物品。

（八）其他危害飞行安全的物品，如可能干扰飞机上各种仪表正常工作的强磁化物、有强烈刺激性气味的物品等。

（九）国家法律法规规定的其他禁止携带、运输的物品。

（十）我国解除对飞美航班旅客随身携带普通打火机的限制，但"火炬式打火机"并不在此解除限制的范围内。由于该类打火机火焰燃烧状态非常强烈，短时间内温度可以达到2500℃，对飞行安全存在较大威胁，旅客携带此类打火机登机仍将不被允许。

● 禁止乘机旅客随身携带但可作为行李托运的物品

民航总局第85号令《中国民用航空安全检查规则》（CCAR-339SB）中关于禁止乘机旅客随身携带但可作为行李托运的物品的有关规定：

禁止乘机旅客随身携带但可作为行李托运的物品包括：附件一规定的物品之

外，其他可以危害航空安全的菜刀、大剪刀、大水果刀、剃刀等生活用刀，手术刀、屠宰刀、雕刻刀等专业刀具，文艺单位表演用的刀、矛、剑、戟等，以及斧、锤、锥、加重或有尖钉的手杖、铁头登山杖和其他可用来危害航空安全的锐器、钝器。

3. 行李大小限制

托运行李的重量每件不能超过50千克，体积不能超过40厘米×60厘米×100厘米，超过上述规定的行李，须事先征得航空公司的同意才能托运。自理行李的重量不能超过10千克，体积每件不超过20厘米×40厘米×55厘米。随身携带物品的重量，每位旅客以5千克为限。持头等舱客票的旅客，每人可随身携带两件物品。每件随身携带物品的体积均不得超过20厘米×40厘米×55厘米。超过上述重量、件数或体积限制的随身携带物品，应作为托运行李托运。各航空公司对国际航班行李重量的规定不甚相同。

每位旅客的免费行李额（包括托运和自理行李）：国内航班持成人或儿童票的头等舱旅客为40千克，公务舱旅客为30千克，经济舱旅客为20千克。持婴儿票的旅客无免费行李额。各航空公司对国际航班免费行李额的规定不甚相同。构成国际运输的国内航段，每位旅客的免费行李额按适用的国际航线免费行李额计算。

旅客对逾重行李应付逾重行李费，国内航班逾重行李费率以每千克按经济舱票价的1.5%计算，金额以"元"为单位。各航空公司对国际航班逾重行李费率和计算方法不相同，旅客须按各航空公司规定办理。

4. 行李托运

旅客必须凭有效客票托运行李，一般在航班离站当日办理乘机手续时收运行李。不属于行李的物品应按货物托运，不能作为行李托运。

托运行李必须包装完好、锁扣完好、捆扎牢固，能承受一定的压力，能够在正常的操作条件下安全装卸和运输，并应符合下列条件，否则，航空公司可以拒绝收运。

（1）旅行箱、旅行袋和手提包等必须加锁。
（2）两件以上的包件，不能捆为一件。
（3）行李上不能附插其他物品。
（4）竹篮、网兜、草绳、草袋等不能作为行李的外包装物。
（5）行李上应写明旅客的姓名、详细地址、电话号码。

旅客的托运行李，每千克价值超过人民币100元时，可办理行李的声明价值。托运行李的声明价值不能超过行李本身的实际价值。每一旅客的行李声明价值最高限额为人民币8000元。如航空公司对声明价值有异议而旅客又拒绝接受检查时，航空公司有权拒绝收运。各航空公司对国际航班规定不甚相同，办理声明价值，应按各航空公司的规定办理。

5. 行李领取

旅客应在航班到达后立即在机场凭行李牌的识别联领取行李。必要时，应交验客票。因许多行李很相似，旅客从行李传送带上把确认的行李取下来之后，要查看一下标签的名字和号码以防拿错。

旅客遗失行李牌的识别联，应立即向航空公司挂失。旅客如果要求领取行李，应向航空公司提供足够的证明，并在领取行李时出具收据。如在声明挂失前行李已被冒领，航空公司不承担责任。

6. 行李延误、损坏或丢失

行李运输发生延误、丢失或损坏，旅客应会同航班经停地或目的地的航空公司或其代理人填写《行李运输事故记录》，并按法定时限向航空公司或代理人提出赔偿要求，并随附客票（或影印件）、行李牌的识别联、《行李运输事故记录》、证明行李内容和价格的凭证以及其他有关的证明。旅客在领取行李时，如果没有提出异议，即为托运行李已经完好交付。

旅客行李延误到达后，航空公司应立即通知旅客领取，也可直接送达旅客。因航空公司的原因使旅客的托运行李未能与旅客同机到达，造成旅客旅途生活不便的，旅客可在经停地或目的地向航空公司要求适当的临时生活用品补偿费。

7. 行李安全

为确保旅客的财产安全，避免发生遗失和被盗事件，保证出行顺利，应注意以下事项。

（1）尽量不要携带大量现金出行。

（2）如您必须携带大量现金和贵重物品，请您随身携带并妥善保管，不要交运或委托他人保管。

（3）在飞行途中，请您注意保管好您的财物，现金和贵重物品尽量随身保管，不要放在远离您的行李箱内。

（4）如有人翻动行李，请您要关心，防止他人错翻、错拿您的行李。

（5）下机前，请及时检查您的现金和贵重物品，如发现问题请及时与机组人员取得联系。

四、民航机票销售代理资格的获取方法

对于票务量大的旅行社，往往想自己进行票务的经营，一方面保证本企业的票务需求和成本核算，另一方面还可以为其他企业提供服务，为此我们要了

解获得民航机票销售代理资格的具体方法。

1. 航空运输销售代理业务资格认可机构

依据2006年3月月31日实施的《中国民用航空运输销售代理资格认可办法》规定：我国的航空运输销售代理业务资格由中国航空运输协会（简称"中国航协"）负责认可工作。地区代表处（指各地区航空运输协会分会，现有华北、华东、东北、西南、中南、西北、新疆七个航空运输协会分会）在中国航协授权范围内开展本地区的销售代理资格认可工作，负责受理本地区销售代理企业的资格认可申请，监督和管理本地区销售代理企业的经营活动（如华东地区的航空运输销售代理业务资格应向中国航协华东代表处申请）。在获得中国航协颁发的"中国民用航空运输销售代理业务资格认可证书"后，方能成为航空运输销售代理企业。

取得资格认可证书的航空运输销售代理企业必须接受航空运输企业委托，依照双方签订的委托销售代理合同，在委托的业务范围内从事销售代理活动。

2. 销售代理资格条件

销售代理资格分为一类航空运输销售代理资格和二类航空运输销售代理资格。

一类航空运输销售代理资格，是指经营国际航线或者我国香港、澳门、台湾地区航线的民用航空旅客运输和货物运输销售代理资格。

二类航空运输销售代理资格，是指经营国内航线除我国香港、澳门、台湾地区航线以外的民用航空旅客运输和货物运输销售代理资格。

销售代理资格的基本条件如下所述。

（1）依法取得经工商行政管理机关注册登记的中华人民共和国企业法人营业执照。

（2）从事一类航空运输销售代理业务的，其实缴的注册资本应不少于人民币150万元；从事二类航空运输销售代理业务的，其实缴的注册资本应不少于人民币50万元。

（3）在中华人民共和国境内依法设立的中外合资、中外合作企业可以申请一类旅客运输和货物运输以及二类货物运输销售代理资格。其中方投资方出资数额占企业注册资本的比例应不少于50%，外商投资的比例应当符合国家有关法律、法规的规定。外商企业不得独资设立销售代理企业或从事销售代理经营活动。

（4）我国香港、澳门、台湾地区的公司、企业、其他经济组织或个人在内地（大陆）设立的企业从事销售代理经营活动的，投资比例应当符合国家有关规定。以合资、合营及独资形式申请一类客、货运及二类货运的销售代理企业，需提供香港工业贸易署出具的《香港服务提供者证明书》。

(5) 国家法律、法规禁止或者限制投资销售代理业的企业或单位，不得从事销售代理活动。

(6) 未取得中国航协颁发的资格认可证书，不得通过互联网开展销售代理活动；销售代理企业选择互联网进行销售代理经营活动的，应当按下列事项向中国航协备案：

① 互联网网站名称和域名；

② 网站性质、应用范围和所需主机地址；

③ 服务器或代理服务器的详细信息及其他书面资料。

通过互联网开展销售活动的，应当符合国家法律、法规和行业的有关规定。

(7) 有至少3名取得航空运输销售代理人员相应业务合格证书的从业人员。

(8) 与开展业务相适应的固定的独立营业场所。

(9) 有电信设备和其他必要的营业设施。

(10) 民航总局和中国航协规定的其他必要条件。

销售代理企业每申请增设一个分支机构，必须增加注册资本人民币50万元和至少3名合格的航空运输销售代理人员及本办法要求的其他条件。

3. 销售代理资格认可程序

申请销售代理资格可以从中国航协网站下载或向所在地区代表处领取中国航协统一制定的航空运输销售代理资格申请表。

一类、二类航空运输销售代理资格认可申请应当向地区代表处提出，由地区代表处进行初审。资格认可申请经地区代表处初审合格后，报请中国航协进行复审，由中国航协决定是否准予颁发资格认可证书。

申请航空运输销售代理资格，应当提交下列文件、资料：

(1) 航空运输销售代理资格认可申请表；

(2) 企业章程、营业执照原件（副本）及其复印件；

(3) 验资报告或近期审计报告；

(4) 经济担保证明文件（含担保方企业法人营业执照及资信证明）；

(5) 企业法定代表人或者主要负责人的身份证复印件及简历；

(6) 电信设备、营业设施清单，企业住所、营业场所证明文件（包括详细地址、办公营业用房产权证明或者租赁合同复印件、场所内外照片）。申请货运销售代理资格的，还应提供货物仓储场所证明文件；

(7) 至少3名销售代理人员的从业资格证书及复印件；

(8) 企业投资方签订的股东投资协议及各股东法人营业执照（副本）或自然人身份证明；

(9) 其他必要的文件和资料。

销售代理资格认可程序流程如图3-10所示。

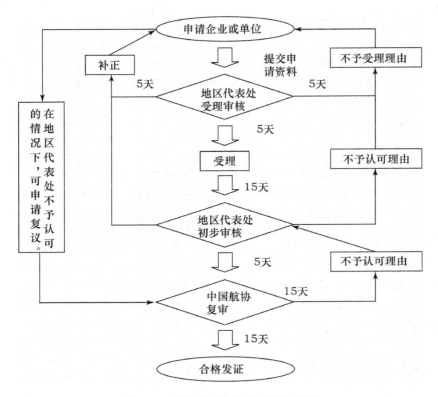

图 3-10　销售代理资格认可程序流程

资格认可证书的有效期：取得资格认可证的企业，其资格认可证书的有效期为 3 年。

五、飞行客舱安全常识

说到坐飞机一般都会想到空乘服务人员、飞行员，把服务与空乘服务人员联系在一起，把安全与飞行员联系在一起，殊不知客舱安全不仅是空乘服务人员的责任，还与我们每一位乘客也息息相关。自旅客登上飞机那一刻，空乘服务人员就开始播放安全须知，提醒旅客系上安全带，收小桌板，拉开遮光板，反复确认移动电子设备是否关闭，时刻注意客舱的每个变化和异常，空乘服务人员把客舱安全检查贯穿于服务的整个过程中，这些乘客也许看到了，但真正了解多少呢？

1. 看安全须知

看安全须知，顾名思义，就是让您了解飞机上和安全有关的设备、注意事项，从而更好地保护您的安全。千万不要认为自己经常坐飞机就可以置之不理，您乘坐的机型的设备和出口可不一定是一样的，第一次乘机的旅客更要逐字逐句地仔细听，万一发生紧急情况时，因为不知道氧气面罩怎么使用而失去生存的机会，那可是太可惜了。

2. 禁打手机和使用电子设备

从关舱门开始到打开舱门手机都是禁止使用的。大量证据表明在飞机上使用移动电话等便携式电子设备会产生电磁干扰，造成飞机导航设备、自动驾驶仪系统失灵，进而严重危及航空安全。特别是航空器无线电导航和通信系统在起飞、爬升、下降和着陆阶段，由于航空器处于低高度，任何电磁干扰都有可能造成机毁人亡的后果。

许多旅客都知道使用手机会影响导航系统，但随着手机的不断更新，商家推出了飞行模式的手机。但是这种飞行模式的手机同样在飞行中是不能开机的，因为民航总局并未认可，这是商家的促销手段，所以千万别在禁打时间内使用手机。

3. 大件行李

机票上规定了随身可带的行李重量规格，大件行李是不允许上飞机的，出口过道都不能放行李，即便是放下了，也别以为这样就安全了。起飞前，飞行员都要计算起飞重量，一位旅客的行李超重部分没算进去，甚至十位、百位旅客的行李超重都没算进去，这个偏差可就大了，要是超过起飞重量，飞机起飞时没拉起来，后果将不堪设想。

4. 出口座位

坐在出口座位的旅客，任务艰巨、责任重大，不是空乘服务人员小题大做，因为不是所有乘客都可以坐在这里的。首先空乘服务人员会进行目测，您是否适合坐在这里。接下来会向您讲解出口座位和安全门，并提醒您正常情况下千万不要拉动紧急窗中门。在紧急撤离时坐在这里的乘客要有一定判断能力，如果窗外没有危险要迅速打开紧急窗口，协助其他旅客撤离。因此，为了旅客安全空乘服务人员可以适当调整出口座位的旅客。

5. 系安全带

常有乘客因为系上安全带觉得不舒服而不愿意系安全带，其实这样是十分危险的。要是飞机遇到不好的天气，急速下降几百米，没系安全带的乘客将变成"空中飞人"，特别是脑袋可能会严重受伤。当然这种事情最好不要发生，可不怕一万就怕万一，所以乘客一定要系好安全带。

6. 收小桌板

收小桌板是为了在紧急撤离时无障碍，保证个人能以最快的速度离开飞机，收小桌板不是为空乘服务人员做的而是为您自己。不要让一个小桌板在关键时刻成为您生命中的绊脚石。

7. 收坐椅靠背

收坐椅靠背是为了紧急撤离时您后排的旅客们能快速离开飞机，要是您后排的客人在起飞、落地时忘记收靠背也可以提醒他。千万不要将个人的舒适建立在他人的生命安全之上。

8. 打开遮光板

起飞和下降时都要打开遮光板，第一是为了让乘客观察窗外有什么异常，可及时通知乘务员；第二是发生紧急迫降后如果没能及时离机，乘客也可以得到救援人员的及时救助，他们将通过这个窗口看到未得到救援的人员。

9. 禁止吸烟

这个标志在很多地方都有，容易引起火灾也是老话题，飞机上也不例外。国内的航班是绝对禁止吸烟的，就连机坪上也是不允许的，飞机上吸烟是违反民航法的，将以罚款和拘留进行处理，可见其严重性。

10. 客舱广播

客舱广播是为旅客服务的，其中包括服务和安全两部分。服务方面：会通过广播让旅客了解此次航班的航程、时间，途经的省市和山脉、河流，以及一些服务项目等。安全方面：首先是正常的安全检查，在起飞和落地前都会广播提醒旅客；其次还有特殊情况和突发事件，都会通过广播让旅客了解，如果旅客不注意听，那就失去了广播的意义。

上述这些旅客平时不以为然的小事，却为客舱安全埋下诸多隐患。维护客舱安全只靠空乘服务人员是远远不够的，还需要我们广大旅客积极配合。为了您和他人的乘机安全，坐飞机时一定要注意改变观念，使安全思想深入我们每个人的心中，和空乘服务人员携起手来共同营造良好的客舱安全环境。

 课外知识

● 为什么在机舱内不能使用电子类产品？

在飞机上，使用中的一些电子装置，特别是会发射电磁波的用品，将干扰飞机的通信、导航、操纵系统，也会影响飞机与地面的无线信号联系，尤其在飞机起飞、下降时干扰更大，即使只造成很小角度的航向偏离，也可能导致机毁人亡的后果，是威胁飞行安全的隐形"杀手"。

以移动电话为例：移动电话不仅在拨打或接听过程中会发射电磁波信号，在待机状态下也在不停地和地面基站联系，虽然每次发射信号的时间很短，但具有很强的连续性。飞机在平稳飞行时，距地面6000米至12000米，此时手机接收不到信号，无法使用；在起飞和降落过程中，手机才有可能与地面基站取得联系，但此时干扰导航系统产生的后果最为严重。在《中华人民共和国民用航空法》第88条中，对旅客在机上使用便携式电子装置做出了限制，并在第200条中做出了对违反者予以治安管理处罚，乃至刑事处罚的规定。各航空公司在机上广播词中亦加入了要求旅客在飞机上关闭随身携带的便携式电子装置电源的内容。飞机上禁止使用的电子装置有：手机、寻呼机、游戏机遥控器、业余无线电接收机、笔记本电脑、CD机等。当乘客踏上飞机时，别忽略了国家的相关法规，它涉及自己和他人的生命安全，不妨检查一下，有没有关掉手机、呼机、游戏机等。

● 乘坐飞机为什么必须系好安全带？

顾名思义，飞机起飞时乘客系好安全带的目的是为保护乘客的安全。飞机在起飞的时候速度很快，而且因爬高原因有很大的角度，为防止因低空云、风或驾驶员操作原因出现飞机的颠簸、抖动、侧斜等，致使乘客碰撞受伤或其他意外事故发生，所以要求乘客在飞机起飞前系好安全带。出于同样的原因，飞机在空中穿越云层或遇扰动气流时，飞机在下降着陆时，乘客也要系好安全带。1993年4月某航空公司的一架MD-11飞机在飞往美国途经太平洋上空时，因遇强烈气流出现剧烈颠簸，没有系好安全带的乘客几乎全部飞离座位，摔成重伤，而系好安全带的乘客则安然无事。所以，只要飞机上显示出系好安全带的信号时，请您迅速照办。

● 飞机滑行、起飞、降落时旅客要注意什么？

飞机滑行、起飞、降落是整个飞行过程中的一些重要阶段，为保证您的安全顺利完成乘机旅行，请您做到"三要三不要"。

"三要"是：要系好安全带，要收起小桌板，要把坐椅调整到正常位置。

"三不要"是：不要离开座位，不要来回走动，不要打开行李架取（放）行李。

● 乘机旅行时应该知道的安全常识

不要将超大行李带入客舱内，应在办理登机手续时及时托运；

登机后，请您按照登机牌上的座位号码对号入座；

上机以后，应关闭移动电话，在飞行全程中都不能打开，以免干扰导航通信；

将行李安放在可以固定的地方（行李架、坐椅下面），有困难时可以请乘务员帮忙；

上机后将播放有关"安全须知"的录像，旅客坐椅前面的口袋里也备有安全须知的说明书，请仔细阅读；

请您不要在机舱的"紧急出口"处堆放东西；请您不要扳动飞机上带有红色标志的部件；

正常情况下，请勿触碰座位下的救生衣、紧急出口把手、应急撤离窗；

起飞前请系好安全带（不要将怀抱的婴儿一起系到安全带内），收起座位前小桌板以及脚踏板，调直坐椅靠背；

飞机颠簸时，原位坐好，系好安全带；

如发现异常（烟雾、响声），及时向乘务员反映；

一旦发生紧急情况不要慌张，一定要听指挥，机组和地面保障人员都经受过严格的培训，一定能最大限度地保证您的安全；

落地后，应等飞机滑入停机位，并完全停稳后（即安全带指示灯熄灭时）再站起来。

六、其他常备性知识

1. 七类人不宜坐飞机

飞机虽说快捷舒适，但并非人人都能坐，根据航空部门和医学专家的建议，有七类人不适合坐飞机。

（1）7天内的婴儿和妊娠8个月以上的孕妇。

（2）心肌炎、心肌梗死病后一个月以内，脑血管意外病后两周内及严重的高血压患者。

（3）严重肺病（结核空洞、肺功能不全的肺心病）、气胸、先天性肺囊肿患者。

（4）急性鼻窦炎和中耳炎患者，固定下颌手术者。

（5）重症贫血患者。

（6）癫痫及各种精神病人（尤其是有明显的攻击行为者）。

（7）某些需要进行紧急医疗处置的疾病，在乘机前无医师许可证明和医护人员护理者。

2. 八大买特价机票技巧

（1）越早购票折扣越低。提前购票（也称预售票）通常有提前15天、30天、45天、60天、90天五个档次。一般"提前30天"买票可享受的折扣要比"提前15天"低，优惠大。

（2）选择淡季航班。通常周一、周二或黄金周前后的时间是出行淡季，机票一般都会有相对较低的折扣，同时每天早班和晚班航班通常也有超值优惠。

（3）网上购买电子机票。网上直销电子机票降低了航空公司的销售成本，对于登录航空公司网站购得的机票折扣一般比其他途径购买的稍低。

（4）机型选择。同样的一条航线，执飞飞机的机型不同，机票优惠程度也有可能不同，旅客可在网上货比三家再决定购票。

（5）转机比直达便宜。如果旅客准备从广州飞到拉萨，可以选择广州至成都，通过转机到拉萨，其价格比直达便宜。

（6）选择邻近机场。前往三亚如果选择先飞到海口再转其他交通工具前往三亚，所花费的费用有时比直飞便宜。

（7）挑选航空公司。虽然航线一样，但各航空公司的机票折扣会不一样。

（8）选择航班多的航线。有些航线，各航空公司都有航班，而且航班的密度比较大。激烈的竞争会令航空公司不断推出低折机票来吸引旅客。

3. 十种方法让您避免晕机

提供十种方法，帮助旅客克服长途乘机的不适，又避免晕机。

（1）登机前至少服用500毫克维生素。

（2）坐靠近通道的座位，这样可以随时走到通道上散步，使血压不会维持低度。

（3）不要坐在"吸烟区"，因为人类在压缩空气情况下吸烟，会消耗自己的体能并引起头痛。

（4）尽量限制吃糖量。虽然吃含糖的食物可以使您有短暂性精神焕发，但经胃消化后会产生血清素，虽然有催眠作用，但同时会产生反胃的感觉。

（5）如果一定要喝酒，也须是在吃东西时才喝，因为食物会吸收大部分酒精，而食物与酒精的结合则产生催眠作用。

（6）咖啡及茶所含有的咖啡因会消耗人的体能，所以搭飞机时饮咖啡兼饮茶的话，就会令你感到疲倦和情绪低落。

（7）如果要防止消化不良，吃东西时，就要慢慢地细嚼保护好肠胃。

（8）若要防止呕吐，你就须在飞机起飞前4小时直到飞机着陆期间少食流质东西。

（9）经常摸捏脚趾，扭扭腰，挺挺身，这样会促进血液循环。

（10）年纪大或患有心脏病的人，长时间乘坐飞机会有生命危险，因为那会造成双腿血液结成凝块。

 **练习与思考**

1. 中国民航是由哪几部分构成？国际民航的两个组织是什么？
2. 电子机票的购买流程是什么？应注意哪些问题？
3. 试述国内出发、到达，国际出发、到达，各中转乘机流程。
4. 试述航空行李的一般注意事项。
5. 试述飞行客舱安全常识（10项）。
6. 哪七类人不宜坐飞机？

第三节　旅游航空常规性处置

一、关于机票类问题的处置

1. 如何辨别电子客票真伪

将售票点给的行程单拿出来对照，注意几个细节：正规的"航空运输电子机票行程单"为蓝色花纹纸，左上方有"国家税务总局监制"的字样，右上方有一排印刷序号，正下方有"验证码"，真的行程单印刷序号后4位数字与"验证码"数字完全一致。行程单右上角还有五位数的记录编码，如要核对，可以通过打电话查询的方式，如果与购票者信息完全相符，即为真，否则为假。

通过上网查询一个叫"信天游"的网站（www.travelsky.com），该网站是经过中国民航总局授权的。打开页面，页面右边有两种方式可以查询机票真假，一种是报销凭证（行程单）验真，一种是客票信息验真，也可以致电400-815-8888进行验证，不要轻信其他的验证信息。

2. 电子机票如何退票

在机票代理机构购买到电子机票之后，如果因故需要退票怎么办？没有了机票在手，凭什么办理退票呢？对此，航空公司的答复是，原则上在哪里购票就在哪里退票。退票时要凭身份证原件。确认可以退票后，需要分两种情况：（1）如果行程单尚未打印送出，会将扣除退票费后的票款直接退还；（2）如果在要求退票时已经收到了行程单，旅客必须将行程单退还，然后得到扣除退票费后的票款。

3. 电子机票怎样改签

订好电子机票后，需改签机票该如何处理呢？

（1）行程单尚未打印送出的情况下。若是同等舱位（机票折扣相同）的改签比较简便，只需电话通知机票代理机构，机票预订人员会根据航空公司的相关政策进行处理，确认改签成功后，即可方便地搭乘自己需要的航班。

若需改签的航班票价折扣高于目前的票价，则要到航空公司的机场柜台或市区柜台办理打印行程单并补交票价差额。

（2）乘客已经拿到行程单的情况下。若是同等舱位（机票折扣相同）并符合规定的改签，乘客首先需要通知机票代理机构，由机票代理机构的工作人员帮忙实现改签。

若是需要改签的航班票价折扣高于目前的票价，则直接携带行程单，到航空公司的机场柜台或市区柜台办理，补交票价差额，即可以获得新的机票。

4. 退票要交的费用

具体操作请根据出票航空公司运输条件的有关规定办理，以下是一些航空公司的通常做法。

（1）旅客在航班规定离站时间24小时以前要求退票的，收取原付票款5%的退票费。

（2）旅客在航班规定离站时间24小时以内、2小时以前要求退票的，收取原付票款10%的退票费。

（3）旅客在航班规定离站时间2小时以内要求退票的，收取原付票款20%的退票费。

（4）旅客在航班规定离站时间后要求退票的，按误机处理，收取原付票款50%的退票费。

（5）持有不定期客票的旅客要求退票的，收取原付票款5%的退票费。

（6）持联城、来回程客票的旅客要求退票的，根据提出退票的时间和各航段的离站时间按上述规定办理。

（7）如果客票全部未使用，应从全部原付票款中减去根据退票规定收取的退票费，余额退还旅客。

（8）如果客票部分已使用，应从全部原付款中减去已使用航段的票价，并根据退票规定收取未使用航段的退票费后，余额退还旅客。

（9）持特种票价客票的旅客要求退票的，除另有规定外，按自愿退票规定收取退票费。

（10）革命伤残军人要求退票的，在航班起飞时间前收取原付票款20%的退票费；在航班起飞时间后收取原付票款50%的退票费。

（11）购10%婴儿票的旅客要求退票的，免收退票费。

5. 什么是国际机票税

购买国际机票的旅客经常会问，为什么买机票还要交税，是机场建设税吗？当然不是。购买国际机票时出现的税，是航空公司代当地国家政府收的税。

国际机票的税大致分为三种：离境税、过境税、入境税，个别国家还有其他名目的税。例如美国，除了有上述税以外，还有海关使用税、机场税、动植物免疫检查费等。

当然有些国家是不收税的，像中国、菲律宾等国家是不收税的。所以，如果你从中国去日本，单程没有税，但是往返则有税；或者你从日本出发回中国的单程机票是有税的，那是因为中国没有出境税，日本没有入境税，但日本有离境税。

税一般根据购买机票时的汇率发生变化,这就是为什么上次购买机票和这次购买机票航程一样、税却不同的原因。当然相差的比率并不大。

在一些国家,有的城市有税,有的城市没有税,例如日本的东京、大阪有离境税,而札幌则没有税。

6. 团体机票的一般性问题处置

(1) 购票时限。团体旅客可以在开放的航班上申请订座,订妥座位后,应在规定或预先约定的时限内购票,否则,所订座位不予保留。

(2) 变更

① 自愿变更。除航空公司具体产品另有规定外,团体旅客只允许整团变更,不允许个别旅客变更。

② 非自愿变更。团体旅客非自愿变更,按照非自愿变更规定处理。

团体旅客中部分成员因病要求变更,应要求旅客最迟在航班规定起飞前提出并出示县级(含)以上医疗单位的证明原件(包括诊断书原件、病历和旅客不能乘机的证明)。按非自愿退票处理,免收手续费。

因团体旅客中部分成员因病变更,而造成继续旅行的旅客不足10人或不符合航空公司具体产品最低成团人数,则继续旅行的旅客应补付当时开放的散客最低票价(所采用的散客最低票价须高于原客票列明的团体票价)和原付团体票价的差额,重新填开新客票。

(3) 退票

① 团体旅客购票后自愿要求退票,除航空公司具体产品另有规定外,按下列规定收取退票费。

在航班规定离站时间72小时(含)以前,收取客票价10%的退票费。

在航班规定离站时间72小时以内至规定离站时间前一天中午12点(含)以前,收取客票价30%的退票费。

在航班规定离站时间前一天中午12点以后至航班规定离站时间以前,收取客票价50%的退票费。

在航班规定离站时间以后,客票作废,票款不退。

持联程、来回程客票的团体旅客要求退票,分别按上述规定收取退票航段的退票费。

团体客票的退票手续均在原出票地点办理。

② 团体旅客中部分成员自愿要求退票,除航空公司具体产品另有规定外,按下列规定处理。

如乘机的旅客人数不少于该票价规定的最低团体人数时,自愿退票的部分团体旅客按上述规定处理,其他旅客可继续旅行。

如乘机的旅客人数少于该票价规定的最低团体人数时,分别按下列规定办理:

如客票全部未使用，应将团体旅客原付折扣票价总金额扣除乘机旅客按当时开放的散客最低票价（所采用的散客最低票价须高于原客票列明的团体票价）计算的票价总金额，再扣除上述规定的退票旅客所需支付的退票手续费，差额多退少补，并为继续乘机的旅客重新填开客票。

如客票部分未使用，应将团体旅客原实付票价总金额扣除该团体已使用航段的票款后，再扣除乘机旅客按当时开放的散客最低票价（所采用的散客最低票价须高于原客票列明的团体票价）计算的未使用航段票款总金额及扣除上述规定的退票旅客所需支付的退票手续费，差额多退少补，并为继续旅行的旅客重新填开客票。

③ 团体旅客或团体旅客中部分成员非自愿退票，按照上述的规定办理。

④ 团体旅客中部分成员因病要求退票，按照航空公司对因病旅客的规定办理，免收退票费。因团体旅客中部分成员因病退票，而造成继续旅行的旅客不足10人或不符合航空公司具体产品最低成团人数，则继续旅行的旅客应补付当时开放的散客最低票价（所采用的散客最低票价须高于原客票列明的团体票价）和原付团体票价的差额，重新填开新客票。

（4）误机。团体旅客误机，按下列规定办理：

误机发生在航班规定离站时间以前，收取客票价50%的误机费；误机发生在航班规定离站时间以后，客票作废，票款不退。

二、常见乘机问题处置

1. 身份证出了问题，应该如何乘坐飞机

搭乘飞机当天，发现身份证过期或丢失，新证也没那么快拿到，那么用护照可以代替身份证登机吗？如果不能怎么办，还有其他的证件可以登机吗？

方法一：身份证过期半年内可用

据了解，按照规定身份证过期后不能购买机票，也不能办理登机手续。但是现在很多人买机票的时候很少注意自己的证件有效期。机场的工作人员告诉记者，其实身份证如果过期要是没有超过半年都可以乘坐国内航班的。如果处在第一代身份证和第二代身份证替换的时候，手中还有第一代身份证，只要是没有过期还是可以使用的。

方法二：户口本办登机须有照片

如若发现身份证过期超过半年了，可以到户口所在地的派出所办理临时身份证，或到机场办理临时登机证。

到机场办理临时登机证，首先要拿户口本或是驾驶证到机场的公安局办理户籍证明，因为现在户籍都是微机管理，所以拿户口本过去把资料从电脑里调出来后就可以开户籍证明了。另外，户籍证明上要求有一寸照片，公安机关户籍公章要骑缝盖，才可以顺利登机。户籍证明在有效期内和身份证享有同等法律效力。另外，也可凭护照办理登机手续。

方法三：机场丢证先找派出所

因为身份证小而滑，特别容易遗失在候机楼办手续的途中，而机场工作人员一经捡到便会马上交到派出所等公安部门，因此遗失证件的人士不妨及时与机场派出所等有关部门联系查找。值得一提的是，在您丢失身份证后，应该及时办理有效证件，甚至可以直接找民航公安机关协商，但是千万别弄虚作假使用假证件。使用伪造证件，不仅要被没收，而且还要取消乘机资格，依法交由民航公安机关处罚。

方法四：多种证件可办登机

有效乘机身份证件的种类包括：中国籍旅客的居民身份证、临时身份证、军官证、武警警官证、士兵证、军队学员证、军队文职干部证、军队离退休干部证和军队职工证，港、澳地区居民和台湾同胞旅行证件；外籍旅客的护照、旅行证、外交官证等；民航总局规定的其他有效乘机身份证件。16岁以下未成年人可凭其学生证、户口簿或者户口所在地公安机关出具的身份证明乘机。

2．无成人陪伴儿童乘机规定

（1）何谓无成人陪伴儿童。无成人陪伴儿童是指年龄满5周岁但不满12周岁的，没有成人带领、单独乘机的儿童。凡在这个年龄段内单独进行航空旅行的儿童，必须向航空公司申请无成人陪伴儿童服务。年龄在5周岁以下的儿童，一般情况应有成人陪伴。

（2）无成人陪伴儿童如何办理购票及乘机手续。无成人陪伴儿童必须由儿童的父母或监护人陪送到上机地点并在儿童的下机地点安排人员迎接。如果运输的全航程中包括两个以上的航班时，也就是该儿童需要在某地中转，一定要取得有关承运人的同意。由儿童的父母或监护人安排人员在中转地接送或照料，并将接送人的姓名、地址和电话号码提供给承运人。

如果儿童的父母或监护人在航班的中转站安排人员接送或照料有困难，要求由承运人在当地照料儿童时，应预先提出并经承运人同意后才可以。办理无成人陪伴儿童手续时，应由儿童的父母或监护人填写《无成人陪伴儿童乘机申请书》，内容包括：儿童姓名、年龄、始发地、目的地、航班号、日期、送站人和接站人姓名、电话、地址等项目。航空公司售票处接受申请并核实无误后，将填开客票并向到达站拍发无成人陪伴儿童乘机电报。航空公司售票处将有关电报和申请单交给旅客并约定在机场的交接地点和方式。儿童的父母或监护人按照约定的时间在起飞前把儿童送到机场并交给指定的航空公司服务人员。

有些航空公司对办理无成人陪伴儿童手续在时间上有限制，如有些航空公司限在航班起飞前一个星期提出申请,有些航空公司限在航班起飞前三天提出申请。

(3)无成人陪伴儿童购买机票的折扣。在国内航线上,无成人陪伴儿童一般按适用成人票价全价的50%购买儿童票;在国际航线上,各航空公司对票价有其具体的规定。以中国国际航空公司为例,在国际和香港航线上的运输,对于满5周岁未满8周岁的无成人陪伴儿童乘坐国航航班旅行,按适用成人票价的全票价收费。有些航空公司对每一个航班上接收的无成人陪伴儿童数目上有限制,如有些航班上仅限接收两名无成人陪伴儿童,有些航班上仅限接收5名无成人陪伴儿童。

对于无成人陪伴儿童的运输,不同航空公司的不同航线、不同航班,对票价、每个航班的限制接受人数、年龄等均有差别。具体内容请向有关航空公司详细查询。

3. 孕妇是否可以乘坐飞机

妇女怀孕的任何时期乘机都是安全的,但为慎重起见,通常规定怀孕8个月以内的健康孕妇乘机没有限制,只是在购票时验查预产证明。怀孕超过8个月的孕妇一般情况下不要乘机,如有特殊情况,应在乘机前72小时内交验由医生签字、医疗单位盖章的"诊断证明书"一式两份,内容包括旅客姓名、年龄、怀孕日期、预产期、旅行航程和日期,适宜于乘机及在机上需要特殊照顾等,同时填写《特殊旅客乘机申请书》一式两份,经承运人同意后可以购票乘机。

4. 乘飞机时的自我预防

老年人,若没有心血管疾病,例如高血压、心脏病者,当然可以搭飞机旅行;但是,患有上述疾病却不得不搭乘飞机时,专家认为,可以试着爬一层楼台阶看看,若没有出现任何不适的状况,应该无妨。但仍应该请医师评估,同时请教如何克服时差问题,以方便调整用药时程。

高空低氧的环境不适宜婴儿,不少航空公司便规定婴儿必须出生满14天后才能登机,以免呼吸器官无法适应。至于年纪稍长的幼童,则因为中耳、耳咽管等比较敏感,轻者易造成耳朵不适,重者则容易晕机,父母可引导幼童鼓气、吞口水等方式适应。

事实上,一般人搭乘飞机也有可能发生不适的情形,例如,口干舌燥、皮肤脱水、腿部肿胀、眼睛干涩、肠胃不适、耳朵疼痛、晕机呕吐等,这些其实不但有法可解,还可事先预防。

由于飞机的座舱气压比地面略低,同时氧气较少,因此容易使人流失水分,造成口干舌燥、皮肤干燥等情形,但只要经常适量地喝水,应能避免这种症状。至于眼睛干涩,可以在医师同意下用人工泪液来滋润。值得注意的是,长程旅行最好不要佩戴隐形眼镜。

为了补充水分必须多喝水,但是水喝多了,可能会造成腿部水肿。据了解,由于长时间无法伸展，腿部容易因压力、水分关系而肿胀，因此，适时做腿部的伸展运动就很有必要，而一有尿意便去排解也相当重要，千万不要因为厕所遥远，或怕打扰邻座乘客而憋尿。

此外，为了避免肠胃不适，除了随身携带药品外，最好避免食用豆类、纤维类、啤酒等容易胀气的食品。如有腹泻等情形，最好避免继续进食，以免症状恶化。

总之，患有生理疾病的人士若要搭乘飞机，应事先请教医师，了解相关注意事项；至于一般大众只要多补充水分、适时做伸展运动、注意排尿等，应能避免上述症状的发生。

 课外知识

● 乘客身体不适自我调节小窍门

由于在空中旅途要受低气压、相对缺氧及颠簸等因素影响，民航医生提醒乘机旅客，自我调节得当或必要时服点药，可缓解不适症状。

1．耳痛、耳鸣这是由于旅客的中耳内外气压不平稳引起的。

解决办法为用力吞口水、咀嚼口香糖或吃糖果，一般症状即可解除。两手掩耳，闭嘴用力鼓气也可缓解症状。正在感冒或患有中耳炎者，最好避免乘机出行。

2．有喉咙痛症状的，大多出现在长距离长时间乘机的旅客身上。

解决办法为尽量多喝开水或矿泉水，即可缓解。也可随身携带润喉片、薄荷糖等，必要时含服。

3．晕机通常发生在飞机起飞的初期，过一段时间后，或飞机飞到特定高度后，晕机自然消失。

解决办法为在乘机前于肚脐处贴一片伤湿膏，或乘机时吃一两片糖姜片，也可以在飞机起飞前30～60分钟服1～2片晕车药。乘机前不能空腹、过饱或进食大量难以消化的食物，如高蛋白、高脂肪和纤维素多的食物。

4．腰酸背痛、四肢麻木往往出现在乘机八九个小时以上的旅客身上。

解决办法为旅客在乘机时不要长时间睡觉，每隔30分钟站起来舒展上下肢，或离开座位走动，促进血液循环。

三、航空法律纠纷的解决途径

航空法律纠纷是指当事人在民用航空运输过程中发生的以权利义务为内容的纠纷。按照纠纷解决途径的性质分为行政法律救济、民事法律救济和刑事法律救济，其具体的解决途径为投诉（申诉）、和解、调解、仲裁或者诉讼。

1. 行政法律救济

在航空运输中，当事人违反航空法律的规定，尚未构成犯罪的，应当依法追究行政责任。对于此类纠纷通过行政法律救济方式解决。根据法律规定，对以下情形由国务院民用航空主管部门或者其授权的民用航空管理机构或者公安机关追究行政责任：（1）公共航空运输企业违法运输危险品，尚未造成重大事故的；（2）民用航空器无适航证书而飞行，或者租用的外国民用航空器未经国务院民用航空主管部门对其原国籍登记国发给的适航证书审查认可或者另发适航证书而飞行的；（3）未取得航空人员执照、体格检查合格证书而从事相应的民用航空活动的；（4）航空人员未持证上岗的或者违规操作的；（5）在飞行中投掷物品的；（6）违反《中华人民共和国民用航空法》规定，尚不够刑事处罚，应当给予治安管理处罚的。

当事人可以通过投诉（申诉）、诉讼等方式解决。

2. 民事法律救济

在航空运输中，一方当事人违反运输合同约定或者侵害他人的合法权利或者利益的，受害人可以请求对方承担民事责任。民事责任一般为补偿性的责任，而惩罚性为例外。对于一方当事人既违反合同的约定义务又侵害对方的合法权益，构成责任竞合的，受害人可以选择适用违约责任救济方式或者侵权责任救济方式，而不能够两者并用。

当事人可以通过和解、调解、仲裁或者诉讼等方式解决。适用仲裁方式解决的前提是当事人应当在运输合同约定仲裁条款或者订立仲裁合同；适用诉讼解决纠纷要注意选择合同签订地、航空器的出发地、经停地或者目的地等法院管辖，以更好地维护当事人的合法权益。

对投保航空旅客人身意外伤害保险的旅客，发生保险事故的，不仅可以获得航空旅客人身意外伤害保险的赔偿，而且仍然可以获得承运人对此伤害的赔偿。

涉外关系的法律适用，中华人民共和国缔结或者参加的国际条约同我国法律有不同规定的，适用国际条约的规定；但是，中华人民共和国声明保留的条款除外。中华人民共和国法律和中华人民共和国缔结或者参加的国际条约没有规定的，可以适用国际惯例。但不得违背中华人民共和国的社会公共利益。涉外合同当事人可以选择合同适用的法律，但是法律另有规定的除外；合同当事人没有选择的，适用与合同有最密切联系的国家的法律。侵权行为的损害赔偿，适用侵权行为地法律。当事人双方国籍相同或者在同一国家有住所的，也可以适用当事人本国法律或者住所地法律。中华人民共和国法律不认为在中华人民共和国领域外发生的行为是侵权行为的，不作为侵权行为处理。

在国际航空运输中，与航空运输合同法律关系有联系的地点主要有：承运人住所地、承运人主要营业地、目的地、出发地、旅客及托运人的住所地、合同缔结地等。

3. 刑事法律救济

在航空运输中，对于严重危害航空运输安全或者侵害当事人的合法权益，依法应当追究刑事责任的，应当由司法机关追究刑事责任。对于下列情形，应当追究刑事责任：（1）以暴力、胁迫或者其他方法劫持航空器的；（2）对飞行中的民用航空器上的人员使用暴力，危及飞行安全；（3）隐匿携带炸药、雷管或者其他危险品乘坐民用航空器，或者以非危险品品名托运危险品；（4）隐匿携带枪支子弹、管制刀具乘坐民用航空器的；（5）故意在使用中的民用航空器上放置危险品或者唆使他人放置危险品，足以毁坏该民用航空器，危及飞行安全的；（6）故意传递虚假情报，扰乱正常飞行秩序，使公私财产遭受重大损失的；（7）盗窃或者故意损毁、移动使用中的航行设施，危及飞行安全，足以使民用航空器发生坠落、毁坏危险的；（8）聚众扰乱民用机场秩序的；（9）航空人员玩忽职守，或者违反规章制度，导致发生重大飞行事故，造成严重后果的。

四、旅游航空特殊问题的处置

1. 误了航班，应该怎么办

很多旅游者都乘坐过飞机，但一旦因为种种原因，误了航班，我们应该怎么办？

（1）何谓误机。误机就是旅客没有按照客票上注明的日期、航班乘机。一般发生误机后，客票作废，票款不退。

但是如果旅客未按指定的时间到达机场以致飞机起飞前未能办妥乘机手续，或因旅客乘机手续不全而未能乘机，按民航规定民航收取票价的 50% 的退票费，余款退回。由于民航或旅客健康原因误机，民航应安排旅客改乘其他航班或者按退票办理，这种情况下则不收退票费。

（2）误机后更换航班是否需要收费。旅客误机后，如要求改乘后续航班，在后续航班有空余座位的情况下，航空公司会积极予以安排，不收误机费。旅客误机后，如要求退票，应到原购票地点办理。在航班规定离站时间以后要求退票的，航空公司将按客票价的 50% 收取误机费。

（3）误机后，机票折扣有变化，应如何处理。如果你之前购买的是六折票，误机后，如果后续航班有同等价位的机票的话，则不用多加费。如果后续航班折扣上升，比如只有七折票，乘客除需要补交实际差额之外，还要交 10% 的变更费（不用补收机建燃油费）。

（4）误机后，是否可以留着原机票。飞机误机后，原机票一年内有效，所以你可以留着原机票待以后再改签,但票面注明"不得改签、退票"的打折机票不在此类。

(5) 误机后,关于退票的规定。旅客误机后,如要求退票,在值机柜台关闭后至航班规定离站时间前,收取20%的误机费;在航班规定离站时间后,收取50%的误机费。

(6) 如果赶到机场的时间较晚,是否有应急措施。目前,大多数航空公司都设有紧急柜台,为晚到的乘客服务。但由于飞机舱门在起飞前15分钟关闭,如果时间过晚,即使办理完登机牌,也可能会被取消该次航班行程。若旅客在接近起飞前30分钟才抵达柜台办理手续,将有错失航班的可能。

2. 飞机遇险自救

现代客机安全性能都很高,但由于飞机是在空中高速飞行,一旦出现故障或其他原因,不能像其他交通工具那样可以随时停下来修理,因而势必要在飞行过程中采取紧急安全措施。

旅游者万一遇到飞机出现故障的情况,千万不能惊慌失措,要信任机上的工作人员,服从命令听指挥,并积极配合进行救护工作。当出现飞机迫降的可能性时,应立即取下身上的锐利物品,穿上所有的衣服,戴上手套和帽子,脱下高跟鞋,将杂物放入坐椅后面的口袋里,扶直椅背,收好小桌,系好安全带,用毛毯、枕头垫好腹部,以防冲击时受到身上锐利物品的伤害。

飞机迫降时,一般采用前倾后屈的姿势,即头低下,两腿分开,两手用力抓住双脚。身长、肥胖者、孕妇或老人,可以挺直上身,两手用力抓住坐椅的扶手,或用两手夹住头部。飞机未触地前,不必过分紧张,以免耗费体力。当听到机长发出最后指示时,旅客应按上述动作,做好冲撞的准备。在飞机触地前一瞬间,应全身紧迫用力,憋住气,使全身肌肉处于紧张对抗外力的状态,以防猛烈的冲击。

从遇险飞机脱困时,应根据机长指示和周围情况选定紧急出口。陆地迫降出口一般在风上侧;水上迫降出口一般在风下侧。待飞机停稳,即解除安全带,然后在机务人员的指挥下,依次从紧急出口处脱离。如果在水面上脱出,应将救生衣先充一半气,待急救船与机体连接好后再下,防止掉入水中。脱困后,应听从机务人员指挥,在指定地点集合。

3. 飞行中乘客发生疾病怎么办

如果个别的旅客在飞机上得了疾病,不必担心。飞机上配备有氧气、药箱、急救箱等急救用品,而且飞机上常会有医务工作者,可以帮助乘务员对病人进行治疗。如果情况极其危急,机组可以同地面取得联系,改变飞行计划,找最近的机场着陆,及时地对患者进行抢救。因此,病人的生命安全是有充分保障的。

4. 怎样自我查验国际机票

旅客取得机票后，对机票进行查验是十分必要的。查验的程序一般如下。

首先，要查验姓名的拼音是否与本人护照或其他有效证件中的拼音相符；其次，查验全部航程的每班航班是否都有乘机联，每一联的黑粗线框内是否与原旅行计划相一致；再次，查验每个航班起飞和降落的时间，机场名称和是否在订座栏内填好"OK"；最后，查验是否有涂改或填写不清楚的地方及是否盖有公章。如有不明白之处，要当场请教售票人员。如有疑问或发现有错，要立即找售票员提出和改正，待彻底弄清楚后，再离开售票处。

5. 咨询投诉

如果旅客感觉航空服务不满意时，可以向航空公司或民航总局消费者事务中心投诉。保留旅客所有的旅行文件（机票收据、行李交运标签、登机牌等）和由错误处置造成的实际费用支出的收据。

无论旅客采用电话投诉、书面投诉还是网络投诉，一定要把下面几点写清楚：

（1）描述发生了什么事，包括日期、城市、航班号或航班时刻及当事人姓名或工作号。

（2）随信附客票、收据或支持旅客投诉的其他文件的复印件，不要寄原件。

（3）明确提出旅客的要求。

（4）写上旅客姓名和联系电话。

如果遵从这些指导原则，航空公司会认真地对待旅客的投诉。如果上述方式都不起作用，可以采取法律途径解决。

课外知识

● 谈谈黑匣子

一架飞机失事后，有关部门都要千方百计地去寻找飞机上落下来的"黑匣子"。因为黑匣子是判断飞行事故原因最重要及最直接的证据。虽然叫黑匣子，其实它的颜色却不是黑的，这只是约定俗成的一个名字。它的正式名字是"飞行信息记录系统"。在电子技术中，把只注重其输入和输出的信号而不关注其内部情况的仪器统称为黑匣子。飞行信息记录系统是一种典型的黑匣子式的仪器，为了方便，业内人士都叫它黑匣子。飞行信息记录系统包括两套仪器：一个是驾驶舱话音记录器，实际上就是一个磁带录音机。从飞行开始后，它就不停地把驾驶舱内的各种声音，例如谈话、发报及其他各种声音响动全部录下来。但它只能保留停止录音前30分钟内的声音。第二部分是飞行数据记录器，它把飞机上的各种数据即时记录在磁带上。早期的记录器只能记录20多种数据，现在记录的数据已可达到60种以上。其中有16种是重要的必录数据，如飞机的加速度、姿态、推力、油量、操纵面的位置等。记录的时间范围是最近的25小时，25小时以前的记录就被抹掉。

有了这两个记录器，平时在一段飞行过后，有关人员把记录回放，用以重现已被发现的失误或故障。维修人员利用它可以比较容易地找到故障发生的位置；飞行人员可以用它来检查飞机飞行性能和操作上的不足，并改进飞行技术。一旦飞机失事，这个记录系统就成为最直接的事故分析依据。为了保证记录的真实性和客观性，驾驶员只能查阅记录的内容而不能控制记录器的工作或改动记录内容。为了确保记录器即使在飞机失事后也能保存下来，就必须把它放在飞机上最安全的部位。根据统计资料，飞机尾翼下方的机尾是飞机上最安全的地方，于是就把这个"黑匣子"安装在此处。黑匣子被放进一个（或两个）特殊钢材制造的耐热抗震的容器中，此容器为球形或长方形，它能承受自身重力1000倍的冲击、经受11 000℃的高温30分钟而不被破坏，在海水中浸泡30天而不进水。为了便于寻找它的踪影，国际民航组织规定此容器要漆成醒目的橘红色而不是黑色或其他颜色。在它的内部装有自动信号发生器能发射无线电信号，以便于空中搜索；还装有超声波水下定位信标，当黑匣子落入水中后可以自动连续30天发出超声波信号。有了以上这些技术措施的保障，即使是经过猛烈撞击、烈火焚烧和掉入深海中的黑匣子，在飞机失事之后，绝大多数都能被寻找到。根据它的记录，航空事故分析业务进展了一大步。在保障飞机安全、改进飞机设计直至促进航空技术进步各方面，黑匣子都是功不可没。

● 如何理解天气影响航班

在飞机起飞、降落和空中飞行的各个阶段都会受到气象条件的影响，风、气温、气压都是影响飞行的重要气象要素。地面风会直接影响飞机的操纵，高空风会影响飞机在航线上的飞行速度和加油量。气温高低，可改变发动机的推力，影响空速表、起落滑跑距离等。气温高于标准大气温度时，会增加飞机起飞滑跑距离和上升爬高时间，降低飞机载重量。气压会影响飞机的飞行高度。由于各地气压经常变化，往往造成气压高度表指示的误差。此外，雷暴、低云、低能见度、低空风切变、大气湍流、空中急流、结冰等天气现象都直接威胁飞行安全。

雷暴是夏季影响飞行的主要天气之一。闪电和强烈的雷暴电场能严重干扰中、短波无线电通信，甚至使通信联络暂时中断。当机场上空有雷暴时，强烈的降水、恶劣的能见度、急剧的风向变化和阵风，对飞行活动以及地面设备都有很大的影响。雷暴产生的强降水、颠簸（包括上升、下降气流）、结冰、雷电、冰雹和飑，均给飞行造成很大的困难，严重的会使飞机失去控制、损坏、马力减少，直接危及飞行安全。

低云是危及飞行安全的危险天气之一，它会影响飞机着陆。在低云遮蔽机场的情况下着陆，如果飞机出云后离地面高度很低，且又未对准跑道，往往来不及修正，容易造成复飞。有时，由于指挥或操作不当，还可能造成飞机与地面障碍物相撞、失速的事故。

低能见度对飞机的起飞、着陆都有相当的影响。雨、云、雾、沙尘暴、浮尘、烟幕和霾等都能使能见度降低，影响航空安全。地面能见度不佳，易产生偏航和迷航，降落时影响安全着陆，处理不好，还会危及飞行安全；当航线上有雾时，会影响地标航行；当目标区有雾时，对目视地标飞行、空投、照相、视察等活动有严重的影响。

低空风切变对飞机的起飞和降落有严重的威胁。风切变即是在短距离内风向、风速发生明显突变的状况。强烈的风切变瞬间可以使飞机过早地或者被迫复飞。在一定条件下还可导致飞机失速和难以操纵的危险，甚至导致飞行事故。

大气湍流、空中急流都会造成飞机的颠簸。由于空气不规则的垂直运动，使飞机上升下沉。严重的颠簸可使机翼负荷加大而变形甚至折断，或使飞机下沉或上升几百米高度的危险。

结冰对飞行是很危险的。由于冰霜的聚积增加了飞机的重量，更重要的是因为机翼流线型的改变，螺旋桨叶重量的不平衡，或者是汽化器中进气管的封闭，起落架收放困难，无线电天线失去作用，汽化器减少了进气量，降低了飞机马力，还可使油门冻结，断绝了油料来源，驾驶舱窗门结冰封闭驾驶员的视线等原因造成飞机失事危险是可以想象的。结冰的形态可以分为明冰、毛冰与雾凇三种，其中明冰和毛冰因其牢固，不易排除，而且增长极为迅速，成为最危险的积冰。

当出现不利天气状况时，为保证乘客与航空器的安全，航空公司和空管部门会根据天气变化，对航班的起降进行不同程度的调整和控制，这样就不可避免地将造成进出港航班的延误与旅客滞留。

● **世界各地机场税表（见表3-3）**

表3-3　世界各地机场税

地　区	国　名	地　名	机场税（当地币值）
亚洲	日本	东京	2000
	中国	国际机场	90
		国内机场（不含港、澳、台地区）	50
	韩国	首尔	9000
	新加坡	新加坡	15
	泰国	曼谷	500
	马来西亚	吉隆坡、槟城	40
	印度尼西亚	雅加达、巴厘岛	25 000
	菲律宾	马尼拉	550
	越南	胡志明市	10
	柬埔寨	金边	15
	尼泊尔	加德满都	700
	印度	新德里	300
	土耳其	伊斯坦布尔	1 901 000

(续表)

地区	国名	地名	机场税（当地币值）
美洲	美国	旧金山、纽约、洛杉矶、西雅图	3
		夏威夷	5
	加拿大	温哥华	15
	巴拿马	巴拿马	20
	阿根廷	布宜诺斯艾利斯	13
	巴西	里约热内卢	18
欧洲	英国	伦敦	10
	法国	巴黎	21
	德国	法兰克福	19
	意大利	罗马	15 000
	瑞士	苏黎世	15.5
	西班牙	马德里	150
	希腊	雅典	6100
	奥地利	维也纳	140
	葡萄牙	里斯本	1587
	荷兰	阿姆斯特丹	10
	挪威	奥斯陆	141
	瑞典	斯德哥尔摩	15
	丹麦	哥本哈根	65
	芬兰	赫尔辛基	56
	匈牙利	布达佩斯	7
	波兰	华沙	10
	比利时	布鲁塞尔	530
大洋洲	澳大利亚	悉尼、墨尔本、布里斯班	27
	新西兰	奥克兰	20
非洲	南非	约翰内斯堡	61

五、旅游航空保险

旅游航空保险是以旅游航空飞机旅行为保险标的的一种航空保险，是财产保险的一种（航空保险本身是财产保险的一类）。当承保的飞机由于自然灾害或意外事故而受损坏，致使第三者或机上旅客人身伤亡、财产损失时，由保险公司负责赔偿。旅游航空保险的购买方式主要有以下两种方式。

1. 到机场购买单次旅游航空保险

这种方式适合乘坐飞机较少的旅行者。在国内，航空保险价格从 2009 年 12 月起放开，由各保险公司制定。目前很多保险公司的航空旅游保险在机场都有出售，但是一定要购买电子保单，不要购买手写保单。由于电子保单和机票使用的是同一网络，购买保险的信息将会和机票一起输入电脑，一旦发生意外，通过查询机票就可以立刻得到保险公司的信息，便于顺利赔付。

2. 购买包年制的旅游航空保险

这种适合乘坐飞机较多的旅行者。旅行者通过与一家保险公司签订了航空保险协议，购买包年制的旅游航空保险，一般来说，价格也不高，几十元到几百元一份，保额也不尽相同。以中国人民保险公司（PICC）的包年制的旅游航空保险为例，100元/份，一份的保险责任是：意外身故10万元，意外医疗1万元（100%赔付），意外住院津贴35元/天（减3天，即住院前3天不赔钱），飞机身故40万元或残15万元。保险期限是一年。

 课外知识

● 旅游航空保险防伪五招

一、所有手工保单都不要买。旅游航空保险必须是电脑联网出单，而非手工出单。

二、不要从个人手里买保险。合法代理机构的主要特征是营业场所悬挂有保险监管部门核发的《保险兼业代理许可证》，并在"代理险种范围"一栏中明确规定有"航意险"或"短期意外险"等内容。

三、没有附带保险条款的保单不要买。旅游航空保险的保单上，一般在背面印刷有条款摘要，而许多假保单上是没有印刷保险条款的。

四、检查防伪标志。一般保险公司的旅游航空保险保单都会采取一些防伪措施，如在保单上印有暗色底纹。购买时要注意防伪标志。

五、拨打保险公司电话查询保单号码辨别真伪。真保单上的被保险人和保险公司的信息项目比较齐全。大多数保单上都印有保险公司的5位热线电话号码，消费者可拨打电话查询保单上的单证号，以辨别真伪。

第四节 旅游航空常见标志

航空标志是指应用在航空中的各种标志，包括民用航空器的国籍标志、航空公司标志、机场标志、航空制造业标志、各航空服务业标志和指示等。

一、民用航空器的国籍标志

世界上每个国家的民用航空器（飞机是航空器的一种）都有国籍标志，并要取得国际民航组织的认同。中国是国际民航组织的成员国，根据规定，于

1974年选用"B"作为中国民用航空器的国籍标志。凡是中国民航飞机机身上都必须涂有"B"标志和编号,以便在无线电联系、导航空中交通管制、通信通话中使用,尤其是在遇险失事情况下呼叫,以利于识别。因此,当您看到涂有中国西南航空公司飞鹰徽记的波音757飞机如"B-2820"字样时,就不会误以为"B"是代表"波音"了。

二、航空企业标志

航空企业标志包括:航空公司标志、机场公司标志和航空制造业标志等。

1. 航空公司标志

航空公司是指以各种航空飞行器为运输工具,以空中运输的方式运载人员或货物的企业,也是民用航空的主要组成部分。

可以按多种方式将航空公司分为以下几种。

(1) 按公司规模,可分为大型航空公司、小型航空公司。
(2) 按飞行范围,可分为国际、国内航空公司。
(3) 按运输的种类,可分为客运航空公司、货运航空公司。
(4) 按工作时间,可分为定期、不定期。
(5) 还有以降低经营成本为目的的廉价航空公司、低成本航空公司。

各航空公司都有自己的公司标志和代码,常标在自己的飞机上,以方便管理和经营。如表3-4和表3-5所示。

表3-4 中国国内部分航空公司标志及网址

公司标志	代码	公司名称	网址
	CA	中国国际航空股份有限公司	http://www.airchina.com.cn
	MU	中国东方航空股份有限公司	http://www.ce-air.com
	CZ	中国南方航空股份有限公司	http://www.csair.com/cn/
	HU	海南航空股份有限公司	http://www.hnair.com
	SC	山东航空股份有限公司	http://www.shandongair.com.cn
	FM	上海航空股份有限公司	http://www.shanghai-air.com
	ZH	深圳航空有限责任公司	http://www.shenzhenair.com
	3U	四川航空股份有限公司	http://scal.com.cn
	MF	厦门航空有限公司	http://www.xiamenair.com.cn

(续表)

公司标志	代码	公司名称	网址
	BK	奥凯航空有限公司	http://www.okair.net/
	9C	春秋航空公司	http://www.china-sss.com/
	KN	中国联合航空有限公司	http://www.cu-air.com/
	G5	华夏航空有限公司	http://www.chinaexpressair.com/
	8L	云南祥鹏航空有限责任公司	http://www.luckyair.net/
	HO	上海吉祥航空有限公司	http://www.juneyaoairlines.com/
	JD	北京首都航空有限公司	http://www.capitalairlines.com.cn
	GS	天津航空有限责任公司	http://www.tianjin-air.com/
	PN	西部航空有限责任公司	http://www.chinawestair.com/
	KY	昆明航空有限公司	http://www.airkunming.com
	UE	成都航空有限公司	http://www.chengduair.cc/
	OQ	重庆航空有限责任公司	http://www.flycq.com/
	VD	河南航空有限公司（鲲鹏航空）	http://eip.henanair.com/
	CN	大新华航空有限公司	http://www.chinaxinhuaair.com
	NS	河北航空有限公司	http://www.hbhk.com.cn/
	JR	幸福航空有限责任公司	http://www.joy-air.com/
	8Y	中国货运邮政航空有限责任公司	http://www.cnpostair.com/
	Y8	扬子江快运航空有限公司	http://www.yzr.com.cn/
	CK	中国货运航空有限公司	http://logistics.ckair.com/
	J5	东海航空有限公司	http://www.donghaiair.cn/
	O3	顺丰航空有限公司	http://www.sf-airlines.com

表 3-5 部分国际航空公司标志及网址

公司标志	代码	公司名称	网址
	EK	阿联酋航空公司	http://www.ekgroup.com
	SK	北欧航空公司	http://www.sas.se/
	KE	大韩航空公司	http://www.koreanair.com
	SU	俄罗斯航空公司	http://www.aeroflot.org/
	AF	法国航空公司	http://www.airfrance.com
	AY	芬兰航空公司	http://www.finnair.com.cn
	KA	港龙航空公司	http://www.dragonair.com
	CX	国泰航空公司	http://www.cathaypacific.com
	NX	澳门航空公司	http://www.airmacau.com.mo/
	CI	台湾"中华航空"	http://www.china-airlines.com/
	BR	长荣航空公司	http://www.evaair.com.tw/
	B7	立荣航空公司	http://www.uniair.com.tw/
	AE	华信航空公司	http://www.mandarin-airlines.com
	OZ	韩亚航空公司	http://www.asiana.co.kr
	LH	汉莎航空公司	http://www.lufthansa.com.cn
	KL	荷兰航空公司	http://www.klm.com
	AC	加拿大航空公司	http://www.aircanada.ca
	MH	马来西亚航空公司	http://www.malaysiaair.com
	AA	美国航空公司	http://www.aa.com/
	UA	美国联合航空公司	http://www.cn.ual.com
	NW	美国西北航空公司	http://www.nwa.com/
	NH	全日空航空公司	http://www.ana.com.cn
	JL	日本航空公司	http://www.jal.co.jp
	LX	瑞士航空公司	http://www.swiss.com/web/IE6/index.htm
	TG	泰国航空公司	http://www.thaiair.com
	TK	土耳其航空公司	http://www.turkishairlines.com

(续表)

公司标志	代码	公司名称	网址
Spanair	UX	西班牙航空公司	http://www.iberia.com/
	SQ	新加坡航空公司	http://www.singaporeair.com/saa/
	LY	以色列航空公司	http://www.elal.co.il/
BRITISH AIRWAYS	BA	英国航空公司	http://www.britishairways.com
	VN	越南航空公司	http://vietnamairlines.yahtour.com/

2．机场公司标志

（1）机场的定义。国际民航组织将机场（航空港）定义为：供航空器起飞、降落和地面活动而划定的一块地域或水域，包括域内的各种建筑物和设备装置。

（2）机场的分类。机场可分为军用机场和民用机场。民用机场主要分为运输机场和通用航空机场。此外，还有供飞行培训、飞机研制试飞、航空俱乐部等使用的机场。运输机场的规模较大，功能较全，使用较频繁，知名度也较大。通用机场主要供专业飞行之用，使用场地较小，因此，一般规模较小，功能单一，对场地的要求不高，设备也相对简陋。

机场根据其地位可分国际机场、门户机场、国内机场、轴心机场和备降（用）机场。

① 国际机场。为国际航班出入境而指定的机场，它须有办理海关、移民、公共健康、动植物检疫和类似程序手续的机构。

② 门户机场。国际航班第一个抵达和最后一个始发地的国际机场。

③ 国内机场。供国内航班使用的机场。

④ 地区机场。经营短程航线的中小城市机场。

⑤ 轴心机场。有众多进出港航班和衔接业务量大的机场。

⑥ 备降（用）机场。由于技术等原因预定降落变得不可能或不可取的情况下，飞机可以前往降落的另一个机场。

按飞行区等级分类，技术标准采用飞行区等级指标Ⅰ（数字代号）和等级指标Ⅱ（字母代号）的方式。具体技术数据见表3-6。

表3-6 飞行区等级技术数据

数字	飞行场地长度	字母	翼展	轮距
1	小于800米	A	小于5米	小于4.5米
2	800米至1200米	B	5米至24米	4.5米至6米
3	1200米至1800米	C	24米至36米	6米至9米
4	1800米以上	D	36米至52米	9米至14米
		E	52米至60米	9米至14米

(3) 机场建设。经过几十年的建设和发展，我国机场总量初具规模，机场密度逐渐加大，机场服务能力逐步提高，现代化程度不断增强，初步形成了以北京、上海、广州等枢纽机场为中心，以成都、昆明、重庆、西安、乌鲁木齐、深圳、杭州、武汉、沈阳、大连等省会或重点城市机场为骨干以及其他城市支线机场相配合的基本格局，我国民用运输机场体系初步建立。截至 2009 年年底，我国（不含港澳台地区）共有民航运输机场 183 个。

民用机场代码表如表 3-7 所示。

表 3-7　民用机场代码表

机场名称	所在区域	所在省市	三字代码	机场名称	所在区域	所在省市	三字代码
北京首都国际机场	华北	北京	PEK	且末机场	西北	新疆	IQM
上海浦东机场	华东	上海	PVG	宁波栎社机场	华东	浙江	NGB
广州白云国际机场	中南	广东	CAN	兰州中川机场	西北	甘肃	LHW
上海虹桥机场	华东	上海	SHA	温州永强机场	华东	浙江	WNZ
深圳宝安国际机场	中南	广东	SZX	阿克苏机场	西北	新疆	AKU
成都双流国际机场	西南	四川	CTU	敦煌机场	西北	甘肃	DNH
昆明巫家坝国际机场	西南	云南	KMG	烟台莱山机场	华东	山东	YNT
海口美兰机场	中南	海南	HAK	和田机场	西北	新疆	HTN
西安咸阳国际机场	西北	陕西	SIA	威海机场	华东	山东	WEH
杭州萧山国际机场	华东	浙江	HGH	嘉峪关机场	西北	甘肃	JGN
厦门高崎机场	华东	福建	XMN	库尔勒机场	西北	新疆	KRL
重庆江北国际机场	西南	重庆	CKG	潍坊机场	华东	山东	WEF
青岛流亭机场	华东	山东	TAO	临沂机场	华东	山东	LYI
大连周水子国际机场	东北	辽宁	DLC	庆阳机场	西北	甘肃	NNN
南京禄口机场	华东	江苏	NKG	东营机场	华东	山东	DOY
武汉天河机场	中南	湖北	WUH	南昌昌北机场	华东	江西	KHN
沈阳桃仙国际机场	东北	辽宁	SHE	西宁曹家堡机场	西北	青海	XNN
乌鲁木齐地窝堡国际机场	新疆	新疆	URC	九江庐山机场	华东	江西	NNN
张家界荷花机场	中南	湖南	DYG	格尔木机场	西北	青海	NNN
福州长乐机场	华东	福建	FOC	景德镇机场	华东	江西	JDZ
桂林两江机场	中南	广西	KWL	银川河东机场	西北	宁夏	INC
哈尔滨太平国际机场	东北	黑龙江	HRB	黄岩路桥机场	华东	浙江	HYN
临沧机场	西南	云南	LNJ	赣州黄金机场	华东	江西	KOW
北海福成机场	中南	广西	BHY	舟山机场	华东	浙江	HSN
迪庆香格里拉机场	西南	云南	NNN	义乌机场	华东	浙江	YIW
柳州白莲机场	中南	广西	LZH	衢州机场	华东	浙江	JUZ
西双版纳嘎洒机场	西南	云南	JHG	合肥骆岗机场	华东	安徽	HFE
思茅机场	西南	云南	SYM	黄山屯溪机场	华东	安徽	TXN
梧州长洲岛机场	中南	广西	NNN	安庆机场	华东	安徽	AQG
喀什机场	西北	新疆	KHG	阜阳机场	华东	安徽	FIG
常州奔牛机场	华东	江苏	CZX	北京/定陵机场	华北	北京	NNN

(续表)

机场名称	所在区域	所在省市	三字代码	机场名称	所在区域	所在省市	三字代码
昭通机场	西南	云南	NNN	北京/大溶洞机场	华北	北京	NNN
常德桃花源机场	中南	湖南	CGD	天津塘沽机场	华北	天津	NNN
南宁吴圩机场	中南	广西	NNG	平朔/安太堡机场	华北	山西	NNN
丽江三义机场	西南	云南	LJG	滨海东方通用直升机场	华北	天津	NNN
大同东王庄机场	华北	山西	NNN	珠海九州直升机场	中南	广东	NNN
昌黎/黄金海岸机场	华北	河北	NNN	罗定机场	中南	广东	NNN
邯郸机场	华北	河北	NNN	阳江合山机场	中南	广东	NNN
长海大长山岛机场	东北	辽宁	NNN	湛江新塘机场	中南	广东	NNN
沈阳于洪全胜机场	东北	辽宁	NNN	海南东方机场	中南	海南	NNN
长春二道河子机场	东北	吉林	NNN	海南亚太机场	中南	海南	NNN
敦化机场	东北	吉林	NNN	安顺黄果树机场	西南	贵州	NNN
嫩江机场	东北	黑龙江	NNN	广汉机场	西南	四川	NNN
哈尔滨平房机场	东北	黑龙江	NNN	新津机场	西南	四川	NNN
塔河机场	东北	黑龙江	NNN	遂宁机场	西南	四川	NNN
加格达奇机场	东北	黑龙江	NNN	成都温江机场	西南	四川	NNN
佳西机场	东北	黑龙江	NNN	九寨沟直升机场	西南	四川	NNN
八五六农航站机场	东北	黑龙江	NNN	西安阎良机场	西北	陕西	NNN
绥芬河直升机货运机场	东北	黑龙江	NNN	蒲城机场	西北	陕西	NNN
新民农用机场	东北	辽宁	NNN	石河子通用航空机场	西北	新疆	NNN
白城机场	东北	吉林	NNN	乌鲁木齐东山通用航空机场	西北	新疆	NNN
沈阳苏家屯红宝山机场	东北	辽宁	NNN	喀纳斯直升机场	西北	新疆	NNN
辽中机场	东北	辽宁	NNN	永州零陵机场	中南	湖南	NNN
龙华机场	华东	上海	NNN	宜宾莱坝机场	西南	四川	YBP
启东直升机场	华东	江苏	NNN	包头二里半机场	华北	内蒙古	BAV
桐庐直升机场	华东	浙江	NNN	海拉尔东山机场	华北	内蒙古	HLD
安吉直升机场	华东	浙江	NNN	赤峰机场	华北	内蒙古	CIF
横店体育机场	华东	浙江	NNN	通辽机场	华北	内蒙古	TGO
石老人直升机场	华东	山东	NNN	锡林浩特机场	华北	内蒙古	XIL
泰安直升机场	华东	山东	NNN	宜宾莱坝机场	西南	四川	NNN
南昌青云谱机场	华东	江西	NNN	乌兰浩特机场	华北	内蒙古	HLH
高东海上救助机场	华东	上海	NNN	乌海机场	华北	内蒙古	WUA
蓬莱沙河口机场	华东	山东	NNN	泸州蓝田机场	西南	四川	LZO
春兰直升机场	华东地	江苏	NNN	绵阳南郊机场	西南	四川	MIG
安阳北郊机场	中南	河南	NNN	呼和浩特白塔机场	华北	内蒙古	HET
郑州上街机场	中南	河南	NNN	天津滨海国际机场	华北	天津	TSN
荆门漳河机场	中南	湖北	NNN	石家庄正定机场	华北	河北	SJW

(续表)

机场名称	所在区域	所在省市	三字代码	机场名称	所在区域	所在省市	三字代码
南航三亚珠海直升机起降场	中南	海南	NNN	秦皇岛山海关机场	华北	河北	SHP
深圳南头直升机场	中南	广东	NNN	太原武宿机场	华北	山西	TYN
湛江坡头直升机场	中南	广东	NNN	长治王村机场	华北	山西	CIH
丹东浪头机场	东北	辽宁	DDG	塔城机场	西北	新疆	TCG
西昌青山机场	西南	四川	XIC	保山机场	西南	云南	BSD
珠海三灶机场	中南	广东	ZUH	阿勒泰机场	西北	新疆	AAT
梅县机场	中南	广东	MXZ	榆林西沙机场	西北	陕西	UYN
锦州小领子机场	东北	辽宁	JNZ	南通兴东机场	华东	江苏	NTG
朝阳机场	东北	辽宁	NNN	武夷山机场	华东	福建	WUS
汕头外砂机场	中南	广东	SWA	延安二十里堡机场	西北	陕西	ENY
湛江机场	中南	广东	ZHA	连云港白塔埠机场	华东	江苏	LYG
长春大房身机场	东北	吉林	CGQ	泉州晋江机场	华东	福建	NNN
九寨黄龙机场	西南	四川	JZH	汉中机场	西北	陕西	HZG
延吉朝阳川机场	东北	吉林	YNJ	库车机场	西北	新疆	KCA
郑州新郑机场	中南	河南	CGO	徐州观音机场	华东	江苏	XUZ
攀枝花保安营机场	西南	四川	PZI	安康机场	西北	陕西	NNN
吉林二台子机场	东北	吉林	JIL	盐城机场	华东	江苏	YNZ
洛阳北郊机场	中南	河南	LYA	济南遥墙机场	华东	山东	TNA
贵阳龙洞堡机场	西南	贵州	KWE	昌都邦达机场	西南	西藏	NNN
襄樊刘集机场	中南	湖北	NNN	牡丹江海浪机场	东北	黑龙江	MDG
沙市机场	中南	湖北	NNN	长沙黄花机场	中南	湖南	CSX
铜仁大兴机场	西南	贵州	TEN	广元盘龙机场	西南	四川	NNN
佳木斯东郊机场	东北	黑龙江	JMU	南阳姜营机场	中南	河南	NNY
黑河机场	东北	黑龙江	NNN	齐齐哈尔三家子机场	东北	黑龙江	NDG
宜昌三峡机场	中南	湖北	YIH	伊宁机场	西北	新疆	YIN
万州五桥机场	西南	重庆	NNN	德宏芒机场	西南	云南	NNN
恩施许家坪机场	中南	湖北	NNN	三亚凤凰机场	中南	海南	SYX
拉萨贡嘎机场	西南	西藏	LXA	大理机场	西南	云南	DLU

3．航空制造业标志

航空制造业往往被人们所忽视，而事实上航空制造业才是航空业发展的发动机和航空业生长的摇篮。我们熟知的波音、空中客车、中航、哈飞等，就是航空制造业的杰出代表。

航空制造业常见标志如图 3-11 所示。

波音公司（美国）

空中客车公司（法国）

中国航空工业集团公司

哈尔滨飞机集团

洪都航空工业集团

图 3-11　航空制造业常见标志

三、航空服务公共性标志和指示

航空服务公共性标志和指示主要体现在机场（空港），与旅客相关的购票点、网站和接地点等。航空服务公共性标志和指示有许多是与公共环境服务共享的，如图 3-12 所示。

飞机场 Airport

方向 Direction

入口 Entry

出口 Exit

上楼楼梯 Stairs Up

下楼楼梯 Stairs Down

楼梯 Stairs

水平步道 Moving Walkway

向下自动扶梯 Escalator Down

向上自动扶梯 Escalator Up

电梯 Elevator; Lift

残障人士电梯 Elevator for Handicapped

洗手间 Bathroom

男性 Male

女性 Female

图 3-12　航空服务公共性标志和指示

残障人士（专用通道） 乘机手续 国内航班乘机手续 售票 国际航班乘机手续
Access for Handicapped / Check-in / Domestic Check-in / Ticketing / International Check-in

到达 出发 安全检查 托运行李检查 卫生检疫
Arrivals / Departures / Security Check / Baggage Check / Quarantine

动植物检疫 出/入境边防检查 海关 停车场 租车服务
Animal and Plant Quarantine / Emigration/Immigration / Customs / Parking / Car Hire

红色通道（有申报物品通道） 绿色通道（无申报物品通道） 候机厅 头等舱候机室 贵宾候机室
Red Channel (Goods to Declare) / Green Channel (Nothing to Declare) / Waiting Hall / First Class Lounge / VIP Lounge

母婴室 登机口 行李手推车 宾馆服务 结账
Nursery / Gate / Baggage Cart / Hotel Service / Settle Accounts

行李提取 行李查询 商店 中转联程 货物查询
Baggage Claim / Baggage Inquiries / Shop / Transfer / Freight Inquiries

图 3-12 航空服务公共性标志和指示

问讯　　　　　转乘国内航班　　　转乘国际航班
Information　　Domestic Tansfers　International Tansfers

图 3-12　航空服务公共性标志和指示（续）

课外知识

● 世界使用最多的民用飞机制造商的飞机系列简介列表，如表 3-8 和表 3-9 所示。

表 3-8　波音飞机集团

主要机型	载客量	客舱布局	最大航程
B707 系列	174 人	3-3	5800 千米
B717 系列	106 人	2-3	3815 千米
B727 系列	145 人	3-3	4600 千米
B737 系列	110～200 人	3-3	5665 千米
B747 系列	416 人	3-4-3	13 450 千米
B757 系列	289 人	3-3	6426 千米
B767 系列	269 人	2-3-2	10 196 千米
B777 系列	440 人	3-4-3	14 316 千米
B787 系列	289 人	3-4-3	15 700 千米

表 3-9　空中客车公司

主要机型	载客量	客舱布局	最大航程
A300 系列	361 人	2-4-2	7500 千米
A310 系列	250 人	2-4-2	7963 千米
A320 系列	186 人	3-3	5000 千米
A330 系列	253 人	2-4-2	16 700 千米
A340 系列	380 人	3-4-3	14 360 千米
A350 系列	253 人	2-4-2	16 300 千米
A380 系列	555 人	3-4-3	15 000 千米

**练习与思考**

1. 如何辨别电子客票真伪？

2. 电子机票怎样退票和改签？
3. 退票要交多少费用？
4. 身份证出了问题，应该如何乘坐飞机？
5. 无人陪伴儿童乘机有哪些规定？
6. 怎样自我查验国际机票？
7. 误了航班，应该怎么办？
8. 熟知国内10家航空公司的标志与代码，以及20个机场常用标志。
9. 熟记机场常见的英文标志。

第四章
旅游铁路交通

第一节 走进铁路

铁路运输以火车站为客运站场,以旅客列车为客运工具,以铁路为客运线路,主要从事中距离旅游运输活动,如在旅游城市之间开行旅游列车和假日列车等。世界上约有7%的国际旅游者使用这种交通方式。其主要运输优势表现为安全正点、经济实惠和快速高效,其劣势主要是灵活性和舒适性较差。

现代铁路运输采用轨道,实行电子计算机调度、控制和监控,加之受气候因素影响较小,所以,不但不易发生交通事故,而且能够保证列车正点运行,便于旅游者安排行程。此外,电气化机车直接利用电能,基本上无空气污染,已成为世界各国重点发展的绿色环保型交通方式。

铁路旅客列车载客量大,单位运输成本低,因而客运价格适中。乘坐卧铺车厢的旅游者,在旅行过程中就宿车内,节约了昂贵的饭店住宿费用,显得十分实惠。旅客列车席位类别较多,从经济的硬座、硬卧,到舒适的软座、软卧,乃至豪华型软卧包厢,可满足各种消费层次旅游者的多样化需求,具有良好的性能价格比,更增加了经济实惠的优势。

随着既有铁路提速改造和高速铁路建设进程的加快,铁路运输速度和效率不断提高。在日本和欧洲,时速200千米~300千米的高速铁路已十分普及。我国铁路经过6次大提速,客运能力提高了18%。其中,最突出的亮点是时速200千米以上的260多对城际间动车组已经和将要开行在环渤海、长三角、珠三角城市群和华东、中南、西北、东北地区的重点城市间,形成以北京、上海为中心的快速客运通道。到2012年年底,高铁运营里程达到9356千米,居世界第一。我国目前尚处于研制和小规模试营运的磁悬浮列车,运行速度可达400千米以上。列车速度的提高,大大增强了铁路的通过能力,使得多班次、高频率运输成为可能,因此旅游铁路运输还具有快速高效的优势。

铁路运输专业化程度高,从路网规划、建设,到列车制造、编组,乃至运力安排、调度,都需要高度集中的统一指挥,因此缺乏灵活性和机动性。旅游铁路运输沿专用轨道运行,平稳性优于公路、水路运输,但受轮轨间强大摩擦阻力的影响，噪音和震感明显，因此舒适性逊航空运输一筹。

课外知识

- 铁路合作组织（简称"铁组"）

铁路合作组织是主管铁路运输的部长于1956年6月28日在索菲亚（保加利亚共和国）部长会议上成立的国际组织。具有国际协约性质的铁组章程是铁组存在和工作的基础。铁组的宗旨是发展国际货物和旅客运输，建立欧亚地区统一的铁路运输空间，提高洲际铁路运输通道的竞争能力，以及促进铁路运输领域的技术进步和科技合作。

铁组是政府间组织，共有以下27个成员国（截至2011年8月）：阿塞拜疆、阿尔巴尼亚、白俄罗斯、保加利亚、匈牙利、越南、格鲁吉亚、伊朗、哈萨克斯坦、中国、朝鲜、古巴、吉尔吉斯斯坦、拉脱维亚、立陶宛、摩尔多瓦、蒙古国、波兰、俄罗斯、罗马尼亚、斯洛伐克、塔吉克斯坦、土库曼斯坦、乌兹别克斯坦、乌克兰、捷克和爱沙尼亚。此外，作为观察员加入铁组的有德国（德铁）、法国（法铁）、希腊（希铁）、芬兰（芬铁）、塞尔维亚（塞铁）等国铁路，以及吉厄尔—肖普朗—埃宾富尔特铁路股份公司（吉肖富铁路）。

- 国际铁路联运组织

国际铁路联运组织是为开展国际铁路货物、旅客和行李运送而成立的政府间组织。截至1989年，参加该组织的有欧、亚、非的34个国家。这些国家签署的《国际铁路联运公约》规定了该组织的宗旨、机构设置和相关活动等。该组织的宗旨是规定在参加国之间的铁路过境国际联运中铁路旅客、行李和货物运送的统一法律程序，并便于施行和进一步发展这一法律程序，同时适用于铁路以外的国际过境运送，如陆运、海运和内河航运。为此，该组织制定了《国际铁路旅客和行李运送公约统一法律规定》和《国际铁路货物运送公约统一法律规定》。

- 美国：铁路最多的国家

美国铁路营业里程居世界第一位，现有本国铁路260 423千米，其中一级铁路为212 742千米，轨道延长里程为354 813千米，另外还有美国拥有使用权、非本国在国内修建的铁路23 112千米。

- 铁路营业里程排行榜

至2012年年底，全世界117个国家和地区拥有铁路约120余万千米。其铁路营业里程排行榜（前10名）依次为：美国、中国、俄罗斯、印度、加拿大、德国、阿根廷、法国、巴西、日本。我国现有铁路营业里程达到9.8万千米，居世界第二位；铁路完成的旅客周转量、货物发送量、货物周转量、换算周转量居世界第一位。

第二节　旅游铁路常识

一、铁路常备常识

1. 我国铁路分类

国内现有铁路一般可分为国家铁路、地方铁路、合资铁路、专用铁路和铁路专用线五类。一般情况下，我们所说的铁路运输中使用的铁路是指国家铁路、地方铁路和合资铁路三种，它们之间的主要区别在于铁路的管理部门及使用者。其中：

（1）国家铁路是指由国务院铁路主管部门管理的铁路；

（2）地方铁路是指由地方人民政府管理的铁路；

（3）合资铁路是国家、地方和民企等按股份制形式经营的铁路；

（4）专用铁路是指由企业或者其他单位管理，专为本企业或者本单位内部提供运输服务的铁路；

（5）铁路专用线是指由企业或者其他单位管理的与国家铁路或者其他铁路线路接轨的岔线。

以上所有铁路归属铁道部管理和规范。

2. 铁路车站

铁路车站，又称火车站，是在铁路线上设有配线，并且经常办理列车交会、越行、客货运业务或行车技术作业的分界点。

铁路车站按业务性质可分为客运站、货运站和客货运站；按技术作业性质可分为编组站、区段站和中间站；按客货运量和技术作业量的大小可分为特等站和一、二、三、四、五等站。

3. 列车

按规定条件把车辆编成车列，并挂有机车及规定的列车标志时，称为列车。

列车常分为客运和货运两种。客运列车可分为高铁列车、动车组列车、特快旅客列车、快速旅客列车和普通旅客列车。

列车一般由动车和拖车组合而成。

动车：是指本身有动力的车辆，如轻油动车、重油动车、电力动车等。

拖车或挂车：是指没有动力的车辆。

动车组：亦称多动力列车组合，是铁路列车的一种。它是把动力装置分散安装在每节车厢上，常指由几节带动力的动车和几节不带动力的拖车组成的列车。

4. 车辆长、宽、高

铁路车辆的长、宽、高按不同的用途有不同的尺寸。我国常见车辆的长、宽、高如下。

（1）常规客车：长25.5米、宽3.1米、高4.4米。

（2）CHR（和谐号）：长25～27米、宽3.3米、高4米。

5. 轨距

轨距是钢轨头部顶面下16毫米范围内两股钢轨作用边之间的最小距离。我国铁路主要采用1435毫米的标准轨距。此外台湾铁路轨距为1067毫米，成都铁路局的部分铁路轨距为1000毫米的窄轨等。

6. 无缝线路

我国普通轨枕的长度为2.5米，道岔用的岔枕和钢桥上用的桥枕，其长度有2.6～4.85米等多种。无缝线路是把若干根标准长度的钢轨，焊接成为每段800～1000米（还可以更长些）的长钢轨线路，它的接头很少，并具有行车平稳、轮轨磨耗及线路养护维修工作量小等优点，是轨道现代化的内容之一。

7. 铁路信号

铁路信号是指挥火车的命令，也是告诫人们安全的警语。掌握有关的铁路信号，也是保证自身安全的一种生活常识。

（1）火车鸣笛。

鸣笛一长声——是它开动或接近车站、道口桥梁等地的预报。

鸣笛一长三短声——是它发生重大事故需要救援或发现前方有不安全因素的警报信号。

鸣笛二长声——是告诉人们要倒退行驶。

（2）固定在车站两头的信号灯光，也是一种警语。

红色：指令火车停下或不许越过。

绿色：准许火车通过或开动。

黄色：同意列车进站停车或从车站出发，但要减低速度或注意瞭望行驶。

白色和蓝色：列车编组或解体的调车信号，前者容许通过，或者禁止超越。

紫色：表示铁路道岔的位置。

（3）铁路工人手拿信号旗、信号灯或直接用手臂发出的信号，叫手信号。

要求火车停止，白天展开红色旗，晚上用红色灯。白天无红色旗时，两臂高举头上向两侧急剧摇动。晚上无红灯时,用白色灯上下急剧摇动。

指示火车开动,白天以绿色旗,晚上用绿色灯,向列车方向做上弧线圆形转动。

 课外知识

- 五花八门的世界铁路轨距

你坐在火车上,知道脚下两根钢轨之间的距离吗?国际上的标准轨距是:1435毫米。

原先世界各国的铁路轨距五花八门,各不相同,例如有:610毫米,762毫米,891毫米,1000毫米,1067毫米,1372毫米,1435毫米,1524毫米,1880毫米,2141毫米……

为了解决这一混乱状况,1937年国际铁路协会作出规定:1435毫米的轨距为国际上通用的标准轨距,1520毫米以上的轨距为宽轨,1067毫米以下的轨距为窄轨。

为什么要将1435毫米这个数字作为世界铁路标准轨距呢?原因之一是为了纪念世界"铁路之父"斯蒂芬森。1825年,斯蒂芬森设计制造了最原始的蒸汽机车——"运动"号,这是世界上正式启用的第一列旅客列车。这条铁路的轨距是4.85英尺,折合公制为1435毫米。

目前仍有国家和地区使用其他轨距的铁路,如俄罗斯为1524毫米,西班牙为最宽1676毫米。我国云南还有1000毫米的窄轨铁路,一些地方铁路也有不同标准窄轨的。日本的铁路轨距为1067毫米,日本新干线轨距采用标准轨,是1435毫米。

二、旅游铁路交通必备知识

1. 车票

(1)铁路车票的含义。铁路车票是旅客乘车的凭证,同时也是旅客加入铁路旅客意外伤害强制保险的凭证。

(2)铁路车票票面应载明的内容。除特殊票种外,铁路车票的票面上主要有:发站、到站、座卧别、径路、票价、车次、乘车日期、有效期以及票号、信息码等内容。实名制车票票面还记载了旅客的有效身份证件号码或姓名。

(3)车票的性质构成。车票中包括客票和附加票两部分。客票部分为软座、硬座。附加票部分为加快票、卧铺票、空调票。

附加票是客票的补充部分,除儿童外,不能单独使用。

(4) 铁路调整票价时对已售出的车票的处理。车票票价为旅客乘车日的适用票价,铁路调整票价时,已售出的车票不再补收或退还票价差额。

2. 常规购票

(1) 车票应在承运人或销售代理人的售票处购买。在有运输能力的情况下,承运人或销售代理人应按购票人的要求发售车票。承运人可以开办往返票、联程票(指在购票地能够买到换乘地或返回地带有席位、铺位号的车票)、定期、不定期、储值、定额等多种售票业务,以便于购票人购票和使用。

(2) 旅客乘坐硬座、软座、卧铺和提供空调的列车等时,应购买相应等级的车票或空调票。

(3) 承运人一般不接受儿童单独旅行(乘火车通学的学生和承运人同意在旅途中监护的除外)。随同成人旅行身高1.1~1.5米的儿童,享受半价客票、加快票和空调票(以下简称儿童票)。超过1.5米时应买全价票。每一成人旅客可免费携带一名身高不足1.1米的儿童,超过一名时,超过的人数应买儿童票。

儿童票的座别应与成人车票相同,其到站不得远于成人车票的到站。

免费乘车的儿童单独使用卧铺时,应购买全价卧铺票,有空调时还应购买半价空调票。

(4) 中国人民解放军和中国人民武装警察部队因伤致残的军人(以下简称伤残军人),凭"革命伤残军人证",因公致残的人民警察凭"人民警察伤残抚恤证"享受半价的软座、硬座客票和附加票。

(5) 20人以上乘车日期、车次、到站、座别相同的旅客可作为团体旅客,承运人应优先安排;如填发代用票时除代用票持票本人外,每人另发一张团体旅客证。

3. 高铁与动车组购票

所有列车车票均可以通过铁路售票窗口和中国铁路客户服务中心网站(以下简称"12306.cn网站")购票。

(1) 高铁与动车组购票采用实名制。在铁路售票窗口购买实名制车票时,须凭乘车人有效身份证件原件或复印件购票(除免费乘车的儿童及持儿童票的儿童外)。在12306.cn网站购票时,须准确填写乘车人有效身份证件信息。一张有效身份证件同一乘车日期同一车次只能购买一张实名制车票(在12306.cn网站购买儿童票的儿童没有办理有效身份证件的,可以使用同行成年人的有效身份证件信息,且不受此限)。

(2) 在互联网购票后,应换取纸质车票。

旅客在12306.cn网站购票后,需换取纸质车票的,按如下规定办理:

① 使用二代居民身份证购票的，可凭购票时所使用的乘车人有效二代居民身份证原件到车站售票窗口、铁路客票代售点或车站自动售票机上办理换票手续。

② 二代居民身份证无法自动识读或者使用二代居民身份证以外的其他有效身份证件购票的，需出示购票时所使用的乘车人有效身份证件原件和订单号码，到车站售票窗口或铁路运输企业授权的铁路客票代售点，由售票员录入证件号码和订单号码并核实后办理换票手续。

③ 购票后、换票前，有效身份证件丢失的，乘车人本人应到乘车站铁路公安制证口办理临时乘车身份证明，并按第②项办理换票手续。

④ 学生票凭购票时所使用的有效身份证件和附有学生火车票优惠卡的学生证（均为原件）到安装有学生火车票优惠卡识别器的车站售票窗口或铁路客票代售点办理。

⑤ 残疾军人票凭购票时所使用的有效身份证件和"中华人民共和国残疾军人证"、"中华人民共和国伤残人民警察证"（均为原件）到车站售票窗口办理。

⑥ 有效身份证件信息、订单号码等经核实一致的，予以换票；不一致的，不予换票。学生票、残疾军人票同时核对减价优惠（待）凭证。学生票还应核减优惠乘车次数。

4．乘车条件

（1）旅客须按票面载明的日期、车次、席别乘车，并在票面规定有效期内到站。中转换车和中途下车的旅客继续旅行时，应先行到车站办理车票签证手续。

（2）旅客在乘车途中客票有效期终了，要求继续乘车时，应自有效期终了站或最近前方停车站起，另行补票，核收手续费，定期票可按有效使用至到站。

（3）乘坐卧铺旅客的车票由列车员保管并发给卧铺证，下车以前交换。卧铺只能由持票本人使用，成人带儿童或两个儿童可共用一个卧铺。

（4）烈性传染病患者、精神病患者或健康状况危及他人安全的旅客，站、车可以不予运送；已购车票按旅客退票的有关规定处理。

5．随身携带品

旅客携带品由自己负责看管，每人免费携带的重量和体积是：

儿童（含免费儿童）10千克，外交人员35千克，其他旅客20千克。每件物品外部尺寸长、宽、高之和不超过160厘米。杆状物品长度不超过200厘米，重量不超过20千克。残疾人旅行时代步的折叠式轮椅可免费携带并不计入上述范围。

下列物品不得带入车内：

（1）国家禁止或限制运输的物品。

(2) 法律、法规、规章中规定的危险品、弹药和承运人不能判明性质的化工产品。

(3) 动物及妨碍公共卫生（包括有恶臭等异味）的物品。

(4) 能够损坏或污染车辆的物品。

为方便旅客的旅行生活，限量携带下列物品：

(1) 气体打火机5个，安全火柴20小盒。

(2) 不超过20毫升的指甲油、去光剂、染发剂。不超过100毫升的酒精、冷烫精。不超过600毫升的摩丝、发胶、卫生杀虫剂、空气清新剂。

(3) 军人、武警、公安人员、民兵、猎人凭法规规定的持枪证明佩带的枪支子弹。

(4) 初生雏20只。

6. 行李

行李是指旅客自用的被褥、衣服、个人阅读的书籍、残疾人车和其他旅行必需品。

行李中不得夹带货币、证券、珍贵文物、金银珠宝、档案材料等贵重物品和国家禁止、限制运输物品、危险品。

行李每件的最大重量为50千克，体积以适于装入行李车为限，但最小不得小于0.01立方米。行李应随旅客所乘列车运送或提前运送。

课外知识

● 车票的有效期

(一) 车票的有效期间按下列规定计算

1. 客票的有效期间按乘车里程计算：500千米以内为两日，超过500千米时，每增加1000千米增加一日，不足1000千米的尾数也按一日计算。

市郊票的有效期间由铁路运输企业自定。

2. 卧铺票按指定的乘车日期和车次使用有效，其他附加票随同客票使用有效。

3. 各种车票的有效期从指定乘车日起至有效期最后一日的24时止计算。

4. 改签后的客票提前乘车时，有效期从实际乘车日起计算；改晚乘车时，按原指定乘车日起计算。

5. 变径后的客票有效期按分歧站以后的里程重新计算。

6. 其他票种按票面规定的时间或要求使用有效。

(二) 遇有下列情况可延长车票的有效期

1. 因列车满员、晚点、停运等原因，使旅客在规定的有效期内不能到站时，车站可视实际需要延长车票的有效期。延长日数从客票有效期终了的次日起计算。

2. 旅客因病，在客票有效期内，出具医疗单位证明或经车站证实时，可按医疗日数延长有效期，但最多不超过 10 天；卧铺票不办理延长，可办理退票手续；同行人同样办理。

● 不符合乘车条件的处理

（一）有下列行为时，除按规定补票，核收手续费以外，还必须加收应补票价 50% 的票款

1. 无票乘车时，补收自乘车站（不能判明时自始发站）起至到站止车票票价。持失效车票乘车按无票处理。

2. 持用伪造或涂改的车票乘车时，除按无票处理外并送交公安部门处理。

3. 持站台票上车并在开车 20 分钟后仍不声明时，按无票处理。

（二）下列情况只核收手续费

1. 持用低等级的车票乘坐高等级列车、铺位、座位时，补收所乘区间的票价差额。

2. 旅客持半价票没有规定的减价凭证或不符合减价条件时，补收全价票价与半价票价的差额。

（三）有下列情况时只补收票价，核收手续费

1. 应买票而未买票的儿童只补收儿童票。身高超过 1.5 米的儿童使用儿童票乘车时，应补收儿童票价与全价票价的差额。

2. 持站台票上车送客未下车但及时声明时，只补收至前方停车站的车票。

3. 经站、车同意上车补票的。

4. 旅客未按票面指定的日期、车次乘车（含错后乘车 2 小时以内的）但乘坐票价相同的列车时，列车换发代用票；超过 2 小时均按失效处理。

5. 旅客所持车票日期、车次相符但未经车站剪口的应补剪；中转换乘或中途下车应签证而未签证的应补签。补剪补签只核收手续费，但已使用至到站的车票不再收补剪补签费。

● 行李托运与承运

乘车区间内凭有效客票每张可托运一次行李。

托运下列物品时，托运人应提供规定部门签发的运输证明

1. 金银珠宝、珍贵文物、货币、证券、枪支。
2. 警犬和国家法律保护的动物。
3. 省级以上政府宣传用非卖品。
4. 国家有关部门规定的免检物品。
5. 国家限制运输的物品。
6. 承运人认为应提供证明的其他物品。

托运动植物时应有动植物检疫部门的检疫证明。

托运放射性物品、油样箱时，应按照国务院铁路主管部门的规定进行办理。

- 客运列车的分类

我国目前客运列车的分类如下。

G——高速铁路动车组

C——城际动车组列车

D——动车组列车

Z——直达特快旅客列车

T——特快旅客列车

K——快速旅客列车

N——管内普通旅客快车

L、A——临时旅客列车

Y——旅游列车

没有字母的四位数字为普通列车。

第三节 旅游铁路常规性处置

一、票务问题的处理

1. 如何辨别火车票的真伪

目前，我国铁路各大车站已基本实现计算机售票，而有些小车站在节假日开行的临时客车仍采用传统的卡式纸版车票。面对市场上出现的伪造火车票，乘客该如何识别其"真假"呢？

据有关专家介绍，目前假火车票一般有两种。一种是"挖补假票"，制假人员将失效票的车站名、票价和日期挖割下，分类贴上长途站的地点、金额、时间、铺位等，再用电熨斗熨平。另一种是"整版假票"，制假人员利用一张真票票面的图案及相关文字、数字等扫描至电脑，通过高清晰度彩色打印机打印出来，仿真度极高。

对于纸版式卡式车票，其票面无光泽，质地柔韧、不易断裂，票的四周切割断面不光滑。反之，如是假票，则票面有光泽，票的四周断面光滑整齐，容易折断，底纹图案不甚清晰，浓淡不均。手工制作的假票票上打孔日期的孔洞大小、间距不规范。另外，还须察看车票上打孔日期与车票背面上的坐签的日期是否相符，票面上到、发站，票价等字迹有无涂改、挖补的痕迹，字迹有无浓淡不均等等。

介绍几种识别假票的方法。一种是用放大镜细看票面的数字部分，如发现某些数字与其他字迹不相同或是有涂改过的痕迹,极有可能是假票;如果金额小数点后面仅有一个数字"0",那一定是假票;票面被挖补处因在制假过程中被刮去一部分纸纤维,所以在阳光直射下略有些发白;此外,用放大镜或在灯光照射下如果看到票面上的车站名、票价、车次等处有裂缝,那也多半是假票。以上方法较适合于"挖补假票"的识别。

对于"整版假票",首先可以通过手感识别,真票纸质较好,手感平顺、光滑,假票纸质厚薄不一,手感粗糙。同时,真票票面油墨在充足光线的照射下有柔和的光泽,且能看到防伪水印,而假票票面"中国铁路"标志以及背面的水印较为模糊,且手轻揉票面及数字时,油墨会沾在手上。

目前火车票有个基本常识:火车票左面最上方有一组编码(譬如X092122或C090505),在票面最下方有条形编码数字组,在第二组中应体现上面的编码,显示从字母开始的内容,譬如X092122或C090505显示在票面最下方条形编码的第二组数字中。

2. 丢失车票的处理

旅客丢失车票应另行购票。在列车上应自丢失站起(不能判明时从列车始发站起)补收票价,核收手续费。旅客补票后又找到原票时,列车长应编制客运记录交旅客,作为在到站出站前向到站要求退还后补票价的依据。

3. 退票

旅客要求退票时,按下列规定办理,核收退票费。

(1)旅客要求退票时,应当在购票地车站或票面发站办理。在发站开车前,特殊情况也可在开车后2小时内,退还全部票价,核收退票费。团体旅客必须在开车48小时以前办理。原票使用现金购票的,应退票款退还现金。原票使用银行卡购票的(含在12306.cn网站购票),应退票款按发卡银行规定退回原购票时所使用的银行卡。

旅客开始旅行后不能退票。但如因伤、病不能继续旅行时,凭列车开具的客运记录,可退还已收票价与已乘区间票价差额;已乘区间不足起码里程时,按起码里程计算;同行人同样办理。

退还带有"行"字戳记的车票时,应先办理行李变更手续。

因特殊情况经站长同意在开车后2小时内改签的车票不退。

必要时,铁路运输企业可以临时调整退票办法,请咨询当地车站或关注车站公告。

(2)因承运人责任致使旅客退票时,在发站,退还全部票价;在中途站,退还已收票价与已乘区间票价差额,已乘区间不足起码里程时,退还全部票价;在到站,退还已收票价与已使用部分票价差额,未使用部分不足起码里程按起码里程计算；空调列车因空调设备故障在运行过程中不能修复时，应退还未使用区间的空调票价，均不收退票费。

（3）在12306.cn网站购票，没有换取纸质车票且不晚于开车前2小时的，可以在12306.cn网站办理退票，并凭购票时所使用的有效身份证件原件在办理退票之日起10日内（含当日）到车站退票窗口索取退票费报销凭证；已经换取纸质车票或者在开车前2小时内的只能在车站到安装有银行POS机的售票窗口办理，其中，已经换取纸质车票的只能在换票地车站或票面发站办理。使用二代居民身份证购票且持二代居民身份证办理进站检票手续后，未乘车即出站的经车站确认后按规定办理，因伤、病或者承运人责任中途下车的，凭列车长出具的客运记录在下车站按规定办理。

（4）站台票售出不退票。

4. 旅客中途上下车

旅客可以在车票票面指定的日期、车次于中途站上车，但未乘区间的票价不退。

持通票的旅客，乘车后可以在列车中途停车站下车；恢复旅行时，应当在车票有效期内并先到车站办理中转签证手续。

持直达票的旅客中途下车，未乘区间失效；但如因伤、病或铁路责任不能继续旅行时，凭列车开具的客运记录，可退还已收票价与已乘区间票价差额，已乘区间不足起码里程时，按起码里程计算；同行人同样办理。

旅客在12306.cn网站使用二代居民身份证购票，在中途站上车时，均须于开车前按规定换取纸质车票，方可进站、乘车。在二代居民身份证检票条件的车站使用二代居民身份证直接检票乘车的，可以在中途站下车并使用二代居民身份证直接检票出站，均按直达票处理。

二、事故赔偿与处理

1. 事故赔偿责任和免责范围

铁路规定：旅客身体损害赔偿金的最高赔偿限额为人民币40 000元，随身携带品赔偿金的最高赔偿限额为人民币800元。经承运人证明事故是由承运人和旅客或托运人的共同过错所致，应根据各自过错的程度分别承担责任。

行李包裹事故赔偿标准为：

按保价运输办理的物品全部灭失时按实际损失赔偿，但最高不超过声明价格。部分损失时，按损失部分所占的比例赔偿。分件保价的物品按所灭失该件的实际损失赔偿，最高不超过该件的声明价格。

未按保价运输的物品按实际损失赔偿，但最高连同包装重量每千克不超过

15 元。如由于承运人故意或重大过失造成的,不受上述赔偿限额的限制,按实际损失赔偿。

行李包裹全部或部分灭失时,退还全部或部分运费。

因下列原因造成的旅客身体损害承运人不承担责任。

(1) 不可抗力。

(2) 旅客自身健康原因造成的或者承运人证明伤亡是旅客故意、重大过失造成的。

因下列原因造成的行李包裹损失承运人不承担责任:

(1) 不可抗力。

(2) 物品本身的自然属性或合理损耗。

(3) 包装方法或容器不良,从外部观察不能发现或无规定的安全标志。

(4) 托运人自己押运、带运的包裹(因铁路责任除外)。

(5) 托运人、收货人违反铁路规章或其他自身的过错。

2. 事故赔偿、索赔时效及纠纷处理

发生旅客伤害事故时,旅客可向事故发生站或处理站请求赔偿。

如旅客身体损害属于铁路运输企业承责范围同时又属于《铁路旅客意外伤害强制保险条例》的承保范围,铁路运输企业应当同时支付赔偿金和保险金。

发生行李包裹事故时,车站应会同有关人员编制行李包裹事故记录交收货人作为请求赔偿的依据。事故赔偿一般应在到站办理,特殊情况也可由发站办理。

发生事故,收货人要求赔偿时,应在规定的期限内提出并应附下列文字材料。

(1) 行李票或包裹票。

(2) 行李包裹事故记录。

(3) 证明物品内容和价格的凭证。

暂存物品发生丢失、损坏时,应参照行李包裹事故赔偿有关规定办理。赔偿款额协商确定。

承运人与旅客、托运人因合同纠纷产生索赔或互相间要求办理退补费用有效期为一年,有效期从下列日期起计算。

(1) 身体损害和随身携带品损失时,为发生事故的次日。

(2) 行李包裹全部损失时为运到期终了的次日,部分损失时为交付的次日。

(3) 给铁路造成损失时,为发生事故的次日。

(4) 多收或少收运输费用时,为核收该项费用的次日。

责任方自接到赔偿要求书的次日起,一般应于 30 天内向赔偿要求人做出答复并尽快办理赔偿。多收或少收时应于 30 内退补完毕。

三、铁路法律纠纷的解决途径

铁路法律纠纷是指当事人在铁路运输过程中发生的以权利义务为内容的纠纷。按照纠纷解决途径的性质分为行政法律救济、民事法律救济和刑事法律救济，其具体的解决途径为投诉（申诉）、和解、调解、仲裁或者诉讼。

1. 行政法律救济

在铁路运输中，当事人违反铁路法律的规定，尚未构成犯罪的，应当依法追究行政责任。对于此类纠纷通过行政法律救济方式解决。铁路公安机关和地方公安机关分工负责共同维护铁路治安秩序。车站和列车内的治安秩序，由铁路公安机关负责维护；铁路沿线的治安秩序，由地方公安机关和铁路公安机关共同负责维护，以地方公安机关为主。

根据《铁路法》规定，旅客或者托运人必须遵守以下规定：（1）行人和车辆通过铁路平交道口和人行过道时，必须遵守有关通行的规定；（2）运输危险品必须按照国务院铁路主管部门的规定办理，禁止以非危险品品名托运危险品；（3）禁止旅客携带危险品进站上车；（4）禁止损毁、移动铁路信号装置及其他行车设施或者在铁路线路上放置障碍物；（5）禁止偷乘货车、攀附行进中的列车或者击打列车；（6）禁止在铁路线路上行走、坐卧；（7）禁止聚众拦截列车或者聚众冲击铁路行车调度机构；（8）禁止哄抢铁路运输物资；（9）禁止在列车内寻衅滋事，扰乱公共秩序，危害旅客人身、财产安全；（10）在车站和旅客列车内，发生法律规定需要检疫的传染病时，接受铁路卫生检疫机构进行检疫；（11）尚不够刑事处罚，应当给予治安管理处罚的。

当事人可以通过投诉（申诉）、诉讼等方式解决。

2. 民事法律救济

在铁路运输中，违反运输合同约定或者侵害他人的合法权利、利益的，受害人可以请求对方承担民事责任。民事责任一般为补偿性的责任，而惩罚性为例外。对于一方当事人既违反合同的约定义务又侵害对方的合法权益，构成责任竞合的，受害人可以选择适用违约责任救济方式或者侵权责任救济方式，而两者不能够同时适用。当事人可以通过和解、调解、仲裁或者诉讼等方式解决。适用仲裁方式解决的前提是当事人应当在运输合同约定仲裁解决的条款或者订立仲裁合同；适用诉讼解决纠纷要注意选择合同签订地、出发地、经停地或者目的地等法院管辖，以更好维护当事人的合法权益。

对投保铁路旅客人身意外伤害保险的旅客，发生保险事故的，不仅可以获得铁路旅客人身意外伤害保险的赔偿，而且仍然可以获得承运人对伤害的赔偿。

涉外关系的法律适用，中华人民共和国缔结或者参加的国际条约同我国法律有不同规定的,适用国际条约的规定;但是,中华人民共和国声明保留的条款除外。中华人民共和国法律和中华人民共和国缔结或者参加的国际条约没有规定的,可以适用国际惯例。但不得违背中华人民共和国的社会公共利益。涉外合同当事人可以选择合同适用的法律,但是法律另有规定的除外;合同当事人没有选择的,适用与合同有最密切联系的国家的法律。侵权行为的损害赔偿,适用侵权行为地法律。当事人双方国籍相同或者在同一国家有住所的,也可以适用当事人本国法律或者住所地法律。中华人民共和国法律不认为在中华人民共和国领域外发生的行为是侵权行为的,不作为侵权行为处理。

3. 刑事法律救济

在铁路运输中,对于严重危害铁路运输安全或者侵害当事人的合法权益,依法应当追究刑事责任的,应当由司法机关追究刑事责任。对于下列情形,应当追究刑事责任:(1)携带危险品进站上车或者以非危险品品名托运危险品,导致发生重大事故的;(2)携带炸药、雷管或者非法携带枪支子弹、管制刀具进站上车的;(3)故意损毁、移动铁路行车信号装置或者在铁路线路上放置足以使列车倾覆的障碍物的;(4)盗窃铁路线路上行车设施的零件、部件或者铁路线路上的器材,危及行车安全的;(5)聚众拦截列车、冲击铁路行车调度机构不听制止的首要分子和骨干分子;(6)聚众哄抢铁路运输物资的首要分子和骨干分子;(7)在列车内,抢劫旅客财物,伤害旅客的;(8)在列车内,寻衅滋事,侮辱妇女,情节恶劣的,依照刑法有关规定追究刑事责任;(9)敲诈勒索旅客财物的;(10)倒卖旅客车票,构成犯罪的。

四、动车组与高铁

1. 动车组与高铁的区别

D字头的动车和G字头的高速动车都是时速超过200千米/小时的列车。这两个类型的车次往往弄得人们很迷糊。究竟动车与高铁分别是什么概念?他们有何异同呢?

(1)原理

动车是列车动力源方面的概念,高铁是列车速度上的概念。

动车是相对于普通机车在车头牵引来说的,高铁是相对于普通速度列车来说的。动车一般指承载运营载荷并自带动力的轨道车辆,和一般牵引机车的不同;高铁指的是铁路采用的是高标准技术修建的(例如铺设无砟轨道、以桥代路等),上面是可以跑高速动车组的。

(2)时速

我国铁路主管部门定义:动车指代时速在200千米级别的铁路线路,高铁指代时速在 300 千米级别的铁路线路。

国内将时速 200~250 千米的客运动车组称为"动车",一般车次以 D 字开头;将时速 300 千米以上的客运动车组称为"高铁",一般车次以 G 字开头。高铁就是"动车组＋高速铁路专用线"。目前中国动车组有 CRH1、CRH2、CRH3、CRH5 和 CRH300 等系列的型车,CRH 就是"中国高速铁路"(China Railways High speed)的简称。动车组统一命名为"和谐号"。

(3) 轨道

与普通 200 千米级动车和普速火车轨道相比,高铁的轨道要求更高(轨距是一样的)。

高铁的线路一般为无渣轨道,就是指轨道及轨枕下面没有石子而是整块的轨道板。高铁的轨距也是 1435 毫米。高铁对平整度和线路间距要求更高,一般高铁的双线间距都是在 5 米左右。高铁对转弯半径和道岔要求也比较高,时速在 300 千米级别的高铁一般曲线半径至少在 1500 米。道岔的最高通过速度至少要求在时速 250 千米以上。高铁的钢轨要求是每米至少 65 千克,一般铁路是 60 千克。在线路选择上也有不同,高铁对地面沉降的要求要比普通铁路的要求高很多。

(4) 车体

不同速度的动车组,其车体设计是有很大的不同的。国内高速动车组的技术来源于四个国家,对应实际产品中的 CRH1、CRH2、CRH3、CRH5 四个系列的车型。经过铁路技术人员的取长补短和创新,已形成了中国特有的高铁技术,目前国内高铁用的动车组为 CRH2、CRH3 型车的改良。时速 250 千米的是第一阶段技术产物,时速 350 千米的是第二阶段技术产物,最新的时速 380 千米是第三阶段技术产物,以后还有时速 400 千米以上的第四阶段技术产物。

(5) 运行系统

高铁主干走专线,动车不走专线。

动车组的铁路运行系统与高铁的运行系统不同,高铁虽然跑的也是动车组,但中国目前的 CRH1A、CRH1B、CRH1E、CRH2A、CRH2B、CRH2C、CRH2E、CRH3C、CRH5A、CRH380A、CRH380B、CRH6 这 12 种型号的动车组,只有 CRH2C、CRH3、CRH380A、CRH380B 四种型号用于高铁运营,动车并不走高铁专线。

 课外知识

"四纵四横"铁路快速客运通道以及三个城际快速客运系统

● "四纵"客运专线

北京—上海客运专线,贯通京津至长江三角洲东部沿海经济发达地区;

北京—武汉—广州—深圳客运专线,连接华北和华南地区;

北京（沈阳）—哈尔滨（大连）客运专线，连接东北和关内地区；

杭州—宁波—福州—深圳客运专线，连接长江、珠江三角洲和东南沿海地区。

● "四横"客运专线

徐州—郑州—兰州客运专线，连接西北和华东地区；

杭州—南昌—长沙客运专线，连接华中和华东地区；

青岛—石家庄—太原客运专线，连接华北和华东地区；

南京—武汉—重庆—成都客运专线，连接西南和华东地区。

● 三个城际客运系统

环渤海地区、长江三角洲地区、珠江三角洲地区城际客运系统，覆盖区域内主要城镇。

2．"和谐号"动车组的列车乘务工作模式

"和谐号"动车组列车乘务工作模式也有很大变化。每八节车厢配一长（列车长）、一员（列车员）、两名配餐员和两名保洁员，乘务工作要求更高效有序。同时，动车组上的卫生间设有婴儿专用尿布床，带婴儿的乘客可以把婴儿放在上面更换尿布；坐便器的座盖板为电加热式，冬天坐上去也不冷；第七号车厢设有残疾人专用卫生间的同时，还设了一间多功能室，乘客出现特殊情况时可以躺卧休息。另外动车组餐饮由专门配餐公司提供，服务员上岗前要经过综合业务培训，提供可媲美酒店的微笑式服务，这些优越条件减轻了乘务人员的负担，也为乘务人员的高效工作提供了基础保障。

3．"和谐号"动车组的乘坐

"和谐号"列车的高速运行，不仅对乘坐"和谐号"列车的乘客产生了巨大的影响，也对乘坐"和谐号"列车的旅客提出了以下几点需要注意的事项。

第一，乘坐"和谐号"列车，有专门的售票窗口、候车室、通道和站台。因此无论是购买"和谐号"列车车票还是乘坐"和谐号"列车，都应到专门的窗口或是其他专门地点进行，切莫因此错过乘车。

第二，上下车应早做准备。"和谐号"列车为高速运行车组，在中间途经车站停留时间较短，一般在省会城市停车2分钟，在其他城市停车1分钟。上下车乘客应尽早做好准备，及时上下车。不过，上车乘客也不必担心身体尚未全部进入车厢，列车即已高速开行。因为只有乘客完全进入车厢、列车自动门完全关闭后，列车才会开行。

第三，抽烟被禁止。出于健康与安全的考虑，尽管部分列车在生产时设计有专门的吸烟车厢，但目前包括济南铁路局、上海铁路局等在内的多数铁路局都禁止乘客在"和谐号"列车上吸烟。考虑到列车中途停靠站点时间太短，铁路部门提醒乘客不要中途到站台上抽烟，以免误车。

第四,设备使用早知道。"和谐号"列车每节车厢四角各设置1个破窗锤和逃生窗,在紧急情况下,乘客可以打开破窗锤上的黏盖和胶皮扣,用力向上向外拉动,利用锤子砸破紧靠破窗锤的第一个车窗逃生。此外,位于七号车厢的多功能室仅供乘客生病等特殊情况下应急使用,其余时间不得进入或者改作他用。

第五,向车窗外抛掷杂物危险大。由于"和谐号"列车为全封闭车厢,所以这一点主要是针对其他列车乘客而言。尽管"和谐号"列车车窗采用特殊材质制成,一般不容易被击碎;即便遭遇飞鸟、碎石等近地面物体的"袭击"后被打碎,一般也不会划伤乘客的手脚。但一旦"和谐号"与普通列车会车时被普通列车内扔出的啤酒瓶、铁条等重物击中,有可能对两列列车乘客均造成伤害。乘客应主动将垃圾和废弃杂物放至垃圾桶内或交给乘务员,切莫向窗外抛掷杂物。

第六,新车开行,部分旧车停运。随着"和谐号"列车的开行以及全国铁路第六次大提速,部分旧的列车要么由于提速更改了站点停靠时间或地点,要么由于有了新的替代列车或因缺乏竞争力而停运。因此,乘客乘坐火车出行之前,一定要详细了解列车新的开行时间、停靠站点等相关事项。

4. 和谐号动车组的其他事项

购票地点不同,持站台票不能上车,车上不补票。买动车组当日车票,到动车组专用服务区购买;如果提前购买动车组车票,则需到火车站售票大厅购买。同时,动车组列车严禁超载,票与座都是一对一,列车上不售火车票,也不能持站台票上车。这意味着,以往先买站台票上车、到车上再补票的乘坐方式,在动车组行不通。

动车组车票有效期,只限当日当次。由于速度快、乘车时间短,动车组列车的车票有效期与其他列车车票不同。动车组列车车票当日当次有效,而其他火车票有效期则从指定乘车日起至有效期最后一日的24时止计算。

动车组列车对行李的要求也比较严格,旅客携带品长、宽、高相加不超过130厘米,而其他列车则不超过160厘米。

动车组对特殊群体优惠幅度不同,学生只售二等车车票。对于学生票,动车组列车只发售二等座车票,票价为全价的75%。此外,伤残军人凭革命伤残军人证、因公致残的人民警察凭人民警察伤残抚恤证乘坐动车组列车享受50%优惠。儿童与其他列车的规定一样,1.1~1.5米之间的儿童享受半价,每一名成人旅客可免费携带一名身高不超过1.1米的儿童,超过一名时,超过的人数应购买儿童票。

动车组车票可办理改签,推迟乘车的时间应当在车站售票的预售期内。持直通票的旅客在中转站要求换乘动车组列车时,需要补交该区间的动车组列车票价与原票票价的差额。

 课外知识

● 动车组内的魅力

每列动车组有 8 节车厢，首尾两节为车头，需要时两列动车组还可串联成一列 16 节的动车组。车厢分为两个等级：即一等车厢和二等车厢。

1. 座椅

一等车厢内的坐椅为灰色，左右两排各为双人座椅；二等车厢的座椅则以紫色为基调，一边座椅为三座，另一边则是两座；座椅扶手上都安装了可以调节靠背倾斜角度和坐垫长短的两个按钮，前后排座椅间也预留了充裕空间，以方便旅客展开前排坐椅的隐藏桌子盛放物品和用餐。

车厢内的坐椅还可以整排 180°原地旋转。由于动车组两端都有驾驶室，到终点站后不必转向牵引，只需要把所有坐椅全部旋转 180°。

2. 吃

列车的第 5 号车厢取消了三分之二的坐椅，添设了一个酒吧吧台和 3 个圆桌，旁边有 4 排双人座位供购买者进餐，吧台后面还有冰箱、微波炉、烤箱、热水器等设备，完全可以胜任一个小型 Party 的需要。列车员在拥挤的车厢中推车叫卖的情景将一去不返，旅客如有需要直接到吧台购买即可。

3. 人性化的设施

动车组车厢里有不少人性化的设施，如行李架顶部有一条反光铝合金板，站在行李架下方，通过反光板可以看到行李架上的东西。

卫生间里也都像飞机上一样，是采用抽水马桶，同时还有婴儿换尿布平台，带有婴儿的母亲可以轻松帮宝宝解决换尿布的问题。

每节车厢尾端都设有饮水机，旅客可以免费在下面取纸杯饮水。另外，洗手处有 3 个感应器，一个是水龙头，一个装有洗手液，另一个则是干手器。

4. 安全

动车组具有高强度的铝合金和不锈钢车体，确保了整车的安全性。车体采用了大容量的密接式车钩缓冲装置，可有效地缓冲各种冲击能量。此外，动车组所选用的非金属材料均严格按照国际的防火标准执行，重要设施都具有防火措施。其防火报警系统，在确保发生火灾时，动车组能驶离不宜停车的地段，车厢两端的防火设计，确保在 15 分钟内火灾不会蔓延到邻车。

5. 刹车时可以发电

动车组在刹车时可以发电，从而减少机械磨损并保护环境。原来，动车组采用"再生制动"技术，时速从 200 千米降到 90 千米时，利用列车的巨大惯性产生电能并输入电网；时速降到 90 千米以下时，才使用机械刹车，不会产生过大的噪音和晃动。

● 在欧洲乘坐火车

火车站

欧洲火车站一般为开放式，旅客可随便进出车站及随时乘车，站台上无人检票。待火车开动后，列车员方在车上检票。若无票，可以现补票，费用不变。车站内既有人工售票口也有自动售票机，还有餐厅、商店、洗手间、行李房及旅客问讯处等服务。有的火车站还有淋浴室，对于自助旅客非常方便。

游客若有疑问，可到问讯处询问。他们可以告诉你要去的地方及出发时间，还会给你一个计算机打出的纸条，上面有车次、开车时间、站台号、到达时间；若须换车，还有应换车车站名称、车次等，一目了然。

车站内的行李部分为大件行李部和自动储物箱。旅客可以在下火车后，先把行李、背包存起来，轻装游览，待临上火车时，再取出来。此方法最适合自助旅游者。但应注意的是在法国乘火车则须在站台上的自动检票机上检票。

欧洲火车的种类

1. 国内各城市之间的火车

（1）IC（Inter City）指连接国内的大城市，相当于快车。白天旅行坐此车可节省时间。

（2）DE 为国有铁路列车，相当于慢车。对于想节省费用的旅客坐此车最好。

2. 国际列车

（1）TEE（Trains Europe Express）指欧洲国际快车，连接各国际城市，适用于跨国旅行。

（2）IIC（International Inter City）国际主要城市特快车。

（3）TGV 专指法国高速列车（俗称子弹头列车）。

3. 慢车及郊区车

（1）Nahverkehr 简称"N"，为远郊列车。

（2）Eilzug 简称"E"，为普通快车。

（3）D-Schnellzug 简称"D"，为特快列车。

到同一目的地，乘 D、E 车票较便宜。而乘 IC、TEE、IIC、TGV 车票则较贵。

如何看火车时间表

若外语不太好，又想快速查询，可以用此方法：在火车站内均有火车时刻表，一般来说，黄色纸代表离境列车的时间、车次；白色纸代表入境列车的时间、车次。在时刻表上均标有列车停靠的站台号。

在乘车时应主意：欧洲的火车有一个特点，即不是每列火车的车厢都去一个地方，也可能是同方向，但是不同的终点站。故在上车时，应看清车厢外标出的行驶终点站。特别是在乘夜车时，应更加注意。如需在火车里过夜，将座位扶手朝上扳，这样就变成一个沙发床，用个小包垫在枕头下面（或用小包当枕头），身上再盖上件衣服，大大方方地睡觉，非常舒服。若怕半夜东西被偷，可在列车员检票后，用自备的弹簧锁将包厢门锁住。

在欧洲各国之间来往，如同在一个国家不同省之间一样。列车员一般只看一下火车证，护照都不看。

● 中国高铁改变世界

2008年3月31日，时速350千米的首列国产化CRH3高速动车组在唐山下线，进入测试运行。

之前有外国宣称试验了500千米的高速列车，但目前全世界投入实际运营的最高速度，仍是京津城际高铁的350千米。事实上，中国的高铁速度代表了目前世界的高铁速度。作为中国第一条真正意义上的高速铁路，京津高铁从一问世就站在世界前沿，创造了运营速度、运量、节能环保、舒适度四个世界第一。中国仅仅用了5年时间，就跨越了发达国家半个世纪的高速铁路发展历程。

第四节　旅游铁路常见标志

一、世界部分国家和地区铁路标志（见图4-1）

图4-1　部分国家和地区铁路标志

二、中国铁路客运服务标志（见图 4-2）

图 4-2　中国铁路客运服务标志

三、高铁列车上的特殊标志

图 4-3　高铁列车上的特殊标志

 **练习与思考**

1. 铁路交通有什么特点?
2. "四纵四横"与城际客运系统分别指什么?
3. 火车鸣笛有几种含义?国际标轨宽度是多少?
4. 比较旅游中高速铁路与航空、公路的优劣势。
5. 铁路客票中应载明的内容是什么?
6. 我国目前客运列车的字母分别是什么含义?
7. 熟悉我国现行动车组车内的设施与注意事项。
8. 熟知10个以上的铁路客运服务和高铁列车上的标志。

第五章　旅游公路交通与景区交通

第一节　走进公路

一、旅游公路概述

公路运输是最普及的旅游交通方式，世界上 50% 以上的国际旅游者、发达国家 80% 左右的国内旅游者乘坐汽车出游。它以汽车站为客运站场，以汽车为客运工具，以公路为客运线路，主要从事 200 千米以内的短距离旅游客运和专项探险旅游运输活动，如市内旅游客运、观光景点和汽车越野专项旅游等。其运输优势表现为灵活方便、便于游览和高效省时，其劣势是速度慢、运距短、舒适性较差、安全系数低等。

公路交通具有路网密度大、站点覆盖面广、客运班次频繁等特点，因此乘坐十分方便。团队或散客旅游者租车旅游，可以自行确定旅行时间和线路，随时停车游览、用餐和休息，非常灵活。旅游者驾私车出游，更是不受时间限制，并可根据需要任意增减游览景点，适时调整行程计划，使旅游尽显便捷。

旅游公路运输速度较慢，行驶时可贴近或穿越城乡，还可直抵旅游景区（点）或活动场所，因此便于旅游者观赏沿途风貌，欣赏旅游吸引物，参与各种旅游活动。旅游汽车特别是越野车，动力强劲，减震性能优越，适于在各种路面行使，成为探险旅游广泛采用的交通工具。旅游宿营车和流动旅馆汽车，集行、住、食、游等多功能为一体，成为专项旅游和家庭度假旅游的理想交通工具。

公路运输可实现"门到门"直达运输，有效节约了座位预订、行李托运、中转换乘等所需时间，在短距离运输中显示出便利、省时的优越性。公路运输以单车为营运单位，调度灵活，可根据客源量的多少随时发车，从而使旅游者缩短了候车时间，相对增加了有效游览的时间。

旅游公路运行速度受限,在高速公路速度限制在 120 千米/小时以内,在二级公路限制在 80 千米/小时以内,在城市街道一般限制在 70 千米/小时以内。受运速制约,其运输距离以不超过 200 千米为最佳。此外,受公路等级、交通管制、汽车性能以及驾驶人员素质等多种因素的影响,旅游公路运输的舒适性和安全性相对较差。

二、公路的一般概念与分类

1. 公路的一般概念

连接城市、乡村和工矿基地之间,主要供汽车行驶并具备一定技术标准和设施的道路称公路。中文所言的"公路"是近代说法,古文中并不存在,"公路"是以其公共交通之路而得名。

有人必有路,走的人多势必成路,这是真理。不过,这路并非公路。若说公路的历史,古埃及人为修建金字塔而建设的路,应是世界上最早的公路。

公元前 500 年左右,波斯帝国大道贯通了东西方,并连接起通往中国的大道,形成了世界上最早、最长的"丝绸之路",这可算是 2500 年前最伟大的公路了。

古罗马帝国的公路曾经显赫一时,它以罗马为中心,向四外呈放射形修建了 29 条公路,号称世界无双。所以产生了至今人们还常用的外国俗语——条条道路通罗马。

公路的修建也有个不断提高技术和更新建筑材料的过程。最早当然是土路,它易建但是也易坏,雨水和车马过多的时候,便凹凸不平甚至毁坏了。欧洲较早出现了碎石路,这比土路进了一大步,再后来出现了砖块路。

在碎石上铺浇沥青是公路史上的一大突破,这是近代的事了。中国自古有驿站驿路,但是真正第一条较先进的公路,是 1906 年铺设的广西龙州至镇南关的公路。

除公路外,我们还经常会提到"道路"这个概念,这两者有什么区别呢?道路是供各种车辆(无轨)和行人通行的工程设施。按其使用特点分为城市道路、公路、厂矿道路、林区道路及乡村道路等。由此可见,公路是道路的一种表现形式。

2. 公路的分类

(1) 按行政等级划分。公路按行政等级可分为:国家级公路、省级公路、县级公路和乡级公路(简称为国、省、乡道)以及专用公路五个等级。一般把国道和省道称为干线,县道和乡道称为支线。

国道是指具有全国性政治、经济意义的主要干线公路，包括重要的国际公路，国防公路，连接首都与各省、自治区、直辖市首府的公路，连接各大经济中心、港站枢纽、商品生产基地和战略要地的公路。国道中跨省的高速公路由交通部批准的专门机构负责修建、养护和管理。

省道是指具有全省（自治区、直辖市）政治、经济意义，并由省（自治区、直辖市）公路主管部门负责修建、养护和管理的公路干线。

县道是指具有全县（县级市）政治、经济意义，连接县城和县内主要乡（镇）、主要商品生产和集散地的公路，以及不属于国道、省道的县际间公路。县道由县、市公路主管部门负责修建、养护和管理。

乡道是指主要为乡（镇）村经济、文化、行政服务的公路，以及不属于县道以上公路的乡与乡之间及乡与外部联络的公路。乡道由人民政府负责修建、养护和管理。

专用公路是指专供或主要供厂矿、林区、农场、油田、旅游区、军事要地等与外部联系的公路。专用公路由专用单位负责修建、养护和管理，也可委托当地公路部门进行修建、养护和管理。

（2）按使用任务、功能和适应的交通量划分。根据我国现行的《公路工程技术标准》（JTJ001—1997），公路按使用任务、功能和适应的交通量分为高速公路、一级公路、二级公路、三级公路、四级公路五个等级。

① 高速公路

高速公路为专供汽车分向分车道行驶并应全部控制出入的多车道公路。

四车道高速公路应能适应将各种汽车折合成小客车的年平均日交通量25 000～55 000辆。

六车道高速公路应能适应将各种汽车折合成小客车的年平均日交通量45 000～80 000辆。

八车道高速公路应能适应将各种汽车折合成小客车的年平均日交通量60 000～100 000辆。

② 一级公路

一级公路为供汽车分向分车道行驶并可根据需要控制出入的多车道公路。

四车道一级公路应能适应将各种汽车折合成小客车的年平均日交通量15 000～30 000辆。

六车道一级公路应能适应将各种汽车折合成小客车的年平均日交通量25 000～55 000辆。

③ 二级公路

二级公路为供汽车行驶的双车道公路。

一般能适应每昼夜3000～7500辆中型载重汽车交通量。

④ 三级公路

三级公路为主要供汽车行驶的双车道公路。

一般能适应每昼夜1000~4000辆中型载重汽车交通量。

⑤ 四级公路

四级公路为主要供汽车行驶的双车道或单车道公路。

双车道四级公路能适应每昼夜中型载重汽车交通量1500辆以下。

单车道四级公路能适应每昼夜中型载重汽车交通量200辆以下。

第二节 旅游公路常识

一、公路的基本组成

公路是指城市间、城乡间、乡村间主要供机动车辆使用的公共道路。公路由路基、路面、桥梁、涵洞、隧道、公路渡口、交通工程及沿路设施组成。

（1）路基：路基是公路的基本结构，是支撑路面结构的基础，与路面共同承受行车荷载的作用，同时承受气候变化和各种自然灾害的侵蚀和影响。路基结构形式可以分为：填方路基、挖方路基和半填半挖路基三种形式。

（2）路面：路面是铺筑在公路路基上与车轮直接接触的结构层，承受和传递车轮荷载，承受磨耗，经受自然气候和各种自然灾害的侵蚀和影响。对路面的基本要求是具有足够的强度、稳定性、平整度、抗滑性能等。路面结构一般由面层、基层、底基层与垫层组成。

（3）桥涵：桥涵是指公路跨越水域、沟谷和其他障碍物时修建的构造物。按照《公路工程技术标准》规定，单孔跨径小于5米或多孔跨径之和小于8米称为涵洞，大于这一规定值则称为桥梁。

（4）隧道：公路隧道通常是指建造在山岭、江河、海峡和城市地面下，供车辆通过的工程构造物。按所处位置可分为山岭隧道、水底隧道和城市隧道。

（5）公路渡口：公路渡口是指以渡运方式供通行车辆跨越水域的基础设施。码头是公路渡口的组成部分，可分为永久性码头和临时性码头。

（6）交通工程及沿线设施：公路交通工程及沿线设施是保证公路功能、保障安全行驶的配套设施，是现代公路的重要标志。公路交通工程主要包括交通安全设施、监控系统、收费系统、通信系统四大类，沿线设施主要是指与这些系统配套的服务设施、房屋建筑等。

二、我国道路编号规则

我国道路按其行政等级主要分为国道（含国道主干线和高速公路）、省道、县道三级，由国、省、县三字汉语拼音首字母 G、S、X 作为它们各自相应的标志符，标志符加数字组成编号。

（1）国道主干线的编号，由国道标志符"G"、主干线标志"0"加两位数字顺序号组成。国道放射线编号，由国道标志符"G"、放射线标志"1"和两位数字顺序号组成，以北京为起始点，放射线止点为终点，按路线的顺时针方向排列编号，如 G101 北京至沈阳（简称"京沈线"）。国道北南纵线的编号，由国道标志符"G"、北南纵线标志"2"（偶数）和两位数字顺序号组成，如 G204 烟台至上海（简称"烟沪线"）。国道东西横线的编号，由国道标志符"G"、东西横线标志"3"（奇数）和两位数字顺序号组成，如 G318 上海至聂拉木（简称"沪聂线"）。

高速公路的编号：对国家高速公路网的每一条公路，都以"G"作标志，"G"是"国"字拼音的首写字母，寓意国家路网，后加阿拉伯数字，按序列进行编号，汉语名字也只以最初的起点和终点命名。其中首都放射线 1 位数字，编号区间在 1~9；南北纵线 2 位奇数，编号区间在 11~89；东西横线 2 位偶数，编号区间在 10~90；地区环线 2 位数字，编号区间为 91~99。如青岛—银川高速公路（青银高速）编号 G20，青岛—兰州高速公路（青兰高速）编号 G22，同三高速公路改名为沈海高速（沈阳—海口）编号为 G15 等。

（2）省道的编号，以省级行政区域为范围编制。省道放射线的编号，由省道标志符"S"、放射线标志"1"和两位数字顺序号组成，如 S120；北南纵线的编号，由省道标志符"S"、北南纵线标志"2"（偶数）和两位数字顺序号组成；省道东西横线的编号，由省道标志符"S"、东西横线标志"3"（奇数）和两位数字顺序号组成。

（3）县道原则上以所在行政区域为范围编制，方法与国道、省道相同。

三、高速公路知识

我国交通部《公路工程技术标准》规定，高速公路是指"能适应年平均昼夜小客车交通量为 25 000 辆以上，专供汽车分道高速行驶并全部控制出入的公路"。

1. 高速公路为汽车专用公路

高速公路为专供汽车分向、分车道行驶并全部控制出入的干线公路。汽车在高速公路上行驶时不能掉头、后退或逆向行驶，自行车、摩托车、拖拉机等非标准汽车不准上高速公路，行人更不能上高速公路。

2. 高速公路为快速通行通道

高速公路计算行车速度一般为 120 千米/小时。当受条件限制时，可选用 100 千米/小时或 80 千米/小时的计算行车速度。行车速度快，通行能力强，但并非无限速，计算行车速度一般即为行车限速。

3. 高速公路车道划分

高速公路行车道分超车道、主车道两部分，车辆正常行驶时应在主车道上，在条件允许时可通过超车道超越前方车辆。在主车道的外侧，一般设有紧急停车带，供车辆在紧急状态下停车使用。

4. 高速公路规模

截至 2012 年年底，我国高速公路里程达到 9.62 万千米，居世界第二位。

美国拥有约 10 万千米高速公路，居世界第一。

按照中国 2005 年公布的高速公路网发展规划，到 2020 年，基本建成国家高速公路网，届时，中国高速公路通车总里程将达 10 万千米。新路网由 7 条首都放射线、9 条南北纵向线和 18 条东西横向线组成，简称为"7918 网"。

5. 高速公路安全设施

高速公路沿途每隔 2 千米有 1 对应急电话，供司乘人员需紧急救援时使用；隧道中有火灾等紧急报警系统，两侧有消防安全设施（包括消火栓和每隔 50 米的灭火器）；高速公路的警告标志、可变情报板等都是指导人们安全行车的工具。

6. 高速公路的标志

在高速公路右边和中间隔离带有里程指示牌，每隔 1 千米有指示，每隔 5 千米有前方出口指示和距离。旅游目的地也有指示牌。出口前 2.5 千米有指示，2 千米、1 千米、500 米等均有指示。一般每隔 30~60 千米有服务区。

四、各国交通规则

在各国的交通秩序中，有的规定靠左行，有的规定靠右行。

靠左行的主要有：

日本、印度、印度尼西亚、巴基斯坦、新加坡、斯里兰卡、泰国、澳大利亚、新西兰、南非、英国、爱尔兰、马耳他、马来西亚等。

靠右行的主要有：

中国、美国、加拿大、古巴、巴西、德国、希腊、墨西哥、摩洛哥等。

全世界60亿人口中，靠右行的约40亿，靠左行的约20亿。

 课外知识

● 7918网

2004年12月17日，国务院审议通过《国家高速公路网规划》。国家高速公路网规划采用放射线与纵横网格相结合的布局方案，形成由中心城市向外放射以及横连东西、纵贯南北的大通道，由7条首都放射线、9条南北纵向线和18条东西横向线组成，简称为"7918网"，总规模约8.5万千米，其中：主线6.8万千米，地区环线、联络线等其他路线约1.7万千米。具体如下所述。

1. 首都放射线

7条：北京—上海、北京—台北、北京—港澳、北京—昆明、北京—拉萨、北京—乌鲁木齐、北京—哈尔滨。

2. 南北纵向线

9条：鹤岗—大连、沈阳—海口、长春—深圳、济南—广州、大庆—广州、二连浩特—广州、包头—茂名、兰州—海口、重庆—昆明。

3. 东西横向线

18条：绥芬河—满洲里、珲春—乌兰浩特、丹东—锡林浩特、荣成—乌海、青岛—银川、青岛—兰州、连云港—霍尔果斯、南京—洛阳、上海—西安、上海—成都、上海—重庆、杭州—瑞丽、上海—昆明、福州—银川、泉州—南宁、厦门—成都、汕头—昆明、广州—昆明。

● 在美国开车

1. 驾车前须知

在美国开车，一定要购买汽车保险！

如果发生车祸，一定要向对方索要如地址（Address）、电话（Telephone Number）、姓名（Last and First Name）、车牌号码（License Plate Number）、保险公司电话（Insurance Phone Number）、公司名称（Insurance Company Name）、车辆注册证（Vehicle Registration）等资料。如果有目击者，也一定要向目击者要电话及姓名。

在美国驾车或骑机车，系安全带或戴安全帽是必需的。不仅可以保护自身的安全，也防止被警察抓。

在美国，需要18岁以上才可以在大部分的地区驾驶汽车。如果是到访其他州并且持有原籍州或国家（您的永久居留地）颁发的驾照或国际驾照，只要该驾驶执照继续有效，就可以在美国大部分地区驾车而不须取得该州的驾照。

在美国，行人有先行权。行人是指步行的人或者是使用以人力为动力的交通工具，如溜冰鞋、滑板等，但骑自行车的人除外。行人的定义包括使用轮椅的残障人士。

2. 租赁和驾驶须知

在租车时，最好找全国性大型的租车公司，并且租年代较新、品牌可靠的车，并注意车胎的状况、胎压及车胎的磨损程度。

在出车前，请事先做好准备，在您坐到驾驶座位前要对您的行程有所了解。如果您对要去的地方不熟悉，在您上高速公路前就要研究一下地图，您要记得驶出公路的出口或衔接的公路名字、方向及号码。

保持安全的跟车距离，严禁酒后驾车。

驾车时最好让家人或朋友知道您的行程，最好找个伴侣和您同行。

如果发生车祸，有人受伤时，除非伤者在正在燃烧的车中，否则不可随便移动他们，移动受伤者通常会使伤者伤势恶化，可打"911"求救。

● 在高速公路开车

1. 在上高速公路前一定要对车辆做一番细致的检查工作

第一，要检查燃油量。汽车高速行驶，燃料的消耗要比预想的多。以百千米油耗10升的车为例，时速为50千米/小时行驶100千米耗油10升，而在高速公路以100千米/小时行驶100千米将耗油16升左右。高速行车油耗明显增加，因此，高速行驶时，燃料要准备充分。

第二，要检查轮胎的气压。汽车在行驶中，轮胎将产生压缩及膨胀，即所谓的轮胎变形，特别在轮胎气压较低、车速较高时，这种现象更加明显，此时轮胎内部异常高温，将产生橡胶层与覆盖层分离，或外胎面橡胶破碎飞散等现象而引起爆胎，发生车辆事故。因此高速行驶前，轮胎的气压要比平时高一些。

第三，要检查制动效果。汽车的制动效果对行车安全有着举足轻重的地位。在高速公路上行驶，更要注意制动效果。出发前，应先低速行驶检查制动效果，发现有异常时，一定要进行维修，否则，极有可能引起重大事故。

另外，对机油、冷却液、风扇皮带、转向、传动、灯光、信号等一些部位的检查也不容忽视。

2. 做完检查工作后，我们就可以上高速公路了，这时，我们还要注意以下几个行车要诀

第一，正确进入行车道。车辆从匝道入口进入高速路，必须在加速车道提高车速，并打开左转向灯，在不影响行车道上车辆正常行驶时，从加速车道进入行车道，然后关闭转向灯。

第二，保持安全距离。车辆高速行驶中，同一车道内的后车必须与前车保持足够的安全距离。经验做法是，安全距离约等于车速，当车速为100千米/小时，安全距离为100米；车速为70千米/小时，安全距离为70米。若遇雨、雪、雾等不良天气，更需加大行车间隙，同时也要适当降低车速。

第三，谨慎超越车辆。需超车时，首先应注意观察前、后车状态，同时打开左转向灯，确认安全后，再缓慢向左转动方向盘，使车辆平顺地进入超车道，超越被超车辆后，打开右转向灯，待被超车辆全部进入后视镜后，再平滑地操作方向盘，进入右侧行车道，关闭转向灯，严禁在超车过程中急打方向。

第四，正确使用制动。高速公路上行车，使用紧急制动是非常危险的，因为随着车速的提高，轮胎对路面的附着能力下降，制动跑偏、侧滑的几率增大，使汽车的方向难以控制，同时，若后车来不及采取措施，将发生多车相撞事故。行车中需制动时，首先松开加速踏板，然后小行程、多次轻踩制动踏板，这样点刹的做法，能够使制动灯快速闪亮，有利于引起后车的注意。

五、公路交通法律纠纷的解决途径

公路法律纠纷是指当事人在公路运输过程中发生的以权利义务为内容的纠纷。按照纠纷解决途径的性质分为行政法律救济、民事法律救济和刑事法律救济，其具体的解决途径为投诉（申诉）、和解、调解、仲裁或者诉讼。

1. 行政法律救济

在公路运输中，当事人违反交通法律的规定，尚未构成犯罪的，应当依法追究行政责任。对于此类纠纷通过行政法律救济方式解决。由公安机关交通管理部门及交通警察依法追究行政责任的情形如下所示：（1）行人、乘车人、非机动车驾驶人违反道路交通安全法律、法规关于道路通行规定的；（2）机动车驾驶人违反道路交通安全法律、法规关于道路通行规定的；（3）饮酒后驾驶机动车的；（4）公路客运车辆载客超过额定乘员的，处200元以上500元以下罚款；（5）对违反道路交通安全法律、法规关于机动车停放、临时停车规定的；（6）上道路行驶的机动车未悬挂机动车号牌，未放置检验合格标志、保险标志，或者未随车携带行驶证、驾驶证的，或者故意遮挡、污损或者不按规定安装机动车号牌的；（7）伪造、变造或者使用伪造、变造的机动车登记证书、号牌、行驶证、检验合格标志、保险标志、驾驶证或者使用其他车辆的机动车登记证书、号牌、行驶证、检验合格标志、保险标志的；（8）非法安装警报器、标志灯具的；（9）机动车所有人、管理人未按照国家规定投保机动车第三者责任强制保险的；（10）未取得机动车驾驶证、机动车驾驶证被吊销或者机动车驾驶证被暂扣期间驾驶机动车的；（11）将机动车交由未取得机动车驾驶证或者机动车驾驶证被吊销、暂扣的人驾驶的;(12)造成交通事故后逃逸,尚不构成犯罪的;(13)机动车行驶超过规定时速50%的;(14)强迫机动车驾驶人违反道路交通安全法律、法规和机动车安全驾驶要求驾驶机动车,造成交通事故,尚不构成犯罪的;(15)违反交通管制的规定强行通行,不听劝阻的;(16)故意损毁、移动、涂改交通设施,造成危害后果,尚不构成犯罪的;(17)非法拦截、扣留机动车辆,不听劝阻,造成交通严重阻塞或者较大财产损失的。

当事人可以通过投诉(申诉)、诉讼等方式解决。

2. 民事法律救济

在公路运输中,一方当事人违反运输合同约定或者侵害他人的合法权利、利益的,受害人可以请求对方承担民事责任。民事责任一般为补偿性的责任,而惩罚性为例外。对于一方当事人既违反合同的约定义务又侵害对方的合法权益,构成责任竞合的,受害人可以选择适用违约责任救济方式或者侵权责任救济方式,而两者不能够同时适用。当事人可以通过和解、调解、仲裁或者诉讼等方式解决。适用仲裁方式解决的前提是当事人应当在运输合同约定仲裁条款或者订立仲裁合同;适用诉讼解决纠纷要注意选择合同签订地、出发地、经停地或者目的地等法院管辖,以更好维护当事人的合法权益。

涉外关系的法律适用,中华人民共和国缔结或者参加的国际条约同我国法律有不同规定的,适用国际条约的规定;但是,中华人民共和国声明保留的条款除外。中华人民共和国法律和中华人民共和国缔结或者参加的国际条约没有规定的,可以适用国际惯例。但不得违背中华人民共和国的社会公共利益。涉外合同当事人可以选择合同适用的法律,但是法律另有规定的除外;合同当事人没有选择的,适用与合同有最密切联系的国家的法律。侵权行为的损害赔偿,适用侵权行为地法律。当事人双方国籍相同或者在同一国家有住所的,也可以适用当事人本国法律或者住所地法律。中华人民共和国法律不认为在中华人民共和国领域外发生的行为是侵权行为的,不作为侵权行为处理。

3. 刑事法律救济

在公路运输中,对于严重危害交通运输安全或者侵害当事人的合法权益,依法应当追究刑事责任的,应当由司法机关追究刑事责任。违反道路交通安全法律、法规的规定,发生重大交通事故,构成犯罪的,依法追究刑事责任,并由公安机关交通管理部门吊销机动车驾驶证。造成交通事故后逃逸的,由公安机关交通管理部门吊销机动车驾驶证,且终生不得重新取得机动车驾驶证。

第三节 旅游公路常规性处置

旅游用车实质是公路的营运性用车,所以是由交通主管部门审批和管理。但由于旅游用车的特殊性,国家专门对旅游用车制定了相关标准进行规范,相继出台了《旅游汽车公司资质等级划分》(GB/T 26364)和《旅游客车设施与服务规范》(GB/T 26359)等,为旅游用车的安全和服务奠定了基础。

一、旅游交通车辆租赁应注意的问题

旅游交通车辆租赁是旅游中必不可少的一项采购内容,车辆的交通安全是整个旅游活动中至关重要的头等大事,也是切实完善优质旅游、安全旅游和旅游盈利的服务宗旨。应该说大多数旅游经营者都深刻领会交通安全对旅游的意义,所以在旅游交通车辆租赁问题上十分注意一些细节,主要包括:车型、车况、司机驾驶技术、准运资格等。

1. 车型

选择舒服、适用、性价比高的车型是旅游交通车辆租赁的首要工作,要结合旅游实际需求,即旅游的人数、旅游的对象、旅游的费用等作为车型选择的基本依据,按照旅游线路的需求、旅游项目的内容和本次旅游想得到的目的进行选择。一般采用以下几条车型的选择原则。

(1) 择"裕"不择"满"。这里的"裕"指的是车型的选择相对要宽裕,不要"满当当"的。一般不能满打满算地按人数来择车,尤其是相对行车较远的旅游线路,对携行李旅游的车辆选择更应该注意这个问题。若无行李箱的车型,一般的人与行李的座位比例如表 5-1 所示。

表 5-1 人与行李的座位数比例

季节 人群	冬 季	春/秋季	夏 季
国内游客	5:2	3:1	4:1
国外游客	7:3	5:2	3:1

表 5-1 所列还必须按旅游对象的不同作修正。如果旅客中女士、老人占多数,则行李所占的座位数会相应地更多。

总之,相对的宽裕一定比满当当更能博悦于人。

(2) 择"舒"不择"豪"。旅游的第一需求是舒适,尤其对车辆交通,舒适需求度远比车辆豪华度更重要,这就要求在选择车型时必须首先考虑游客对舒

适度的需求,而不是单纯考虑豪华程度。事实上往往有的原装的进口豪华车还不如中外合资车、国产车。

(3) 择"旧"不择"黑"。选择安全可靠的营运车辆是择车的关键,现在有许多临时挂靠甚至无营运证的豪华新"黑"车,为迎合部分旅行社的竞争需要而非法服务于旅游业,实际上不仅扰乱了正常的交通市场和旅游市场,更可怕的是存在着随时可能发生的安全隐患。为了客人的安全,为了企业能可持续发展,宁择安全可靠的"旧"营运车辆(指合法的、按国家要求进行安检的),也勿择貌似豪华崭新的"黑"车。

(4) 择"需"不择"实"。对高端客户应按"需"择车,不应按"实"用择车。由于高端客户或特殊客户一般对车型的要求较高、较挑剔,所以必须按合同中要求的类似车型租赁,切忌张冠李戴、偷梁换柱。

2. 车况

车况是保障车辆安全的前提,良好的车况是旅游的福音,为此,在每次出行前都必须认真检查车况,将隐患消灭在萌芽中。

作为被承租人必须实事求是向承租人介绍车辆的车况,有随车司机的,司机必须在出行前严格检查车况,承租人亦可采用以下几个方法粗略了解车况。

(1) 发动车辆,静听发动机的运行声音,发出的声音均匀、无断续的表明发动机的转速正常,初步断定发动机运作良好。

(2) 加负载进一步了解发动机的性能,打开空调再听发动机的声音,仍为规律性、不间断(间断时间大于一分钟)声响的表明发动机正常。

(3) 仔细检查轮胎的纹路。

轮胎上有一些沟槽形成花纹(见图 5-1),这些沟槽是用来排水的,同时还有散热和在较差路面上增加摩擦力的作用。使用一段时间后花纹会磨损,沟槽变浅。作为检验轮胎磨损度的标准,从轮胎表面到沟槽底部的橡胶厚度应不低于 1.6 毫米。低于这个标准应该换新轮胎。

图 5-1 轮胎纹

(4) 仔细检查轮胎的气压。

轮胎是汽车安全行驶的一个很重要的部件,由于轮胎的原因而造成的事故其后果是很严重的,胎压是轮胎的生命,所以随时保持在正确的胎压下行驶。

正确的轮胎气压,各汽车制造厂都有特别的规定。检查轮胎的气压,可通过观察轮胎与地面接触部分的变形状态确认气压是否正确。一般客车的轮胎气压在空车时几乎看不出被压的痕迹,当客满时再观察轮胎气压,若无明显压痕则轮胎气压正常,也可使用气压表进行检测。

在日常使用车辆时我们还要注意保证左、右两侧车轮充气压力的一致。当一侧轮胎压力过低时，行车、刹车过程中车辆就会向这一侧跑偏。同时也要注意不同厂家、不同花纹的轮胎不可同时用于两前轮，否则也会出现跑偏现象。

在路途中也有一个很简单的检查轮胎气压的方法，在高速公路上跑了很长一段距离后见到服务站，将车停一下，用手摸轮胎（橡胶部位），如果感到有一点温说明可以继续跑；如果感到很热但这个温度手还能承受说明要注意了，最好检查轮胎气压；如果轮胎很烫手，说明轮胎温度很高，必须停下来检查轮胎气压。

3. 司机驾驶技术

一般承租客车都有被承租人所派的司机，而司机与旅游组织者的配合，尤其是司机的驾驶技术和安全意识更为旅游者所关注，因此作为旅游组织者在做好与司机互助工作的同时，更应了解司机的驾驶技术和安全意识，一方面调整自己对车辆状况的关注程度，另一方面为以后是否合作或深入合作打下伏笔。

观察司机的驾驶技术和安全意识往往可以从以下几方面得到初步了解。

（1）细心。观察司机的细心可从两方面着眼。

一是从司机对车况的关注和实际操作观察，看司机每次出车前和车辆中途歇息间是否经常注意车辆的声音、车胎等，尤其观察次日首次出车时，司机是否提前发动车辆和做必要的出车前准备，如：检查车辆、清洁车窗、调整观察镜等。

二是观察司机在驾驶过程中的种种表现。

看司机行驶作业是否有情绪化操作，如：对待同类车的强行超车，对待旅客的非议，对待音乐的反应等。

看司机行驶作业中的聊天方式，是否只用嘴不用眼，聊的内容是否是少动脑的话题。

看司机行驶作业中刹车的频率和处置特殊情况的方式，一般认为好司机少踩刹，差司机闷踩刹，新司机多踩刹，坏司机乱踩刹。

（2）诚信。司机的服务诚信集中体现在他的准时、准点，体现在对待游客的热心和人性化意识上，体现在主动配合旅游组织者的工作上。

（3）自信。现实告诉我们司机的自信往往是安全的重要保障因素，尤其在处置特殊情况时，司机的自信集中表现出他的驾驶技术和对自身车辆性能的了解以及对情况处理的必胜信心。正因为司机的自信才不会或不受旅客和其他因素的干扰，去自觉地完成旅游交通的服务任务。切忌把耳根软的司机作为很好的合作伙伴。

4. 准运资格

被承租的车辆除了有正常的行驶资格证外，还必须具备由交通管理部门核准的客车营运资格证（又称准运证），作为旅游承租者必须认真了解所租用车辆的准运证是否合法有效，否则，一旦发生意外是得不到保险保障的。

通过考察，最终选择管理严格、车型齐全、驾驶员素质好、服务优良、已取得准运资格，且善于配合，同时车价优惠的汽车公司，并与之签订协议书。

二、道路交通事故处理常识

道路交通事故，是指车辆驾驶人员、行人、乘车人以及其他在道路上进行与交通有关活动的人员，因违反《中华人民共和国道路交通管理条例》和其他道路交通管理法规、规章的行为，过失造成人身伤亡或者财产损失的事故。

构成交通事故必须具备五个缺一不可的要素：一是车辆和人员；二是在特定的道路上，道路是指"公路、城镇街道和胡同（里巷），以及公共广场、公共停车场等供车辆、行人通行的地方"；三是具有违法性质；四是因过失造成；五是具有损害后果。

1. 发生交通事故当事人该如何处理

（1）立即停车。车辆发生交通事故后必须立即停车。停车以后按规定拉紧手制动，切断电源，开启危险信号灯，如夜间事故还须开示宽灯、尾灯。在高速公路发生事故时还须在车后按规定设置危险警告标志。

（2）及时报案。当事人在事故发生后应及时将事故发生的时间、地点、肇事车辆及伤亡情况，打电话或委托过往车辆、行人向附近的公安机关或执勤交警报案，在警察来到之前不能离开事故现场，不允许隐匿不报。在报警的同时也可向附近的医疗单位、急救中心呼救、求援。如果现场发生火灾，还应向消防部门报告。交通事故报警电话号码为110或122。当事人应得到接警机关明确答复才可挂机，并立即回到现场等候救援及接受调查处理等。

（3）抢救伤者。当事人确认受伤者的伤情后，能采取紧急抢救措施的，应尽最大努力抢救，包括采取止血、包扎、固定、搬运和心肺复苏等。设法将受伤者送就近的医院抢救治疗，对于现场散落的物品应妥善保护，注意防盗防抢。

（4）保护现场。保护现场的原始状态，包括其中的车辆、人员、牲畜和遗留的痕迹、散落物不随意挪动位置。当事人在交通警察到来之前可以用绳索等设置保护警戒线，防止无关人员、车辆等进入，避免现场遭受人为或自然条件的破坏。为抢救伤者，必须移动现场肇事车辆、伤者等，应在其原始位置做好标记，不得故意破坏、伪造现场。

（5）做好防火防爆措施。事故当事人还应做好防火防爆措施。首先应关掉车辆的引擎，消除其他可以引起火警的隐患。不要在事故现场吸烟，以防引燃易燃易爆物品。载有危险物品的车辆发生事故时，要及时将危险物品的化学特性，如是否有毒、易燃易爆、腐蚀性及装载量、泄漏量等情况通知警方及消防人员，以便采取防范措施。

（6）协助现场调查取证。在交通警察勘察现场和调查取证时，当事人必须如实向交警部门陈述交通事故发生的经过，不得隐瞒交通事故的真实情况。

（7）及时向投保的保险公司作出险报告（电话即可）。

2．交通事故的分类

交通事故通常划分为轻微事故、一般事故、重大事故和特大事故4类。

（1）轻微事故是指一次造成轻伤1～2人，或者财产损失机动车事故不足1千元，非机动车事故不足200元的事故。

（2）一般事故是指一次造成重伤1～2人，或者轻伤3人以上，或者财产损失不足3万元的事故。

（3）重大事故是指一次造成死亡1～2人，或者重伤3人以上10人以下，或者财产损失3万元以上不足6万元的事故。

（4）特大事故是指一次造成死亡3人以上，或者重伤11人以上，或者死亡1人，同时重伤8人以上，或者死亡2人，同时重伤5人以上，或者财产损失6万元以上的事故。

3．交通事故的处理

交通事故的处理工作大致可分为以下几个步骤。

（1）受理报案。公安交通管理部门接到当事人或其他人的报案之后，按照管辖范围予以立案。

（2）现场处理。公安交通管理部门受理案件后，立即派员赶赴现场，抢救伤者和财产，勘查现场，搜集证据。

（3）责任认定。在查清交通事故事实的基础上，公安交通管理部门根据事故当事人的违章行为与交通事故的因果关系、作用大小等，对当事人的交通事故责任作出认定。

（4）裁决处罚。公安交通管理部门应依据有关规定，对肇事责任人予以警告、罚款、吊扣、吊销驾驶证或拘留的处罚。

（5）损害赔偿调解。对交通事故造成的人员伤亡及经济损失的赔偿，按照有关规定和赔偿标准，根据事故责任划分相应的赔偿比例，由公安交通管理部门召集双方当事人进行调解。双方同意达成协议，由事故调解人员制作并发给损害赔偿调解书。

（6）向法院起诉。如双方当事人在法定期限内调解无效，公安交通管理部门终止调解，并发给调解终结书，由当事双方向法院提起民事诉讼。

4．有关工作时限

（1）暂扣车辆。因检验、鉴定需要，暂扣肇事车辆，期限为20日，经上级批准可延长 20 日。

（2）尸体处理。公安交通管理部门检验或鉴定后，通知死者家属在 10 日内办理丧葬事宜。

（3）责任认定期限。轻微事故 5 日内；一般事故 15 日内；重大、特大事故 20 日内。经上级批准，可分别延长 5 日、15 日、20 日。

（4）损害赔偿调解期限为 30 日，必要时可延长 15 日。

5．涉外交通事故

涉外交通事故是指当事各方至少有一方是外国人员，或产权是外国的车辆。

涉外事故现场的处理与非涉外事故现场的处理不同之处是事故发生后，要尽早向外事部门、省级公安机关汇报，必要时请外事部门到现场协助并参与处理。如果事故车辆为使馆车辆，按照《外交特权和豁免条例》规定，事故处理机关办案人员不可随意进入车中。

6．铁路道口交通事故

铁路道口是指道路与铁路相交的交叉路口。

铁路道口的交通事故，是指在通过铁路道口时，各种车辆之间，车辆与行人之间发生的并且没有在铁路轨道上运行的车辆参与的相互冲突损害事故。一般情况下由公安交警部门进行管辖和处理，而那些当事方中有一方是在铁路轨道上运行的机车、列车、轨道车的铁路行车事故，则由铁路部门管辖和处理。

对于铁路道口交通事故现场的调查处理，以不影响铁路的正常运行为原则。

在道口发生交通事故后，当事人或道口看守人应明确标出当事各方的相对位置和必要痕迹、物体位置，然后将当事的车辆、物体挪移出铁路运行的限界以外（至少距最外侧的铁路轨道 3 米），并设法通知铁路两端车站，使通过列车在此减速慢行。

对由于在道口交通事故中车辆损坏，确实不能很快移出铁路运行的界限以外时，在有人看守的道口，应由道口看守人员负责通知两端车站或采取其他应急措施使道路运输暂时中断。在无人看守的道口，当事人必须立即采取紧急防护措施，迅速通知两端车站，并在该道口的两端不少于 800 米处的铁路上用红色信号（白天用红旗，夜间用红色灯光）拦停列车。在火车即将到来而没有红色信号时，可用红色物品或两臂高举过头，向两侧急剧摆动。示意火车司机停车，并且迅速采取吊、拖或其他措施挪移出肇事损坏的车辆。

三、交通事故之后如何理赔

交通事故发生后，如何既快又合理地得到保险公司的理赔，是所有当事人的共同风愿，由于保险公司与车主之间的利益点不同，加之不少车主对车辆索赔缺乏必要的常识，所以才会引起索赔时的困难。此外，若投保时不认真考虑会留下隐患，而事故发生后处理不当造成保险公司拒赔则损失更为惨重。赔偿的额度、指定维修厂家的修理质量、车辆丢失后的赔偿金额、赔偿的期限，不同的保险公司会有不同的标准和工作流程，熟悉这些，既可以为您选择投保的公司作参考，也可以使您在出险后做到心中有数。

（一）理赔的条件

作为被保险人向保险公司索赔，应首先弄清保险索赔的条件。事故车辆必须同时具备以下4个条件。

（1）属于投保车辆的损失。

（2）属于保险责任范围内的损失。

（3）不属于除外责任。

（4）属于必要的合理费用。

（二）理赔的步骤

当发生了保险合同约定的保险事故后，被保险人应按照下述步骤办理索赔。

1. 通知保险公司

保险事故发生后，被保险人应将保险事故发生的时间、地点、原因，造成的损失情况，保险单证号码，保险标的，保险险种、险别，保险期限等事项，以最快的方式通知保险公司。如果保险标的在异地出险受损，被保险人应向原保险公司及其在出险当地的分支机构或代理人报案。在保险公司抵达出险现场之前，被保险人应采取必要的抢救措施，并对受损的保险标的进行必要的整理。对于火灾或机动车辆出险，被保险人在出险现场应服从消防部门或公安交通部门的现场指挥。

2. 接受保险公司检验

被保险人应接受保险公司或其委托的其他人员（如保险代理人、检验机关）在出险现场检验受损的保险标的，并提供各种方便，以保证保险公司及时准确地查明事故原因，确认损害程度和损失数额。

3. 提出索赔申请并提供索赔单证

被保险人应根据有关法律规定和保险合同，向保险公司提出索赔申请并提供相应的索赔单证。

财产类损失一般应提供如下单证。

（1）保险单或保险凭证的正本。

（2）已交纳保险费的凭证。

（3）有关证明保险标的或当事人身份的原始文件。前者如账册、收据、发票装箱单等，后者如身份证、工作证、户口簿等。

（4）证明保险事故及其损害后果的文件。如保险事故调查检验报告、出险证明、损害鉴定证明等。

（5）索赔清单，包括受损财产清单、各种费用（如施救整理费用）清单等及其他按规定应当提供的文件。

（6）涉及诉讼的，应提供法院判决书。

机动车辆事故索赔一般应提供如下单证。

（1）保险单。

（2）出险通知书。

（3）保险车辆事故证明、责任认定书。

（4）有关修理费用、施救费用的发票及其清单。

（5）涉及第三者财产损失、人员伤亡的还要提供事故调解书和有关费用单据。

（6）对部分案件，保险公司还会要求提供驾驶员驾驶证复印件和身份证复印件。

机动车辆丢失案件一般应提供如下单证：

被保险人应及时向出险地公安部门报案，并在出险24小时内向保险公司递交"出险通知书"。

车辆被盗后三个月内公安部门仍未破获案件，被保险人向保险公司提出索赔申请，索赔时要提供以下材料。

（1）保险单正本、保险证。

（2）出险通知书、出险地及本市公安部门出具的机动车辆被盗证明。

（3）车辆行驶证。

（4）保险车辆养路费缴费凭证。

（5）保险车辆购置附加费缴费凭证。

（6）购车原始发票。

（7）市公路局《存取机动车辆停驶凭证》收据、车辆全套钥匙、权益转让书。

（8）如果有物品随车被盗或被公安部门扣留，应由公安部门在有关证明上注明，被保险人如能提供相应收据，索赔时应一起交给保险公司。

4．领取保险赔款

（1）接到领取赔款通知后，被保险人应尽快领取保险赔款，部分赔款超出三个月不领保险公司视为放弃领取。

（2）领取赔款时，法人团体要在权益转让书及赔款收据上盖章，个人要在权益转让书及赔款收据上签字。

（三）"免赔"详解

对造成交通事故的保险车辆实行绝对免赔，即被保险人自己也要承担责任，这是为了增强被保险人及驾驶人员的交通安全责任心。我国交通管理部门对于交通事故肇事按全责、主责、半责、次责、无责来分别确定车祸双方的责任，保险公司也以此给予不同的免赔比例。

课外知识

- 在境外如发生交通事故怎么办

在国外驾驶汽车如与别人的车相撞，发生交通事故，首先必须同警察联系。但要切记一条：不管多小的问题都不能自行处理。如果汽车是租来的，除通知警察外，还要与汽车租赁公司联系。发生交通事故时，如果不是自己的责任，绝对不能顺口说出对不起，如果是自己的责任，也要实事求是，寻求公正处理。如果不顾事实，先承认自己不对，在与保险公司交涉时就会处于不利地位，所以绝不能随便说"I am sorry（我错了）"，如遇不利情况，应与我大使馆或领事馆联系，请求派人调解。

- 车祸后如何自救互救

对事故伤员的现场急救，应从受伤部位、伤后不同姿势以及伤员的具体伤情出发，采取不同的急救措施。

最常见的是驾驶员被方向盘或变形的驾驶室撞伤，并困在其内。在撬开驾驶室门窗后，可用硬纸板或厚塑料纸固定颈部，以免颈椎错位或损伤；同时可用一块板插到伤员背后，用绷带或布条固定，一起将伤员慢慢移出驾驶室。切勿随意将伤员拉出，造成二次损伤，甚至导致生命危险。

对弹离座位或被车辆撞倒的伤员，不能随便抬抱，要先将伤员作为一个整体转至平卧位，固定颈部，由3~4人步调一致将其托起，并移至木板上。然后，用带子把伤员固定在木板上，头放后、足在前，平稳搬运。如果现场只有一人，急救者应靠近伤员后面，双手穿过伤员腋下，抓住其未受伤的肢臂，轻轻抬起，然后小心将其向后拖动。拖动时，保持伤员的头、颈、胸部处于一直线水平上。

伤员表面皮肤少量出血，可用布压迫止血后包扎；喷射状出血，说明大血管破裂，应设法钳夹血管止血；对四肢出血，一般可用带子扎在近心端，扎一小时放松5分钟。四肢骨折时，可临时用木条、树枝等固定患肢，以免骨折端刺破周围组织、血管和神经。若胸部受到挤压、碰撞时，易发生肋骨骨折，此时不要过多挪动胸部和用手触摸。

原则上禁止给伤员服任何饮料和茶水。因为大多伤员须手术治疗，饮服饮料和茶水必会增加手术难度。对已昏迷、严重休克、头部外伤和呼吸道阻塞的伤员，严禁用吗啡，以免抑制呼吸和掩盖伤情。

对昏迷的伤员应注意开放气道，将伤员头略向一侧倾斜，有利于口鼻腔内的分泌物、血液、黏液和其他异物排出体外。同时，取出伤员身上的尖刀、金属币、钥匙等物，以免压伤。

● 道路交通安全法——车主篇

1. 拖车不收车主的费用

公安机关交通管理部门拖车不得向当事人收取费用，并应当及时告知当事人停放的地点。因采取不正确的拖车方法造成机动车损坏的，应当依法承担补偿责任。

2. 肇事逃逸别想开车

造成交通事故后逃逸的，由公安机关交通管理部门吊销机动车驾驶证，且终生不得重新取得机动车驾驶证。对六个月内发生两次以上特大交通事故负有主要责任或者全部责任的专业运输单位，由公安机关交通管理部门责令消除安全隐患，未消除安全隐患的机动车，禁止上道路行驶。

3. 发生车祸先救伤者

交通法对于救助交通事故的伤者也有了人性化的规定，它规定事故车辆驾驶人应当立即抢救伤者，乘车人、过往车辆驾驶人、过往行人也应当予以协助；交通警察赶赴事故现场处理，应当先组织抢救受伤人员；医院应当及时抢救伤者，不得因抢救费用问题而拖延救治。

4. 交通事故仍可私了

《道路交通安全法》中还规定了交通事故快速处理。按照规定，在道路上发生交通事故，未造成人员伤亡，当事人对事实及成因无争议的，可以即行撤离现场，恢复交通，自行协商处理损害赔偿事宜。

5. 酒后驾车罚得很惨

据有关部门统计，酒后驾车已经成为交通事故的一大因素。因此，交通法不仅将酒后驾车作为对法律的触犯，还加大了对饮酒、醉酒后驾车的处罚力度。按照规定，对饮酒后驾驶机动车的驾驶员，暂扣3个月的驾驶证，并处200元以上500元以下罚款；醉酒后驾驶机动车的，由公安机关交警部门约束至酒醒，处15日以下拘留和暂扣6个月的驾驶证，并处500元以上2000元以下罚款；酒后驾驶公交、出租等营运机动车的处罚力度则更大。而且，交通法还规定如果一年内醉酒后驾车被处罚两次以上的，将被吊销机动车驾驶证，五年内不得驾驶营运机动车。

● 过往车辆驾驶人员和行人遇见交通事故该怎么办

交通法规明确规定，过往车辆驾驶人员和行人遇见交通事故，应当予以协助。协助事故当事人向事故处理机关报告；协助有关部门维护现场秩序；积极抢救伤者等。

行人若目睹事故的发生经过，应该向交警部门阐明事实。如果有肇事司机逃逸，应该记录下肇事车辆的车牌号码及逃逸方向，向交警部门报告。

● 留个心眼做好人

看过电影《离开雷锋的日子》的人们肯定还记得主人公乔安山在出车的路上，将一位被车撞伤在地的老人送去医院，结果反被老人一家诬为肇事司机，硬要其赔偿的情节。碰上这种情况，大家都会慨叹好人难做。虽然如此，好人还是要做的，但是不妨留个心眼，免得事后有理说不清。遇到交通事故有人受伤，肇事司机逃逸，应先想办法报警，并请其他人一起协助把伤者送至医院救治，或请旁人留下姓名、电话等以便证明。若是发生在偏僻的道路上，没有其他人在场，那就要保护好事故现场，不要将车辆驶入事故现场，做好标记，可在停车时用力踩刹车，让自己的车轮在路上留个印记。先行报警说明情况，然后协助抢救伤者。

第四节　景区交通概况

一、景区交通概述

景区交通顾名思义指的是设立在景区内的，为旅游者游览服务的线路交通。它包括连接景区内外的道路和连接景点的道路，也包括景区内的水路、铁路、索道等，还包括使用的交通工具（如汽车、电瓶车、游船、漂流筏、火车、马车等）和设施（如车站、码头、标志和安全设备等）。

景区交通为旅游者提供的不仅仅是实现空间位移的服务，更为游客营造了交通旅游的多种环境和条件，把耗时而乏味的交通变为娱乐、刺激的新旅游业态，是目前国内外大力促进和发展的旅游项目。所以景区交通本身又是旅游资源。

二、景区交通的常识

1. 景区交通的道路

景区交通的道路又称风景区道路或旅游区道路,它由出入风景区的旅游专用干线公路和风景区内部游览道路组成。专用干线公路用于沟通风景区至外部城镇或连通该地区干线公路网,它是吸引游客进入风景区的必经路线,也承担一定数量的地方交通。风景区内部游览公路则是引导游客游览景区、观赏景点景物的通行路径。

旅游专用干线公路通常属于地区路网的组成部分,其特点是:交通组成以旅游车辆为主,技术等级按风景区预测远景旅游交通量确定,交通工程设施要求更加完善,路容的美化绿化要给游客在视觉和心理上创造一个进入景区的美好观赏心情。

风景区内部游览道路一般由景区游览干线、景点游览支线和步行游览小道组成,以游览干线为主干,分别向各景点敷设游览支线和步行游览小道,像树枝状一样联系所有景点。

2. 风景区道路的设计常规

风景区道路的设计布局是风景区建设的核心,也是服务好旅游者的核心。

第一,风景区道路的设计必须对外要求能进得来、散得开、出得去。路线要畅通,道路的布局与走向应适应自然地形和风景特征,路旁绿化布置要优美。

第二,风景区道路的设计布局常常不以捷径为准则,而是以景区的观赏点为控制点,科学组织游览路线和考虑中途休息需要来安排路线布局。根据观赏景物的视景空间要求,观赏点相对于景点的位置可能有仰视、俯视、远视和近视的不同要求,因而路线布设往往要绕行和升降到各种山坡、山嘴和山崖上。为了串联景物、增添景色,或是保护文物,有时要使道路在平面上有适当的曲折,纵面上随地形有起有伏,使游客视线随道路蜿蜒起伏,或左或右、或仰或俯,感到处处有景,景景相连。为了扩大景象空间,使空间层次丰富,辗转多变,含蓄多趣,也需要使路线的布局适应这种变化的需要。

第三,风景区的内部道路,既是容纳游人的空间,又是引导和分配游人的路线。风景区内的道路系统,应按道路交通的不同功能加以分类和组织,如桂林道路系统,货运干线与游览路线和城市生活性干道分开。风景区道路应将风景区内各风景点联系起来,使游人乘车可以直达风景点,而不致步行多而疲劳。杭州西湖风景区的道路,如苏堤、白堤,通过广阔的湖面，将水景划分成大小不同的空间，四周远近诸山名景尽收眼底，构成一幅动人的画图。

第四，风景区道路断面形式主要是"单幅式"，车行道不宜过宽，有1~2个车道即可，路面用水泥混凝土或沥青混凝土，也可用块料路面，绿带和人行道可适当宽些。绿化应选择适合风景区特点的树种。道路两侧护栏应美观，树下可设供游人休息用的座椅。

第五，必须有明细的指示牌、指路标志、距离和设施标志等，使旅游者一目了然，避免迷路。

3. 景区交通工具

随着景区交通旅游的创新开发，景区使用的交通工具无论从形式、形状，还是数量到质量，都有了很大的变化。

因地制宜地配置景区交通工具是景区建设的特色之一。

（1）有陆地道路用的旅游观光车、电瓶车、各种自行车等。

（2）有水的搞水上交通，如：游轮、游船、漂流艇、皮划艇等。

（3）有峡谷、峭壁、奇峰的搞索道、缆车。

（4）有湖、溪、山林的搞游览车、小火车等。

（5）有海滨、沙滩的搞帆船、冲浪板、沙滩车等。

（6）有雪场的搞雪橇、雪地摩托等。

（7）有民俗乡村的搞马车、牛车、毛驴车等。

有条件的景区还可以开设旅游观光直升机、热气球、观光潜水艇、海底电梯等。

4. 景区交通安全

景区交通是以旅游为目的，与社会大交通不一样，尤其是特殊交通形式。安全是景区交通的重中之重。所以，从景区交通整体的规划、设计中处处体现安全第一的原则。为此，国家还制定了《非分路用旅游观光车通用技术条件》。

（1）在管理上不仅建立健全各项规章制度和岗位责任制度，建立监督和监测制度，而且进行全方位的游客告知、行为示范等实用性宣传，更有各级别事件处理预案和实施方案。

（2）在交通工具上尤为突出，一般都具有耐撞、柔软、顺滑和安全配套齐全等特点。

（3）在设备设施建设上，标准型指示标牌、保质保量的救援器材和训练有素的安全人员，确保了景区交通的安全可靠。

 **课外知识**

● 绿道

查理斯·莱托（Charles Little）在其经典著作《美国的绿道》（Greenway for American）中所下的定义：绿道就是沿着诸如河滨、溪谷、山脊线等自然走廊，或是沿着诸如用作游憩活动的废弃铁路线、沟渠、风景道路等人工走廊所建立的线型开敞空间，包括所有可供行人和骑车者进入的自然景观线路和人工景观线路。它是连接公园、自然保护地、名胜区、历史古迹，及其他与高密度聚居区之间进行连接的开敞空间纽带。从地方层次上讲，就是指某些被认为是公园路（parkway）或绿带（greenbelt）的条状或线型的公园。

在我国，"绿道"具有景观设计学和社会学两个方面的概念。

一是指一种"绿色"景观线路。一般地，沿着河滨、溪谷、山脊、风景道路、沟渠等自然和人工廊道建设，可供游人和骑车者徜徉其间，形成与自然生态环境密切结合的带状景观斑块走廊，承担信息、能量和物质的流动作用，促进景观生态系统内部的有效循环，同时加强各密近斑块之间的联系。二是从社会学方面，我们不仅在大自然中建设"绿道"，还要在民众心中铺设政府与百姓顺畅沟通的"绿道"，让老百姓无障碍、少恐惧地表达自己的利益诉求，提高民众在精神生活上的"宜居水平"。

根据形成条件与功能的不同，绿道可以分为下列5种类型。

（1）城市河流型（包括其他水体）。这种绿道极为常见，在美国通常是作为城市衰败滨水区复兴开发项目中的一部分而建立起来的。

（2）游憩型。通常建立在各类有一定长度的特色游步道上，主要以自然走廊为主，但也包括河渠、废弃铁路沿线及景观通道等人工走廊。

（3）自然生态型。通常都是沿着河流、小溪及山脊线建立的廊道。这类走廊为野生动物的迁移和物种的交流、自然科考及野外徒步旅行提供了良好的条件。

（4）风景名胜型。一般沿着道路、水路等路径而建，往往对各大风景名胜区起着相互联系的纽带作用。其最重要的作用就是使步行者能沿着通道方便地进入风景名胜地，或是为车游者提供一个便于下车进入风景名胜区的场所。

（5）综合型。通常是建立在诸如河谷、山脊类的自然地形中，很多时候是上述各类绿道和开敞空间的随机组合。它创造了一种有选择性的都市和地区的绿色框架，其功能具有综合性。

第五节　旅游公路常见标志

一、交通标志

交通标志又称道路标志、道路交通标志，是指用文字、符号传递引导、限制、警告、指示信息的道路设施，是实施交通管理，保证道路交通顺畅、安全的重要措施。交通标志有多种类型，可区分为：主要标志和辅助标志；照明标志、发光标志和反光标志；还有一种可变信息标志。

1. 主要标志和辅助标志

交通标志按其作用分有四种主要标志：① 指示标志。用以指示车辆和行人按规定方向、地点行驶；② 警告标志。用以警告驾驶员注意前方路段存在危险和必须采取的措施，如预告前方是道路交叉口、道路转弯、铁路道口、可能落石路段等；③ 禁令标志。对车辆加以禁止或限制的标志，如禁止通行、禁止停车、禁止左转弯、禁止鸣喇叭、限制速度、限制重量等；④ 指路标志。用以指示市镇村的境界、目的地的方向和距离、高速公路出入口、著名地点所在等。

辅助标志不能单独设立，要附在主要标志上起补充说明的作用，如表示车辆种类、时间、区间范围、距离等。

2. 照明标志、发光标志和反光标志

照明标志是用光源照明以显示标志图案。

发光标志是用荧光材料制成的标志。

反光标志有用透明树脂、玻璃微珠、反光金属等材料制成反光膜，当被汽车大灯照射时，即可将光线定向反射回去，使驾驶员在夜间能看清标志。

3. 可变信息标志

可变信息标志储存有多种信息，控制人员可根据公路上发生的情况，通过遥控装置手动或自动显示其中的某种信息。公路上的行车环境常会因天气、自然灾害、交通事故等原因而发生变化，可变信息标志即可将情况及时反映出来。

高速公路标志和旅游区交通标志是相对较新的交通标志，分别为人们提供了高速公路的交通信息和旅游区的行驶信息。

二、道路交通标志

1. 指示标志（见图 5-2）

图 5-2　指示标志

2. 警告标志（见图 5-3）

图 5-3 警告标志

图 5-3 警告标志（续）

3. 禁令标志（见图 5-4）

图 5-4 禁令标志

图 5-4　禁令标志（续）

4. 指路标志（见图 5-5）

图 5-5　指路标志

5. 辅助标志（见图5-6）

图 5-6 辅助标志

6. 高速公路部分标志（见图 5-7）

图 5-7　高速公路部分标志

7. 旅游区交通标志（见图 5-8）

图 5-8　旅游区交通标志

图 5-8 旅游区交通标志（续）

 **练习与思考**

1. 旅游公路交通的特点是什么？
2. 我国公路按等级划分有几级？
3. 公路由什么组成？编号的方法是什么？
4. 列举靠右和靠左行的国家主要有哪些。
5. 简述旅游交通车辆租赁应注意哪些问题。
6. 公路交通事故发生后，当事人应怎么办？
7. 涉外交通事故应注意什么？
8. 叙述道路交通事故理赔条件及步骤。
9. 简述景区道路交通的布局原则。
10. 简述常见交通标志的分类，并能识别各类别至少 10 个以上的标志。

第六章
旅游水路交通

第一节 走进水路

旅游水路交通以港口为客运站场，以船舶为客运工具，以水上航道为客运线路，主要从事水上游览和中长距离旅游运输活动，如远洋巡游和内河客运等，约承担世界上8%的国际旅游交通运输量。旅游水运交通方式包括功能和特点反差极大的两种基本类型，即水上客运和水上游览。前者以运送旅游者为主要功能，运输优势是价格低廉，劣势是速度慢、舒适性差；后者以观光、度假为主要功能，优势表现为豪华舒适、安逸浪漫，劣势主要是速度慢、价格昂贵。

以旅客运输为主要功能的近海、湖河水运方式，多利用天然水道，运输能力强。据统计，长江相当于6条同样长度铁路的运输能力，远期规划要达到相当于10条铁路的运输能力；美国密西西比河相当于11条同样长度铁路的运输能力；德国境内莱茵河段相当于19条同样长度铁路的运输能力。航道建设投资少，客运量大，降低了水运方式的单位运输成本，一般约为铁路运输成本的1/8~1/4，因此运价低廉。

现代远洋游船和内河豪华游船在很大程度上已经超越了水运传统意义上的单一客运功能，成为集行、食、住、游、购、娱等多功能为一体的豪华旅游项目。尤其是7万吨级左右的巨型远洋游船，在碧波荡漾的大海中亦能平稳行使，为旅游者提供了不同于陆地的浪漫与幽静环境，适于观光和娱乐旅游。巨型远洋游船巨大的运载能力和硕大的船体，为配备完善而豪华的旅游设施提供了可能，这是其他交通工具不可比拟的。例如，美国全球第一的超级豪华邮轮公司嘉年华邮轮旗下的24艘豪华游船，载客量一般为1200人，平均每2位游客配备1名服务员，服务十分周到。船上有甲板观景台、夜总会、健身房、温泉浴室、游泳池、音乐酒吧间、赌场、图书馆、电脑工作间和免税商店等，设施极为奢侈、齐备。据统计，2012年世界游船者中有60%以上为第一次参加，这表明游船旅游的豪华性与舒适性对旅游者具有极大的吸引力。

受摩擦、兴涛、涡流等水阻力的影响，水上运输是四大现代交通方式中速度最慢的一种，内河客船的速度一般为10节（20千米/小时），内河游船一般为15节（28千米/小时），沿海客船一般为20节（37千米/小时），远洋游船一般为30节（56千米/小时）。同时，受风浪等外力影响，船舶常处于摇摆和沉浮运动状态，从而使其舒适性大大降低。另外，由于江、河、湖、海在地理上分布不均，并严重受制于冰冻、台风等恶劣气候条件，水路运输的灵活性和安全性不够理想。

2012年，我国水运主要通道已实现"两纵三横"共5条水运通道。"两纵"是沿海南北主通道，京杭运河淮河主通道；"三横"是长江及其主要支流主通道、西江及其主要支流主通道、黑龙江松花江主通道。除沿海南北主通道外，内河主通道由通航千吨级船队的四级航道组成，共20条河流，总长1.5万千米左右。这些主通道连接了17个省会和中心城市，24个开放城市，5个经济特区。使之成为沿海南北、沿江工业带经济发展服务的航运体系。

课外知识

● 船舶的分类

船舶按用途可分为民用船和军用船。民用船又可分为运输船舶、渔业船舶、工程船舶、海洋开发船舶、拖带船舶、港作船舶、农用船舶、游乐船舶，从船舶设计特征考虑，民用船也可分为运输船舶和作业船舶两类；军用船又可分为战斗舰艇和辅助舰艇。

船舶按航行区域可分为极地船舶、远洋船舶、近海船舶、江海直达船舶、内河船舶和港湾船舶。

船舶按航行状态分为排水量船、滑行艇、水翼艇、气垫船、小水线面船、冲翼艇。

船舶按动力装置分为蒸汽动力船、内燃机动力船、核动力船、电力推进船等。

船舶按推进形式分为螺旋桨船、平旋推进器船、喷水推进、明轮船等。

船舶按船体材料分为钢质船、铁质船、木质船、玻璃钢船、铝质船、钢丝网水泥船、混合结构船等。

此外，还可按船体建筑、船体结构、船体线型等分类。

在诸多船舶中，最常见的是钢质船、内燃机动力船、螺旋桨推进船等。

第二节 旅游水路常识

旅游水路交通是在固定的水域或固定的航线上，使用船舶运载游客，或在船上沿途观光，或在一个到数个观光地停泊上岸观光游览的交通方式，具有经济、舒适、安全等优点,但速度慢、准时性差。随着国际豪华邮轮的迅猛发展和我国游客旅游需求水平的提高,国际豪华水路旅游将成为新的旅游热点。

一、中国旅游水路常识

旅游水路交通分为远洋航运、沿海航运和内河航运三大类。

中国的旅游水路交通目前分为沿海航运和内河航运两大类。

航行在沿海和江湖上的客轮大小不等,船上的设备差异很大。大型客轮的舱室一般分五等:一等舱(软卧,1~2人)、二等舱(软卧,2~4人)、三等舱(4~8人)、四等舱(硬卧,8~24人)和五等舱(硬卧),还有散席(包括坐席)。豪华客轮设有特等舱(由软卧卧室、休息室、卫生间等组成)。

中国旅游水路主要集中在长江、珠江、沿海各大城市、各大湖泊等,游船普遍较小,豪华程度中等。

1. 订票细则

(1)船票预订。如需订票,应书面提出(电传、传真、E-mail、网上预订等)。

提前45天预订,一般游船公司会在收到预订24小时内予以确认,如不到45天提出订位,一般游船公司也会视情况予以满足。

预订时应注明:组团社、团队编号、人数、房型(套间、双间、单间)、床位数、国籍、上船日期、航期及特殊需要。

(2)团队定金、付款和取消。定金:确认10天内或在开船30天前,须预付船费的5%~10%作为非退还定金。

最后付款:在开航前30天内,将全款汇至游船公司开户银行,并将客人的详细资料及要求通知游船公司。

开航前30天内预订必须付款及提供客人详细资料,如游船公司不予确认,可以退还其预付金。

取消费用:在开航30天前取消预订者,每人须支付10%船费,在开航前16~30天取消预订者,须支付20%的船费,在开航前8~15天取消预订者,须支付50%的船费,7天内取消预订者,须支付100%的船费。

(3)价格。价格是指标准间每床位的价格。如需单独使用一个标准间,须付195%的船费。如遇国家政策、汇率、燃料、码头等价格的调整因素,船务公司保留船票价格调整权。

2岁以下儿童不占床位(自带童床),收取船票的10%,2~12岁儿童享受半价优惠。16岁以下的儿童必须由成人同房看护。欧洲式标准间不宜安排住三人(包括2岁以上儿童)。父母须与儿童同住可以考虑用家庭套房。详细情况可见游船公司的规定。

（4）船票包括的项目。床位费、船费、餐费、船上导游费、在船活动（说明会、景点介绍、文化娱乐、电影、电视、图书、健身）、码头费等。

（5）船票不包括的项目。上岸费、在船期间的酒吧、饮料、洗衣、理发、邮电、卫通电话、传真、互联网、医疗按摩、小费等私人目的的费用。

（6）登船依据及确认。旅客上船必须具备：

① 护照或中国身份证。

② 游船公司开出的票据，或游船公司计调部发出的计划文件。但上船的准确日期和时间由客人根据游船公司提出的具体要求自己负责。

（7）岸上游览。由沿途不同的旅行社（公司）依当地的条件和规定负责安排。因洪水或其他游船公司及沿岸地接社不可抗拒的因素导致取消岸上游览，其费用不退。上岸费不含小费。

（8）航期变化与修改。各游船公司将尽力按计划行程操作，但长江的航行随着季节性航道交通的变化，考虑到旅客的安全和当地的接待条件，游船公司将保留对活动安排的调整权，且不负责费用差的退赔等问题。

（9）责任。由于环境条件、各种事件，包括因天气、航道、机械事故等游船公司无法控制的因素造成航班的延误、取消，导致人员伤亡、财产损失，游船公司概不负责。如因人力不可抗拒的因素（如天灾、罢工、政府规定）而影响正常航班时，游船公司将负责安排接转其他游船，并退还其船票差额。

2．行李

乘坐沿海和长江客轮，持全价票的旅客可随身携带免费行李 30 千克，持半价票者和免票儿童为 15 千克，每件行李的体积不得超过 0.2 立方米，长度不超过 1.5 米，重量不超过 30 千克；乘坐其他内河客轮，免费携带的行李分别为 20 千克和 10 千克。

下列物品不准携带上船：法令限制运输的物品，有臭味、恶腥味的物品，能损坏、污染船舶和妨碍其他旅客的物品，爆炸品、易燃品、自燃品、腐蚀物品、有毒物品、杀伤性物品以及放射性物质。

二、游轮

游轮是用于搭载乘客从事旅行、参观、游览活动的各类客运机动船只的统称，又称游船、旅游船。游轮一般定期或不定期沿一定的水上旅游线路航行，在一个或数个观光地停泊，以便让游人参观游览。普通客轮兼用于旅游或经改装后专用于旅游均可称为游轮。20 世纪六七十年代以后，随着旅游事业的发展，为观光游览而专门设计建造的游轮越来越多，这些游轮除具备一般客轮的基本功能外，大多提供专门的观景、娱乐设施和服务项目。

游轮的种类很多，按照内部设施和装修档次的不同可大体分为普通游轮和豪华游轮；按照航行水域的不同又可分为远洋游轮、近海沿海游轮和内河游轮。邮轮是指远洋游轮，属于游轮的一种。

课外知识

● 在长江上运营的游船系列

皇家公主系列

总统系列

东方皇家系列

中国龙系列

新世纪系列

长江·天使系列

长海维多利亚系列

美国维多利亚系列

● 长江豪华旅游船乘坐及销售责任条款

1. 游轮船票包括的服务项目

（1）船票费用中包括乘船期间的住宿、早中晚餐、船票中指定的上岸参观费用。

（2）不含医疗服务、小费及没有在船票中特别注明的其他费用。除非有其他说明，船上住宿是以一人一标准床位为单位计算。

（3）纯属个人性质的消费项目，如酒类、洗衣、电话、美容美发、购物、自费上岸参观景点等费用，都须由个人自行负担。

2. 贵重物品要如何处置

请您将所有贵重物品（例如：药品、珠宝、易碎物品、现金、重要文件、摄影器材、电脑器材）随身携带或存放在客房保险箱和总台。我们强烈建议您为这些贵重物品作适当投保。对于交由总台所保存的物品出现丢失或损坏，游船将按中国相关法律和规定作出赔偿。交由总台保管的物品价值以不超过300美元为限，除非旅客提出物品保管的书面声明，注明所交存物品的价值，并付清所要求的贵重物品保管费，在此情况下，所寄存物品如有遗失或损坏，乘客将可获得等价赔偿，但是以不超过3000美元或本公司依法所负责任的金额为限，以较低者为准，游船有权拒绝保管价值超过3000美元的物品。

3. 不能携带的物品

您绝对不能携带任何危险或非法物品（如枪支、爆炸物、毒品、动物、易燃物品等）上船，此外游船也会指定其他特殊物品是不适合且不能携带上船的违禁物品，否则船长或授权的人员有权进入房间并搜寻相关的物品。

4. 关于争议的解决

票务网站（公司）为各游轮公司所指定的销售机构，仅代表游船公司负责销售其客位。如有必要，旅客不满于游轮订位和行程有关的争议或诉讼，各公司将负责将有关投诉事件移交游轮，客方可依照中华人民共和国的法律法规由中华人民共和国境内的法院处理裁决，排除其他国家、地区的法院。

5. 旅客的责任范围

每位旅客均需赔偿由于自身的行为、疏忽或触犯法律而造成的罚款、费用及损失。旅客不论是有意或出于疏忽，对船上的家具、设备或任何财物有所损坏，均需负责赔偿游船所蒙受的损失。如系未成年人，则由其家长或监护人负责赔偿。

6. 票务网站（公司）的责任范围

（1）票务网站（公司）的责任范围只限于游船销售环节。网站及游船对以下事项不予负责：因非游轮过错所致行李或个人财物的遗失或损坏、人身伤亡或死亡、因时间延误造成的损失、任何行为的后果、任何独立承包业者（例如：旅行社、航空公司、酒店、餐厅、交通状况、运输公司及其他服务业者）的疏忽或过失，旅客的情绪低潮、精神创伤或心理问题。

（2）除非双方有事先的约定，如果因为不可抗拒的外力所扰，我们无法为您提供原本保证的服务项目时，票务网站（公司）及游轮不负担任何责任。这种不寻常的情况是指在票务网站（公司）及游轮和独立承包业者合理的预估能力范围之外的事件，例如：船闸通航能力、战争的威胁、恐怖分子活动、自然灾害、火灾、气候、卫生上的威胁、传染病等无法控制的状况。

7. 如何使用责任范围

使用本销售责任时，请首先确认销售责任手册是否为最新的版本，否则，我们无法对任何可能出现的不正确资料造成的损失负责。本销售责任的任何资讯和价目可能随时会有所更改，请您在预订船位时务必向票务网站（公司）洽询细节、价目和相关资讯。

三、世界水路旅游之星——邮轮

（一）邮轮简述

邮轮的原意是指海洋上的定线、定期航行的大型客运轮船。"邮"字本身具有交通的含义，而且过去跨洋邮件总是由这种大型快速客轮运载，故此得名。众所周知的"泰坦尼克"号就是这种邮轮。

随着航空业的出现和发展，原来的跨洋型邮轮基本上退出了历史舞台。现在所说的邮轮，实际上是指在海洋中航行的旅游客轮。现代邮轮和原意邮轮的区别，不在于船体大小，而在于两者的定位根本不同。原意邮轮是海上客运工具,它的定位是把旅客运送到大洋彼岸,它的生活娱乐设施是为了给旅客提供舒适行程和解闷;而现代邮轮本身就是旅游目的地,其生活娱乐设施是海上旅游中一个重要组成部分,靠岸是为了观光或完成海上旅游行程。

国际上根据航行的区域,把邮轮分为国际邮轮、地区邮轮和海岸线邮轮。在国内,一般把在海上航行的客轮称为"邮轮",把江河中航行的客轮称为"游轮",小型的客轮则称为"游船"。

邮轮的等级,通常以排水量与载客量两个指标来衡量,其中以载客量为主。载客量小于500人为小型邮轮,500~1000人为中型邮轮,1000~2000人为大型邮轮,2000人以上为大型邮轮。同时,根据游轮的豪华程度,把邮轮分为3星以下的经济级邮轮;3星或3+星的标准邮轮;4星的豪华级邮轮;4+或5星的赛豪华级邮轮;5+的超豪华邮轮。

当邮轮旅游开始来到你我身边,乘着邮轮,在无边的大海上展开一段奇妙之旅是一件多么惬意的事情。但是,邮轮旅游究竟有什么吸引之处?怎么样选择邮轮?有哪些方面需要注意呢?这都是我们关心的问题。

(二)关于邮轮的关键词

(1)排水量吨位:邮轮的吨位通常根据邮轮的大小来划分,5万吨以下是小型邮轮,5万~7万吨是中型邮轮,而7万吨以上则是大型邮轮。一般人认为,中型邮轮最适合出行,它的各方面配比和稳定性较为完美。

(2)舱位:根据舱位不同,邮轮可分为海景、阳台和内舱,舱位不一样,所获得的享受也不一样,价格自然不同。有的邮轮的双层套房分为上下两层,楼上为卧室,还有大型的阳台和豪华的浴室;而有的邮轮的内舱则如火车软卧包厢一般,周围都是隔断,什么景色都看不见。

(3)船票:一般来说,购买一张船票就意味着你上船后,如果只参加大众性的消费,基本不会再有另外的开销。从绅士模样的行李生提行李到各种美食和娱乐设施的使用,都是包含在船票里的。但是,报团费、港务费(邮轮特有)和签证费以及登岸旅游费用都须自理。

(4)邮轮登船卡:这是你在船上的唯一身份认证,它既是你的房门卡、餐卡,又是你消费时的记录,所以务必妥善保管。下船时,工作人员会根据次卡片与你结算发生的相关费用。

(5)时间:船上使用的是 ship's time,取决于航线,不一定和当地时间一致,以最方便乘客作息和上岸游玩为准则。

(6)行李:你可以携带轻便的衣服和休闲装,包括泳衣、在泳池边穿着的拖鞋和岸上观光所用的轻便鞋。如果你喜欢运动,不要忘记带运动服和运动鞋。太阳帽、太阳眼镜、防晒霜不可或缺。最好带上一套正装,女士需要晚礼服,男士则需要西装和领带。另外,别忘了牙刷和寝具,许多邮轮不提供。

(7) 岸上观光：就是指邮轮停靠港口之后你上岸进行的观光旅行。这期间的行程基本都可以自己安排，但需要注意的是时间问题。通常邮轮公司都会安排专门的交通把游客送到城市中心。在出发之前最好记好该邮轮公司在本地的办公室联系方式，如果万一不幸在规定时间没有回来，就可以及时和公司取得联系。

(8) 甲板分布图：甲板这个词大家一定都明白，但由它衍生出来的一些名词还需要你认识，特别是被贴在电梯旁边的甲板分布图。邮轮的前部叫 Bow，后部叫 Stem，朝前开的时候，左右两侧分别叫左舷和右舷。通常每艘邮轮都会给每层甲板命名一个名称或号码。在听相关通知的时候要留意上面的这些称谓。

(9) 邮轮品质：一个评判标准是乘客/船员比例，平均是3左右，一个船员服务的乘客越少，自然服务质量就越好。另一个评判标准是船只的吨数除以乘客数，在 20~30 之间属于正常，比值过小的话就嫌拥挤，吃饭得排长队；比值大则空间会比较宽松。

(三) 邮轮旅游与常规旅游的区别

首先不能把邮轮当成一种交通工具。其次游客应当区分花钱买罪受的廉价观光旅游与轻松休闲奢华浪漫的度假旅游之间的区别。

(1) 费用：常规旅游大多数行程都是事先安排好的，所以费用也是事先可预知的，而邮轮旅游则是由你自己自由安排、规划行程，所以费用是不可预知的，或只能预知邮轮公司的一般常规性费用。

(2) 饮食：常规旅游出于价格成本的考虑，团餐都有固定的标准，而一些低价行程的饭菜甚至让人难以下咽，而邮轮之旅一天六餐免费的海上盛宴，数不清的各国美食随时等候你的发现。

(3) 住宿：邮轮上超五星级的酒店住宿，高素质的服务人员，服务细心周到，这是普通旅游团所不能比拟的。

(4) 旅程：常规旅游行程紧凑，往往走马观花；而邮轮之旅悠然自得的旅程安排，每天睡到自然醒的轻松惬意，游客可以随意安排自己的游乐时间。

(5) 游览：常规旅游的游览一是无选择性和随意性很小，而邮轮旅游则可按游客的要求在邮轮所到目的地和在规定离岸时间前，均可自由游览，甚至可在下站目的地口岸再上船。

(6) 娱乐：邮轮上的设施大都免费提供服务，不管是高尔夫、篮球场、健身房，还是歌剧院、电影院、图书馆。而普通旅游中，行程安排之外的娱乐活动一般都是自费进行。

(四) 参加邮轮旅行的方法及问题

一般来说，你可以直接和这些邮轮公司的国内办事处联系，但他们通常并不负责接受订单。邮轮公司一般会把业务委托到指定的旅行社，所以想开始你的邮轮旅行，到旅行社和旅行网站直接预订就可以。

1. 语言问题

这是很多中国人开始邮轮之旅考虑最多的事。如果是传统的旅行形式，至少还有导游，可邮轮上得完全靠自己。但实际情况没那么令人担忧，因为每艘邮轮上都会招聘可以熟练掌握不同语言的员工，这样便可以为来自不同国家的乘客提供最方便的服务。邮轮是国际级的，服务业一定是国际化标准，船上的服务人员也来自世界各地，说不定还可以偶遇同乡。

2. 货币问题

使用该邮轮的消费卡，视航行距离长短和你选择客房的等级，预存一定量的资金，卡内余额不足，可到服务台续存，一般都使用美元。船上可使用国际信用卡，旅行支票也可兑换。需要提醒的是，如果你要上岸消费，最好在船上兑换当地货币，回来后还可以将没用完的货币兑换回来，这样可以省去很多麻烦。

3. 随身携带的物品

放在第一位的肯定是带有签证的护照（如果要路过香港和澳门，还要有港澳通行证和有效签注）。还应带上几套舒适轻便的衣服，多带几双鞋，软底的、沙滩鞋都要带上。通常来说，夏天乘邮轮的概率更大，所以泳衣、太阳镜、大草帽、防晒霜，一样都不能少。还要记得带上一件在游泳时能够随时脱穿的衣服。如果需要，还要带上一套较正式的服装，因为高级别的邮轮通常都会举办船长晚宴。另外还需要留好邮轮登船卡，上面显示着你所搭乘的邮轮名称、邮轮出发日期、英文姓名、用膳餐厅名称、用膳梯次、餐桌号码、船舱号码及旅客记账代号等，这张邮轮登船卡是旅客的识别证，在登船、下船和就餐等时候都会用到。

4. 船上和船下的游览

在船上的享乐项目很多，从各国美食到各种运动，还有在公海上的博彩活动，都让你不亦乐乎。到了船靠岸的时候，邮轮的岸上浏览项目自助性都很强，如果你对它们相当熟悉，那在规定时间之内就可以尽情去玩了。但如果到了陌生的地方，也不用太担心，邮轮为你提供相应的服务，比如从邮轮到景点的交通、旅游指导等，或干脆参加邮轮为你设计的旅游线路，收费不高，保证岸上旅程的顺利和安全。不过下船游览的时候，遵守时间最重要，如果万一错过了船，也有该邮轮公司在本地的办公室可以帮助你赶上下一站的旅程。

5. 随行儿童

如果是带儿童旅行，那么几乎每艘大型邮轮上都有小朋友的乐园，虽然通常被称作"儿童寄存处"，可却是孩子们最喜欢的地方。寄存处里有穿着各式卡通服装的服务人员，他们都经过专门培训，也是什么国籍的都有，根本不用担心孩子在这里无人照顾。乐园里有各种游乐设施，如我们熟悉的"翻斗乐"，服务人员还会带着小朋友做手工，学习科普知识。这样，你和孩子都能尽情享受邮轮之乐了。

6. 签证问题

在出发或选择线路前，一定要咨询旅行社签证的问题。通常中国公民护照需要每个目的地的签证，如果途经几个国家，便要到这些国家使馆进行签证（如果是欧洲申根签证国家，只签其一即可），这是一件费时间的事情。因此要根据行程提早安排，以免因为签证耽误你的假期。具体可咨询代理邮轮的旅行社，一般代理邮轮的旅行社都会协助游客共同办理。

7. 价格问题

价格请参看航线精选，不同季节价格不同，淡季时的价格自然比旺季便宜，人多时的价格比人少便宜。还有，不同舱位之间的价格差距很大，最多相差 4 倍以上。所以要想知道具体价格，还是选好航线、时间，确定舱位和出行人数后，再具体咨询。

8. 邮轮上的通讯

（1）因特网：在邮轮上您随时可以使用因特网室的计算机与外界联系，可以上网收发 E-mail、浏览网站等，收费报价以邮轮公告为准。

（2）卫星电话：在每个舱房中都有独立的电话，除了舱房之间对拨外，还可以直接拨打国际电话，收费比照卫星电话，以船上公告为主。

（3）手机漫游：在邮轮上，手机的信号是畅通的。当邮轮靠岸时，手机接收到的将是陆地上的漫游系统；当邮轮离岸航行在海上时，手机接收到的将是邮轮公司提供的卫星通讯系统，收费将比照卫星电话，以船上公告为主。

9. 其他注意事项

这主要是指邮轮所到达的国家的有关注意事项，特别应关注政治见解、宗教信仰、风俗习惯等社会性差异，以及卫生检疫、海关和有关法律等国家管理规章制度的不同（如有些国家在办签证的时候就要求注射疫苗等）。在上船前要仔细留意这些问题，避免上船后麻烦。

（五）邮轮旅游礼仪指南

随着旅游业的发展，乘坐邮轮出境游的人越来越多。邮轮是很典型的一个"国际小社会"，遵守秩序、轻声交谈、礼貌用语、衣着规范并不是哪一国的习惯，而是国际社会公认的起码的社交修养，也是一个游客文明素质的具体体现。随着"邮轮经济"的兴起，相信会有越来越多的人选择乘坐邮轮出境旅行，所以乘坐邮轮时需要着重注意以下礼仪。

1. 邮轮礼仪惯例

登船时会有数百到数千位旅客，与同时在同一个酒店或航空柜台办理手续一样,必须事先准备好所有的相关文件等,以方便登船手续的顺畅,同时必须自觉按序办理,切忌插队等恶习。这是在邮轮上任何时候都应有的礼仪惯例。

2. 邮轮一般礼仪

邮轮餐厅座次安排,通常会以"混合编组"方式,将熟悉与不熟悉的乘客凑一起同桌,以增加乘客结交各国新朋友的机会。如遇到态度粗鲁乘客同桌时,则可以要求换桌。当然也可以自行组合就餐,但事先须与工作人员沟通,并获同意后方可。

3. 住宿舱房礼仪

请勿高声喧哗,以免影响邻居安宁。相对地,如果遇有吵闹不宁的恶邻时,也可以通知船方要求改善或换房。

4. 邮轮上晚宴的穿着礼仪

邮轮乘客于每晚享用晚宴时,船方都会提前提醒旅客应如何穿着的礼仪惯例规定,适宜、大方、得体的衣饰穿着表现,除不至于在国际社交场合失礼之外,也可以增加邮轮旅途中的乐趣。

5. 半正式服装礼仪

邮轮公司为顾及乘客的方便,目前要求上述的正式穿着已较为少见。半正式服装的规定反而较为常见,一般仅要求男士穿着西装、西裤、衬衫、打(或不打)领带为准。

6. 其他穿着礼仪

前往游泳池游泳或按摩浴池泡浴时,需要先于客舱房间内换穿泳装,在前往泳池的行进途中应披件外衣,以免有失礼数。回房前,则应于泳池旁边的更衣室换装完毕,绝不可全身湿淋淋地四处走动。

(六) 邮轮船票中包含的内容

邮轮船票中包含的内容一般包括:住宿费用;用餐选择;船上活动;儿童俱乐部节目;24小时房间服务;一流的健身设施;图书馆和牌室;多间夜总会和百老汇风格的演出;世界级的温泉设施;网吧;美容院;艺术品拍卖;岸上短途旅游;酒吧饮品;健身教练与锻炼课程等。

(七) 旅客权利与邮轮公司的义务

国际邮轮协会(CLIA)在已开始施行的《邮轮旅客权利法案》中,规定了旅客在多个方面享有的权利和邮轮公司的义务,主要包括:

如果邮轮上不能提供足够的基本供应(如食物、水、卫生间)和医疗条件,旅客有权在邮轮停泊港口时离船,除非船长出于旅客安全考虑不予批准或港口安检和海关有禁止规定。

如果行程由于邮轮机械故障而取消，旅客有权要求全额退款；对于旅行已经开始但由于机械故障而提前终止的，旅客有权要求部分退款。

当邮轮行驶在内河或海岸水域时，必须有能力提供专业紧急医疗救治。

在出现机械故障或紧急状况时，旅客有权及时得到行程变更的通知以及机械故障处理的最新进展。

邮轮工作人员必须受过适当的紧急状况和疏散程序的培训；在主发动机出现故障后，邮轮必须提供紧急电力。

当航行因机械故障而提前终止时，邮轮必须提供交通工具把旅客送到行程计划中约定的离船港口或旅客居住城市。

当航行因机械故障而提前终止时，如果要求旅客在行程计划未有约定的港口离船并过夜，邮轮必须为旅客安排住宿。

邮轮公司必须在官网公布邮轮运营咨询免费电话和《邮轮旅客权利法案》。

（八）旅客的义务

（1）针对航线所包括的所有国家，旅客必须根据其国籍持有有效的个人护照或其他有效文件、旅游及过境签证以及健康证明（可能被要求）。除非另有规定，宣传手册所提供的这方面的信息是针对宣传手册发行地国家的公民旅客。

（2）旅客的行为不得危及安全、和平以及其他旅客享受邮轮旅游，并应遵守通常审慎勤勉的原则、承运人发布的所有指令以及有关旅行的行政或立法规则和规定。

（3）未经承运人书面同意，旅客不得将商品、活的动物、武器、弹药、爆炸品，或易燃、有毒或危险的物质携带上船。

（4）旅客应赔偿承运人因旅客不履行上述义务而使承运人遭受的任何损失。旅客特别应赔偿其对船舶或家具和设备造成的全部损坏，以及其对其他旅客和第三方造成的损失，以及因旅客的原因而使承运人可能向邮轮旅行所包括的任何国家的港口、海关、卫生或其他机构支付的所有罚金、罚款和费用。

（5）旅客必须向承运人提供其持有的可能有助于承运人向对游所遭受损失负有责任的第三方行使代位权的所有信息及文件，并且旅客应就其对承运人的代位权造成的任何损害负责。

（6）旅客应向承运人提供所有必要信息，使承运人能履行有关适用法律、条约及公约规定其应尽的安全义务。

● 乘船秘诀

行李：携带合适，要求不多不少。无论什么船，都是时装表演的最好场合，礼服一定不能少。除了考虑邮轮档次，还要考虑时间和线路的气候变化。另外邮轮上有洗衣服务，礼服租赁，港口也是买衣服的好地方。

乘船：在海外上船，飞机接驳是一个重要问题。早到一天比较好，邮轮不会等游客的。最好选择邮轮公司指定酒店，一般会有接驳巴士。如果飞机赶不上邮轮开船时间，则要自己赶往下一个港口。在旅途过程中观光误点基本也是这样的原则。如果邮轮公司安排的飞机邮轮套餐，误点由邮轮公司负责。像中国现在都是旅行社代订，则应由旅行社负责。

订票：一般说来，邮轮会给提前订位的游客合理折扣，通常7折。剩下船票，如果销售良好，则高价出售，如果滞销，则折扣更低，甚至低于成本价。比如，加勒比海航线邮轮舱位过剩，可能你会买到不敢想象的低价票。除了特别热门的航线和邮轮之外，一般6折或者更低都是比较合适的。但是目前在中国通过旅行社直接推销的不可能订到低价格，一方面邮轮直接面向中国市场的品种少，毕竟在中国是新鲜事物，另一方面，即使中国人自己订到，也很难保证中国护照可以获得沿途各国的签证。

单身：最好不要一个人乘坐。邮轮上都是家庭、朋友、夫妇居多。很多服务和设施为双人设计。一人坐船，就必须买套间，要付出一定的附加费用。

小费：五星邮轮上实行小费制，船员的收入大部分来自小费。四星和三星则不提倡小费，只是英美人坚持给小费。少数邮轮公司提出不收小费的经营方法。看来中国人适合选择四星和三星的邮轮。

- 出境游应该带哪张卡？

目前国内提供信用卡服务，比较多见的三个平台，分别是银联、VISA 和 MASTER。而市民手中的信用卡，也一般为具有银联和VISA、银联和MASTER、或单独银联的卡种。三种卡在不同地域的使用是各有侧重的。若前往香港、澳门旅游，选择银联卡则绝对合算方便。这两个地方银联卡可以畅通无阻，更重要的是，消费也直接以人民币结算，回去还款不用货币兑换；而选择在东南亚旅游的，则可选择VISA卡，这些国家VISA组织布点相当广泛，可确保每次刷卡顺利；前往欧美国家境外游的市民，则可携带MASTER卡。目前，无论是工、农、中、建四大银行还是浦发、招商等股份制银行，推出的都是双币种信用卡，也就是人民币和美元两种货币，当选择非美元结算国家旅游时，刷卡则以当地货币结算，而回去后还款时，则可选择人民币或美元，而其中的汇率换算，则以还款当日汇率决定。

- 国际邮轮协会（CLIA）

国际邮轮协会（CLIA）是代表北美、南美、欧洲、亚洲和大洋洲的世界上最大的邮轮业的行业协会，总部位于美国迈阿密。国际邮轮协会是邮轮公司、旅行社和旅客的利益共同体，是邮轮业监管和立法政策的制定者。国际邮轮协会还从事旅行社的培训、研究和营销推广，促进邮轮假期能与成千上万的旅行社、旅游代理和最终旅客成为合作伙伴。

国际邮轮协会是由26家邮轮公司和10500家旅行社，以及超过35000家旅游代理组成的协作体。此外，超过120个邮轮业最具创新性的供应商已作为国际邮协会执行合作伙伴。

国际邮轮协会主要作用是:

(1) 促进邮轮产品与旅行代理商和消费者的广泛交流。

(2) 提供最高水平的邮轮旅游专业销售培训和销售支持,提升每个国际邮轮协会会员的价值。

(3) 通过培训和邮轮体验实践,提高对旅行社公关和促销活动的能力。

(4) 主张与重要的国际、部分国家的监管组织、决策者和其他行业的伙伴合作,促进邮轮产业在立法、法律援助和技术支持等方面能安全地保持可持续发展。

(5) 监控并积极参与各国和国际海运有关邮轮事业政策法规的发展。

(6) 积极保护海洋环境,努力使邮轮产业对海洋生物和海洋旅游目的地的影响最小化。

● 邮轮之最

1. 世界最大的邮轮——海洋绿洲

世界最大、最豪华的邮轮——"海洋绿洲"号(Oasis of the Seas)于2009年12月1日首航。"海洋绿洲"号由美国皇家加勒比邮轮公司订购,总部设在挪威奥斯陆的造船业巨头ST X造船公司建造,是目前世界上最大的邮轮,长1180英尺(约合360米),宽154英尺(约合47米),高出吃水线213英尺(约合65米),总吨数220 000吨,时速26.47千米/小时。全船共有16层甲板,每层甲板上都建有客舱,客房更是多达2700间。"海洋绿洲"号历时6年建造,耗资超过8亿英镑,可搭载6360名乘客及2160名船员。

"海洋绿洲"号邮轮拥有7个主题社区:中央公园、步行街、百老汇、游泳及运动中心、海上疗养和健身中心、娱乐中心、青少年活动中心。每个社区又包含不同寻常的元素,比如海上第一个公园,纵贯9层的滑降装置,纯手工制作的旋转木马,28个具有落地窗的多层包厢。

2. 最好的家庭邮轮——迪斯尼奇迹

迪斯尼公司将向所有的孩子提供世界上最有趣的海上旅途。该公司拥有两艘邮轮,分别为"魔幻迪斯尼"和"迪斯尼奇迹"。这两艘船停靠在佛罗里达州的卡那维拉尔港口,旅途相对较短。船上有永远都数不清的活动,包括各种表演、音乐舞台剧、适合儿童和成人的"夜总会"、教儿童如何画卡通画的学习班以及卡拉OK。幸运的是,船上的一些设施是专门为那些陪伴孩子度过假期的父母们准备的。为人父母者可以打高尔夫球、玩滑板、滑水作为消遣。唯一可能让成人觉得不很舒服的是,整艘船从烟囱到床板都有米老鼠的形象。而当邮轮开出港口时,喇叭里播放的也是那些只有小孩才会喜欢的歌曲。

3. 最好的私人邮轮——克里斯蒂娜

克里斯蒂娜邮轮是世界上最著名的邮轮之一,原属于已故的希腊船业泰斗阿里斯多德·奥那西斯所有。奥那西斯于1954年买下这艘船后,很多名人都慕名搭乘过这艘邮轮,其中包括了美国前总统肯尼迪和英国前首相丘吉尔。1998年,克里斯蒂娜以5000万美元的高价被一家商业集团买下。经过整修,克里斯蒂娜在同业里仍然赫赫有名。

克里斯蒂娜上有矿泉疗养吧、健身中心、按摩浴池、音乐厅、小型飞机着陆平台,甚至还有壁炉。租一天的费用是7万美元;前往希腊岛屿游玩,一对夫妇收费17500美元。如果你想旅途私人化,你也可以雇用该公司的豪华游艇,在希腊周围岛屿游玩。

4. 最豪华的邮轮——银海

虽然银海公司崛起的时间只有8年,但她迅速成长为船业的先锋并成为豪华和时尚的代名词。银海特别强调私人的空间和服务,因此,在超豪华的巨轮上,最多只有296名乘客,与那些体积相若的邮轮相比,银海的载客量仅是它们的1/10。

由于载客少,客人人均占有的空间相当大。套房房间从20~120平方米不等,里面配套有大理石浴室、单独的冲浴间、福莱特亚麻制品和产自保加利亚的沐浴用品。柚木地板的大阳台占据了套房3/4的面积。除了可以在船上尝遍美食外,有兴趣的游客还可以参加由船上大厨举办的烹饪课和品酒课。想运动的话,也可以打高尔夫球、钓鱼或者打排球。银海的巨轮主要开往地中海、远东、太平洋、亚马孙地区、非洲和印度,该公司同时提供90天的环球海上旅程。

5. 最好的地中海邮轮——风之星

豪华但不夸张,让人感觉像是罗马皇帝在享受假期一样,这就是"风之星"邮轮带给乘客的真正感受。"风之星"的目的地包括了希腊的众多岛屿、土耳其、法国、意大利和阿马尔非海岸。

"风之星"载客在148人至308人之间。船上铺着柚木甲板,有31个复式套间、一个因特网中心和一个900多平方米的矿泉疗养吧。船靠岸时,乘客可以玩滑水、冲浪和潜水。

6. 最好的亚洲邮轮——曼陀罗之路

提起东方快车,很多人都知道她的列车以快捷周到的服务闻名于世,但很少人知道,东方快车的船业分部也向世界游客提供了舒适豪华的海上旅程。1995年,东方快车的新邮轮"曼陀罗之路"开始了她的处女航。"曼陀罗之路"上有游泳池、观察甲板区和巨大的日光浴区,在船上就像坐东方快车一样舒适。船上的装饰品均由曼陀罗当地的手工艺人加工而成。为期7天的"黄金之地之旅"从仰光开始,游客可以参观这座城市出名的佛教寺庙和过去殖民者留下的特色建筑,沿途还将停靠以金佛塔著名的实皆省和曼陀罗省。

7. 最好的学习邮轮——"林达布拉德欲望"号

以纽约为基地的"林达布拉德欲望"号完全可以和银海的邮轮媲美,不过她将自己的重心确定在"学习"上。从1958年开始,"林达布拉德欲望"号就一直是探索世界各个角落的先锋,她曾先后到达过东非、南极洲、亚马孙地区、中国,甚至深入到一些更加偏远的地方。乘客以演讲家、生物学家和媒介名人为主。

夜幕降临的时候,乘客们欢聚一堂,畅所欲言。乘客们大多有很强的求知欲望,因此他们对沿途的景色和动植物等相当感兴趣,并会进行详细的观察和深入的讨论。这也就是"学习邮轮"得名的原因。

8. 最浪漫的邮轮——海之梦

两个人的海上之旅是多少人梦寐以求的事情。迈阿密"海之梦"游艇俱乐部就向情人们提供了这样完美的私人空间,他们还承诺:给你私人的空间,把航行和厨房的事交给我们来办。

航程的起始港口是由"海之梦"规定的。不过既然是私人的旅程,你完全可以要求在旅途中间任何一个港口停靠,当然,也没有人会要求你穿什么服装参加晚宴。日光浴和按摩帐篷也只有你们两人才能进入。

船上的设施包括了亚洲风格的矿泉疗养吧,有私人教练的健身俱乐部以及独立的餐馆和酒吧。

9. 最好的加勒比海邮轮——"里文特"号

选择一艘银海或者"风之星"的邮轮前往加勒比海固然不错,但吸引我们目光的是一艘法国邮轮"里文特"号。这艘邮轮因其沿途经过的目的地而闻名。超豪华的"里文特"号航经弗吉尼亚岛、格莱那迪尼斯和委内瑞拉岛屿。

"里文特"号经常靠岸让游客们下船玩滑水或游泳,或者让游客有机会上岸去那些仍有山羊在游荡的大马路上游玩。你会觉得自己身心放松,无拘无束。船上设施包括了2家酒店、4300平方英尺的日光浴甲板、45间拥有单独看海房间的套房。

- 邮轮分级

一般把邮轮分为五级:一星至五星,以五星为最佳。邮轮评级时十分注重服务,此外饮食、客房、娱乐和装潢也是评比条件,当然性价比很重要。同一艘邮轮,在不同的年份级别都有可能不一样。

豪华的五星邮轮:此类邮轮不一定巨大,反而可能是小船。比如 HEBRIDEAN PRINCESS(赫布里底公主号)只有2112吨,客人不足百人。五星邮轮还可能会比较旧,设施可能一般,但房间很大,里面应有尽有,装修豪华。最值得称道的是饮食和服务。服务员会记住你的需求,饮食不会逊于陆上的顶级美食。

高级的四星邮轮:这倒是我们常说的豪华邮轮,新造的很多是7万吨以上的庞然大物,比如处女号就是。它们是现代邮轮的代表,但客房较小(不过不会比香港酒店小)。与五星比,在细节上有差距,但在公共娱乐上则不会逊色于五星,甚至会超过。如果不是专业美食家,它的食物也足够算美味。它的卖点在于它的节目足够分量,否则怎么满足千名乘客。四星和五星的费用相差很远,所以处女号虽是四星,但是却足以是我们心中的五星。

标准的三星邮轮:它并不简陋,也可能是新造的,卖点也是精彩的演出。每艘三星都有其吸引乘客的一面。它的乘客会比四星更年轻。上海出发的歌诗达(Costa)所属的邮轮公司的三星船最受年轻人欢迎,因为船上足够好玩。而嘉年华公司更以"FUN SHIP"(欢乐船)为口号。相对于四星,它服务人员少,食物也差些。

- 歌诗达在中国的运作销售操作

目前只与合作的旅行社办理乘坐邮轮事宜。

1. 预订（锁舱）

Fit：小于或等于5个舱的散客预订。

Group：5个舱以上的团队预订。

锁舱（有舱号）：旅行社将锁舱要求发至销售部，歌诗达统一协调后将按要求安排舱位并提供舱号。

锁舱（无舱号）：旅行社将锁舱要求发至销售部，歌诗达统一协调后将各目录确认的舱数发至旅行社，但不提供舱号。

销售政策：分常规航次和旺季及特别航次。大于或等于20个舱以上的团队预订，须签订锁舱合同。

2. 团队锁舱确认

旅行社必须在预订有效期或开船前45天以书面形式确认锁舱舱位明细。

若旅行社未能在规定时间内确认已锁舱位，歌诗达将有权取消未确认的舱位，并没收全部定金。

3. 定金及付款政策

(1) 锁舱数量小于或等于100个舱

舱位的类别和价格确认后，歌诗达将出具定金发票，旅行社应在发票开具日起的7个日历日内支付定金，定金金额为锁定舱位票款总额（包括港务费）的20%；

开航45天以前，交纳票款总额（包括港务费）65%的定金；

剩余的15%的票款须在开航7天前结清；

任何由于票款延误而引起的后果，由旅行社自负。

(2) 锁舱数量大于100个舱

舱位的类别和价格确认后，歌诗达将出具定金发票，旅行社应在发票开具日起的7个日历日内支付定金，定金金额为锁定舱位正常票款总额（包括港务费）的15%；

开航45天以前，并交纳票款总额（包括港务费）70%的定金；

剩余的15%票款须在开航7天前结清；

任何由于票款延误而引起的后果，由旅行社自负。

(3) 开航前45天内的锁舱预定

在签订合同之时须立即支付不少于80%票款（包括港务费）的定金；

剩余的20%票款须在开航7天前结清；

任何由于票款延误而引起的后果，由旅行社自负。

4. 取消政策

(1) 锁舱取消政策

FIT 预订

无须签订合同，所定舱位须在预订有效期内确认，并遵照以下"舱位确认后的取消政策"。

① 锁舱数量小于或等于19个舱的团队预订

无须签订锁舱合同，旅行社必须在开航45天前通知取消已锁舱位，并遵照锁舱取消政策。

旅行社在开航45天前可免费取消小于或等于10%锁舱数量的舱数,不收取取消费;

若取消率小于锁舱的10%,所付定金可用于冲抵该航次已确认的船款;

若取消率大于锁舱的10%,所付定金将被全额没收,不能冲抵已确认的船票票款;

对于开航前45天以内相对合同舱位数量的减少或取消,歌诗达将根据以下取消舱位的相关规定执行。

② 锁舱数量大于或等于20个舱的团队预订

旅行社在开航45天前可免费取消小于或等于10%锁舱数量的舱数,不收取取消费;

若取消率小于锁舱的10%,所付定金可用于冲抵该航次已确认的船票票款;

若取消率大于锁舱的10%,所付定金将被全额没收,不能冲抵已确认的船票票款;

对于开航前45天以内相对合同舱位数量的减少或取消,歌诗达将根据以下取消舱位的相关规定执行。

(2) 舱位确认后的取消政策

对于已转为确认状态的舱位(或BKD预订),如发生取消情况,则参照歌诗达有关取消舱位的相关规定执行(见表6-1)。

表6-1 取消舱位的相关规定

取消期限	费率
起航前45天至30天	20%
起航前29天至15天	50%
起航前14天至8天	70%
起航前7天至起航日	100%

旅行社须于开航7天前将领队证复印件传真至我公司预订部做登记,否则将不能享受领队优惠政策。

5. 领队优惠政策

领队可享受I1(提前预订价)的优惠船票价格,舱位将视销售情况由歌诗达统一安排,一般情况下以内舱为主,如有其他特殊要求,须提前申请;

享受免费岸上游优惠,免额计算方式参照表6-2。

表6-2 领队优惠政策

团队总人数(包括儿童)	岸上游免额(人)
6~39人	1
40~59人	2
60~79人	3

旅行社须于开航7天前将领队证复印件传真至歌诗达预订部做登记,否则将不能享受领队优惠政策。

6. 歌诗达国际航线

(1) 销售政策

1~5个舱为FIT预订（通过Call Center直接预订），领队不享受任何优惠政策；

6个舱或以上为团队预订（通过锁舱预订）；

每16位全额付费的下铺的乘客（即每个舱中的第一/二位乘客），免1人，即15+1FOC。

(2) 领队优惠政策

享受免费岸上游，免额计算方式参照表6-3。

表6-3　领队优惠政策

团队总人数（包括儿童）	岸上游免额（人）
6~31人	1
32~47人	2
48~63人	3

旅行社须于开航7天前将领队证复印件传真至歌诗达预订部做登记，否则将不能享受领队优惠政策。

第三节　旅游水路常规性处置

一、如何预防晕船

（1）远离各种可以引起晕船的气味区，如轮船的引擎烟味、冰桶里的死鱼腥味、沙丁鱼三明治，以及吸烟区的烟草味等。

（2）时刻呼吸新鲜的空气，可在甲板上吹吹海风。

（3）乘坐轮船时，切勿饮食过量，合理的进食往往可以预防晕船。

（4）疲劳会增加晕船的机会。因此，在出发前，必须获得充足的睡眠。在旅途中小睡片刻，也有帮助。

（5）尽量在颠簸的船体上避免阅读等可使人眼睛疲劳、眩晕的活动。

二、海上急救的目的与原则

1. 海上急救的目的

海上急救必须竭尽全力达到如下目的。

（1）挽救或延续伤病员的生命。

（2）改善病情，减少患者的痛苦。

（3）防止病情恶化，预防并发症和后遗症发生。

2．海上急救的原则

海上急救必须动作迅速、措施正确。为此，必须贯彻以下几条原则。

（1）迅速弄清情况。只有弄清情况，才能采取正确的急救措施。弄清情况包括弄清发生伤患的原因，搞清来龙去脉，确定急救措施。

（2）稳定伤病患者的情绪，给予患者鼓励，帮助树立必胜信心。

（3）进行急救或给予医疗指导。急救的原则是恢复心跳和呼吸，止血，防止休克现象发生，然后进行有针对性的急救。

（4）海上船舶远离海岸，医疗条件较差，但有时伤病员的病情可能非常严重，虽经船上人员处理，但仍不能脱离危险，此时需要求助于岸上的专业医务人员，通过无线电设备在抢救、护理等方面给予一定的医疗指导。

三、海上遇险时的救援常识

人员在海上遇险时，应注意以下几点。

一是遇险人员间要相互鼓励，树立求生的信心，在使用救生设备，如救生艇、筏时要注意听从指挥，保持秩序，特别要强调的是树立一定能活着回去的信心至关重要。

二是要通过一切可能的手段，将自己遇险的具体情况（时间、地点、遇险性质、所需帮助等）和报警求救信号发送出去，一般可通过甚高频电话（VHF）、DSC、GMDSS卫星通信系统和应急示位标、单边带等船用救生设备，在条件允许时，也可直接用手机拨打水上遇险报警电话：城市区号"＋12395"求救（国内）。

三是要尽快穿好救生衣，在条件允许时要尽快放下救生筏或救生艇，并且在落水前要保证吃饱、穿暖，使自己有一个充足的体力，同时要尽量不落入水中，特别是在水温较低时，要尽量待在船上或是救生艇筏上等待救助，不要贸然跳水。

四是一旦落入水中，一定要保持情绪稳定，不能慌张，尽量减少在水中的活动，特别是水温低时尽量不要游泳，最大可能地保持体力，延长在水中的待救时间。

1．救生衣的使用方法

穿救生衣时应遵循以下方法。

（1）两手穿进去，将其披在肩上。

（2）将胸部的带子扎紧。

（3）将腰部的带子绕一圈后再扎紧。

（4）将领子上的带子系在脖子上。

2．游船触礁下沉时的自救

（1）船艇撞到礁石、浮木或其他船只，都可能导致船体洞穿，但是并不一定马上下沉,也许根本不会下沉。应该来得及穿上救生衣,发出求救信号,手机、信号弹和燃烧的衣物都可以发出求救信号。

(2)除非是别无他法,否则不要弃船。一旦决定弃船,请在工作人员的指挥下,先让妇女儿童登上救生筏或者穿上救生衣,按顺序离开事故船只。穿着救生衣要像系鞋带那样打两个结。

(3)如果来不及登上救生筏或者救生筏不够用,不得不跳下水里,就应迎着风向跳,以免下水后遭飘来的漂浮物的撞击。跳时双臂交叠在胸前,压住救生衣。一双手捂住口鼻,以防跳下时进水。眼睛望前方,双腿并拢伸直,脚先下水。不要向下望,否则身体会向前扑摔进水里,容易使人受伤,如果跳的方法正确,并深吸一口气,救生衣会使人在几秒之内浮出水面,如果救生衣上有防溅兜帽,应该解开套在头上。

(4)跳水一定要远离船边,跳船的正确位置应该是船尾,并尽可能地跳远,不然船下沉时涡流会把人吸进船底下。

(5)跳进水中要保持镇定,既要防止被水上漂浮物撞伤,又不要离出事船只太远。如果事故船在海中遇险,请耐心等待救援,看到救援船只挥动手臂示意自己的位置。在江河湖泊中遇险,如果很容易游上岸边,请尝试。如果水速很疾,不要直接朝岸边游去,而应该顺着水流游向下游岸边,如果河流弯曲,应游向内弯,那里较浅并且水流速度较慢。请在那里上岸或者等待救援。

3. 船上失火的逃生步骤

(1)船上一旦失火,由于空间有限,火势蔓延的速度惊人。如果当时远离陆地,可能难以逃生,因此若是失火,必须当机立断,关闭引擎并声大喊叫:"失火了!"

(2)若是甲板下失火,船上的人须立即撤到甲板上,关上舱门、舱盖和气窗等所有的空气口,阻止空气进入,然后在甲板上或者其他容易撤退的地方进行扑救,如果无法迅速灭火,应该撤离火场,甚至弃船。

(3)一旦发现火势无法控制,抓紧时间寻找救生设备,从船尾跳到水中或者撤到救生筏上,弃船后尽快远离出事船只。

(4)弃船后,有人会因为过度惊惶而丧命,请注意,均匀的深呼吸有助于保持震惊,游泳或者踩水时,动作要均匀舒缓。

四、邮轮达人行李箱

以下物品一般为乘坐邮轮旅客的必备物品。

(1)夏衣。无论你选择哪一条邮轮线路,都要在行李箱里塞进夏天的衣服。因为邮轮室内恒温一般设定为26℃,因此夏季休闲装在日常生活中必不可少。

(2)外套。如果你喜欢在夜晚的甲板上看星星,别忘了带件防风外套以免着凉。

(3)游泳衣。游泳衣用于邮轮上的游泳池或日光浴。

(4) 礼服与套装。在公共场合例如大堂、餐厅需要穿戴整齐，而船长欢迎酒会及下船前一晚的香槟酒会则需要穿礼服隆重登场。

(5) 慢跑鞋。如果担心邮轮的腐败生活会让你的脂肪也蠢蠢欲动，那就带上慢跑鞋和健身服装，在船甲板的塑胶跑道上晨跑，视野里是不同角度的大海，绝对愉悦身心。

(6) 太阳镜。阳光照射在波浪上，就像镜子一样耀眼，所以带一幅太阳镜很有必要。

(7) 防晒霜。这是上甲板必备的物品。

(8) 晕车药。身上备着一些晕车药，可以防止因为晕船而破坏了美妙的旅途。

五、水路交通法律纠纷的解决途径

水路法律纠纷是指当事人在水路运输过程中发生的以权利义务为内容的纠纷。按照纠纷解决途径的性质分为行政法律救济、民事法律救济和刑事法律救济，其具体的解决途径为投诉（申诉）、和解、调解、仲裁或者诉讼。

1. 行政法律救济

在水路运输中，当事人违反海上交通安全法律或者其他相关法律的规定，尚未构成犯罪的，应当依法追究行政责任。对于此类纠纷通过行政法律救济方式解决。船舶、设施发生交通事故，应当向主管部机关递交事故报告书和有关资料，并接受调查处理。事故的当事人和有关人员，在接受主管机关调查时，必须如实提供现场情况和与事故有关的情节。由主管部门依法追究行政责任。当事人可以通过投诉（申诉）、诉讼等方式解决。

2. 民事法律救济

在水路运输中，一方当事人违反运输合同约定或者侵害他人的合法权利或者利益的，受害人可以请求对方承担民事责任。民事责任一般为补偿性的责任，而惩罚性为例外。对于一方当事人既违反合同的约定义务又侵害对方的合法权益，构成责任竞合的，受害人可以选择适用违约责任救济方式或者侵权责任救济方式，而两者不能够同时适用。当事人可以通过和解、调解、仲裁或者诉讼等方式解决。适用仲裁方式解决的前提是当事人应当在运输合同约定仲裁条款或者订立仲裁合同；适用诉讼解决纠纷要注意选择合同签订地、出发地、经停地或者目的地等法院管辖，以更好维护当事人的合法权益。

3. 刑事法律救济

在水路运输中，对于严重危害水路运输安全或者侵害当事人的合法权益，依法应当追究刑事责任的，应当由司法机关追究刑事责任。

课外知识

● 长江游轮船型的选择

由于长江河道及其上面坝、桥等建筑的限制,目前运行在长江的大型豪华游轮最大也就是长100米左右,宽17米,吃水2~3米,在长江上的60多艘豪华游轮中有许多现已被国家旅游局评定为三星级、四星级和五星级游轮,有4000吨以上的大型豪华游轮,也有1500吨至3000吨左右的中型游轮,在速度快慢和舒适程度方面各有优缺点,一般情况下,豪华游轮大都有五层。

底层:一般为船上服务人员的宿舍和工作用房,包括洗衣房、制水闸、锅炉房、机舱房、厨房等;

二层:一般为主甲板层,有前台大堂、服务总台、餐厅和部分客房;

三层:主要是客房,多为标准间,但也会有一些小型的娱乐场所分布在此层;

四层:主要是客房,因噪音较小,故多为高档客房;

五层:一般为娱乐甲板区,船上的游乐设施多位于此层,包括吧台、咖啡厅、舞池、图书室甚至游泳池等。

● 长江游轮客房的选择

游轮上的客房一般分为标准房间和豪华套房两种,但为了适应部分特殊旅客的需求,有的游轮还会将这两种房间进行改良,形成夫妻房(有小孩沙发床)、残疾人房间、单人间等,也有豪华总统套房/皇帝套房等超豪华房间。

标准客房的大小一般为8~16平方米,有两张床铺,部分有观景阳台。

豪华套房大小可以达到几十平方米,有客厅、酒吧、装饰华丽考究。

豪华总统套房则会达到100多平方米,大多为外国元首或政府要员入住,可享受到最为尊贵和无微不至的服务,享有独立的私人观景阳台等。

客房的价格也会随着房间的豪华程度会有所区别,同时也取决于游轮所提供的服务,一般情况下,都会提供洗衣、送餐、morning call、按摩以及其他vip服务等,会根据所提供的服务收取相应的费用。

另外,长江上的部分游船还可提供提前一天登船留宿,或推迟一天离船的服务业务,以方便部分游客,但需要注意的是提前入住的游客,只会得到房间服务,而没有任何夜间的活动安排,一般情况下,上船后就不可以外出,同时,船上的大部分员工都回家休息。

● "达人"的含义

"达人",本来是一个来源于日本俗语的词汇,在日文字典里,"达人"是指经过长年的锻炼,积累了丰富的经验,得到某个领域真谛的人。而对于我们来说,"达人"最直白的翻译,就是"高手";"旅行达人",就是"旅行的高手"。那些旅行的高手都在怎样玩?他们会选择什么目的地,选择怎样的旅行方式?他们会从旅行中获得怎样与众不同的享受与收获?

● 特别提醒

1. 危急时刻人能想起的任何一个电话可能都有帮助,不管是110、120、119还是SOS或者家人的电话都可以拨打。打电话时尽量保持冷静,告诉对方自己的位置和出现的险情。

2. 一旦出现险情,万不可盲目乱窜,不管情况多么紧急,都要听从指挥,保护船体平衡,如此才能延缓下沉速度,争取更多的救护时间。

3. 万一掉进水里或者跳到水里,要屏气并捏着鼻子,避免呛水,因为人一旦呛水将失去方向感并变得更为惊惶疲惫。在放松身体的同时试一试能否站起来,因为很多河流并不是很深。

4. 为了节省体力,一般落入水中要脱掉沉重的鞋子,扔掉口袋里沉重的东西,不要贪恋财物,不要有侥幸心理。

5. 由于溺水者往往惊惶失措,死命地抓住一切够得着的东西当做救命稻草,因此拯救者在进行救护时一定要注意观察,不要被溺水者抓住,除非万不得已,不要下水进行救护。不得已下水救护时,一般要先在溺水者的后脖颈处砍一下,避免溺水者缠上身来。

第四节 旅游水路常见标志

旅游水路标志主要指航道助航标志、常用航道公共标志、船务公司标志等。

一、航道助航标志

航道助航标志又分海上航道助航标志和内河航道助航标志。

1. 海上航道助航标志

海上航道助航标志包括目视航标、音响航标和无线电航标。目视航标靠驾引人员视觉识别,最为方便。航标有一定颜色供白天识别和夜间发射闪光。灯塔、浮标、灯桩、灯船均属此种航标。音响航标按规定发出声响,可在能见度差的天气中助航,包括雾号、雾钟、雾笛和雾哨等。无线电航标是用无线电波为船舶助航,其设施包括无线电指向标、无线电导航台、雷达指向标、雷达应答标、雷达反射器和雷达指向标等。

(1)侧面标志。侧面标志是依航道走向配置的,用以标示航道两侧界限或标示推荐航道,也可以标示特定航道。侧面标包括航道左侧标、右侧标和推荐航道左侧标、右侧标。

航道左侧标和右侧标的特征应符合表6-4的规定。

表 6-4　左右航道侧标特征

特　征	航道左侧标	航道右侧标
颜　色	红色	绿色
形　状	罐形，或装有顶标的柱形或杆形	锥形，或装有顶标的柱形或杆形
顶　标	单个红色罐形	单个绿色锥形，锥顶向上
灯　质	红光，单闪，周期 4 秒 红光，联闪 2 次，周期 6 秒 红光，联闪 3 次，周期 10 秒 红光，连续快闪	绿光，单闪，周期 4 秒 绿光，联闪 2 次，周期 6 秒 绿光，联闪 3 次，周期 10 秒 绿光，连续快闪

推荐航道左侧标和右侧标的特征应符合表 6-5 的规定。

表 6-5　推荐左右航道侧标特征

特　征	推荐航道左侧标	推荐航道右侧标
形　状	罐形，装有顶标的柱形或杆形	锥形，装有顶标的柱形或杆形
顶　标	单个红色罐形	单个绿色锥形，锥顶向上
灯　质	红光，混合联闪 2 次加 1 次，周期 6 秒 红光，混合联闪 2 次加 1 次，周期 9 秒 红光，混合联闪 2 次加 1 次，周期 12 秒	绿光，混合联闪 2 次加 1 次，周期 6 秒 绿光，混合联闪 2 次加 1 次，周期 9 秒 绿光，混合联闪 2 次加 1 次，周期 12 秒

（2）方位标志。方位标志设在以危险物或危险区为中心的北、东、南、西 4 个象限内，即真方位西北—东北，东北—东南，东南—西南，西南—西北，并对应所在象限命名为北方位标、东方位标、南方位标、西方位标，分别标示在该标的同名一侧为可航行水域。方位标也可设在航道的转弯、分支汇合处或浅滩的终端。

方位标志的特征应符合表 6-6 的规定。

表 6-6　方位标志特征

特　征	北方位标	东方位标	南方位标	西方位标
颜　色	上黑下黄	黑色，中间一条黄色宽横带	上黄下黑	黄色，中间一条黑色宽横带
形　状	装有顶标的柱形或杆形			
顶　标	上下垂直设置的两个锥体			
	锥顶均向上	锥底相对	锥顶均向下	锥顶相对
灯　质	白光，连续甚快闪 白光，连续快闪	白光，联甚快闪 3 次，周期 5 秒 白光，联快闪 3 次，周期 10 秒	白光，联甚快闪 6 次加一长闪，周期 10 秒 白光，联快闪 6 次加一长闪，周期 15 秒	白光，联甚快闪 9 次，周期 10 秒 白光，联快闪 9 次，周期 15 秒

（3）孤立危险物标志。孤立危险物标志设置或系泊在孤立危险物之上，或尽量靠近危险物的地方，标示孤立危险物所在。船舶应参照航海资料，避开本标航行。

孤立危险物标的特征应符合表 6-7 的规定。

表 6-7 孤立危险物标特征

特 征	孤立危险物标志
颜 色	黑色，中间有一条或数条红色宽横带
形 状	装有顶标的柱形或杆形
顶 标	上下垂直的两个黑色球形
灯 质	白光，联闪 2 次，周期 5 秒

（4）安全水域标志。安全水域标志设在航道中央或航道的中线上，标示其周围均为可航行水域；也可代替方位标或侧面标指示接近陆地。

安全水域标志的特征应符合表 6-8 的规定。

表 6-8 安全水域标的特征

特 征	安全水域标志
颜 色	红白相间竖条
形 状	球形，或装有顶标的柱形或杆形
顶 标	单个红色球形
灯 质	白光，等明暗，周期 4 秒 白光，长闪，周期 10 秒 白光，莫尔斯信号"A"，周期 6 秒

（5）专用标志。专用标是用于标示特定水域或水域特征的标志。

专用标的特征应符合表 6-9 的规定。

表 6-9 专用标的特征

特 征	专用标
颜 色	黄色
形 状	不与浮标和水中固定标志相抵触的任何形状
顶 标	黄色，单个"×"形
灯 质	符合表 6-7 的规定

2．内河航道助航标志

（1）概述。内河助航标志（简称内河航标）是反映航道尺度，确定航道方向，标示航道界限，引导船舶安全航行的标志。

内河助航标志的主要功能：内河航标是船舶在内河安全航行的重要助航设施。其主要功能是标示内河航道的方向、界限与碍航物，揭示有关航道信息，为船舶航行指出安全、经济的航道。

决定河流左岸、右岸的原则：按水流的方向确定河流的上下游，面向河流下

游,左手一侧为左岸,右手一侧为右岸。对水流流向不明显或和河段流向不同的河流,按下列顺序确定上、下游:

① 通往海口的一端为下游;

② 通往主要干流的一端为下游;

③ 河流偏南或偏东的一端为下游;

④ 以航线两端主要港埠间的主要水流方向确定上、下游。

左、右岸航标颜色的确定:左岸为白色(黑色),右岸为红色。光色是:左岸为绿光(白色),右岸为红光。不必区分左、右岸的内河航标按背景的明暗确定,其颜色是:背景明亮处为红色(黑色);背景深暗处为白色。

内河航标灯质应符合有关规定。

(2) 内河航标的分类。内河航标按功能分为三类,即:航行标志、信号标志、专用标志。

① 航行标志。航行标志指标示航道方向、界限与碍航物的标志,包括过河标、沿岸标、导标、过渡导标、首尾导标、侧面标、左右通航标、示位标、泛滥标和桥涵标等10种。

② 信号标志。为航行船舶揭示有关航行信息的标志称为信号标志,包括通行信号标、鸣笛标、界限标、水深信号标、横流标及节制闸标等6种。

③ 专用标志。为标示沿、跨航道的各种建筑物,或为标示特定水域所设置的标志,其主要功能不是为了助航的统称为专用标志。专用标志包括管线标及专用标等两种。

二、常用航道公共标志

常用航道公共标志按用途划分,主要包括以下7类。

(1) 锚地:船舶停泊及检疫锚地等。

(2) 禁航区:军事演习区等。

(3) 海上作业区:海洋资料探测、航道测量、水文测验、潜水、打捞、海洋开发、抛泥区、测速场、罗盘校正场等。

(4) 分道通航:分道通航区、分隔带等,当使用常规助航标志标示分道通航可能造成混淆时可使用。

(5) 水中构筑物:电缆、管道、进水口、出水口等。

(6) 娱乐区:体育训练区、海上娱乐场等。

(7) 水产作业区:水产定置网作业区和养殖场等。

常用航道公共标志应在标体明显处设置标示其用途的标记,并应在水上从任何水平方向观测时都能看到。具体规定见表6-10。

表 6-10　航道公共标志（部分）

用途种类	标　记		灯　质		周期（s）*
	颜色	图形标志	光色	闪光节奏	
锚地	黑	⚓	黄	莫尔斯信号"Q" — — · —	12
禁航区	黑	✕		莫尔斯信号"P" · — — ·	
海上作业区	红/白	◣		莫尔斯信号"O" — — —	
分道通航	黑	⇌		莫尔斯信号"K" — · —	
水中构筑物	黑	△		莫尔斯信号"C" — · — ·	
娱乐区	红、白	⛱		莫尔斯信号"Y" — · — —	
水产作业区	黑	🐟		莫尔斯信号"F" · · — ·	

注：* 可以 15 秒为备用周期。

三、船务公司标志

邮轮船务公司是邮轮的主人，船务公司的标志就是一种品牌，是公司实力、文化和服务理念的体现，也是让人们认识的重要途径。与我国有业务关系的邮轮船务公司如表 6-11 所示。

表 6-11　与我国有业务关系的邮轮船务公司表

船务公司名称	标　识
意大利歌诗达邮轮公司	Costa
美国公主邮轮	PRINCESS CRUISES escape completely
地中海邮轮公司	MSC Cruises 地中海郵輪
挪威丽星邮轮集团	STAR CRUISES 丽星邮轮

(续表)

船务公司名称	标 识
皇家加勒比邮轮国际有限公司	RoyalCaribbean INTERNATIONAL
日本邮船株式会社	NYK LOGISTICS & MEGACARRIER
意大利邮船公司	
长锦商船（中国）船务有限公司	SKR
长江皇家公主系列	

课外知识

● 灯标的识别

各种灯标是用不同的灯质来区分的。灯质包括光色、灯光节奏和灯光周期。

1. 光色

光色就是灯光的颜色。常见的有白、红、绿、黄光4种颜色。

2. 灯光节奏

灯光节奏是指灯光周期性的明暗规律。例如定光、闪光、联闪光、明暗光、联明暗光、等间光、互闪光、互联闪光、互明暗光、长闪光、短闪光、快闪光、联快闪光、甚快闪光、联甚快闪光、莫尔斯灯光等。

3. 灯光周期

灯光周期是指有节奏的灯光，自开始到以同样的节奏重复时所经过的时间间隔，单位为秒。

4. 海图上灯标符号的识别

如互闪白红15秒50米18海里，则表示该灯塔有白红两种颜色的闪光，闪光周期15秒，该灯塔高50米，灯光射程18海里。

● 助航标志

助航标志简称航标，设在沿海港湾、陆岸、岛屿及内河航道上，是用来帮助驾驶人员辨认航道、测定船位、避开危险物和障碍物的一种人工标志。

一、发光的助航标志

1. 灯塔。灯塔大都是建在重要航道的附近的岛屿或陆岸上，是塔状建筑物，塔身涂有显著颜色，顶部装有强力光源，夜间发射规定颜色和性质的灯光。一般装有雾警设备，在能见度不良时，发出规定的音响信号，以引起来往船只的注意。有的灯塔还设有无线电装置,提供船舶定位或导航用。灯塔有专人看守。

2. 灯桩。灯桩与灯塔的作用相同,但构造简单。一般是用钢架、混凝土或石块砌成的建筑物,顶部装有发光的装置。照射距离较近,分有人看守和无人看守两种。

3. 灯船。灯船大多设置在不能设置灯塔的重要航道附近,用以指示船舶进出港或指示浅滩等险区。多涂红色,两侧标有灯船名称或号码。有的灯船还装有雾警设备等。海图上灯船用符号表示,其位置在符号底部的圆圈中心。

4. 灯浮标。灯浮标大多设在无法设置灯塔的港口、航道或内河上,用来指示航道或障碍物的位置,灯浮标下装有沉锤或铁锚等设备。有的灯浮标装有不同形状的顶标,以便于区别。

二、不发光的助航标志

1. 立标。立标大多设在港口航道的两岸或离岸不远的浅水中。一般用铁架或木杆构成,并装有各种形状的顶标。设在水中的立标用于指示航道或障碍物、浅滩的位置,设在岸上的立标供导航、测速或校正磁罗经时使用。

2. 浮标。浮标与灯浮标作用相同,构造相似,但无发光设备。

浮标是浮于水面的一种航标。通过锚链锚碇于水底以固定标位。浮标应用广泛,其功能是标示航道范围,指示浅滩或危及航行安全的障碍物。在昼夜通航的水域上所设的浮标,带有发光灯具,称灯浮。

浮标按布设的水域可分为海上浮标和内河浮标。海上浮标的基本形状有罐形、锥形、柱形、杆形等。由于浮标受风、浪、潮的影响,标体有一定浮移范围,不能用作测定船位的标志。若采用活结式杆形浮标则位置准确,受撞后可复位。内河浮标有鼓形浮标、三角形浮标、棒形浮标、横流浮标和左右通航浮标等。浮标的形状、颜色、顶标、光色等按规定标准制作,均有一定含义。

1971年国际航标协会的技术委员会把各种海上浮标归为A、B两个系统。A系统为侧面标志(面向港口红色在左)和方位标志相结合的系统;B系统为侧面标志系统(面向港口红色在右)。1980年第十届国际航标会议合并A、B系统为统一系统,包括侧面标志、方位标志、孤立危险物标志、安全水域标志和专用标志等5类标志。侧面标志在A、B系统中标示内容相反,其他4种标志是一致的。方位标志是在以危险物或危险区为中心的真方位西北至东北、东北至东南、东南至西南、西南至西北4个象限内,分别设立北方位标、东方位标、南方位标、西方位标,标示可航水域在方位标同名一侧。孤立危险物标志设在危险物上或尽量靠近危险物的地方,指示船舶应避开航行。安全水域标志设在航道中央或中线上,标志周围均可通航。专用标志用于标示某一特定水域或特征。

● 海图

海图是供航海使用的一种专用地图。在海图上比较详细地标、绘、注有各种与航海有关的材料,例如海岸、港湾的形状,岛屿、障碍物、礁石、浅滩的位置,助航标志的位置及性质,水深、底质、磁差、潮汐和潮流的情况等。有了海图并能正确地识别与使用它,就可以在图上进行各种图解和解算各种有关的航海问题,因此,海图是航海工作不可缺少的重要资料。

墨卡托海图

墨卡托海图的特点:

海图上的经度线、纬度线各自平行并且互相垂直。

横向线在图上是一条直线。

在同一张海图上,经度1′长度不等。纬度越高,纬度1′在图上的长度越长,图上纬度1′的长度为1海里,因此,在图上量取两点的距离时,必须在就近的纬度比例尺上量取,才能准确。

● 海图比例尺

海图上任一条线段的长度与地球上这条线段的长之比称为海图的比例尺。常见的比例尺有以下两种形式。

(1)数字比例尺:用分数或比例形式表示。例如 1/100 000 或 1:100 000,表示图上1厘米的长度相当于地面实际长度 100 000 厘米。

(2)线比例尺:用线段长度表示。直线上1厘米长度代表地面上5海里。

● 海图的识别

1.海图标题栏。每张海图在图角空白处都有标题栏,其内容包括图名,比例尺,基准纬度,投影方法,测量年份及资料来源,深度、高程的单位及基准高,潮信表,各种警告及注意事项。

2.深度基准面和高程基准面。

(1)深度基准面。深度基准面是计算海图水深的起算面。我国采用理论深度基准面,即以理论上的最低低潮面作为深度基准面,这样海图上标注的一般比实际水深小(实际水深等于海图水深加潮高),有利于保证船舶航行安全。

(2)高程基准面。山高或岛屿高一般以1956年黄海平均海面为基准面起算。台湾、舟山以及远离大陆的沿海岛屿的高程基准面,采用当地平均海面,海南岛采用榆林港平均海面。干出礁、干出滩等干出的高度是从深度基准面起算,灯塔、灯桩以及沿海地区陆上发光灯标的高度,是从平均大潮面起算。

3.海图图边注解。海图图边注解主要包括图号、图幅注解、刊行机构和刊行日期以及小改正等方面的内容。

4.海图图式。海图的图幅是有限的,为了简明醒目又易辨认,将海洋和沿岸上的各种航海资料,以各种符号和简字的形式标绘在海图上,叫做海图图式。

练习与思考

1. 旅游水路交通的特点是什么？
2. 游轮与邮轮的各自意义是什么？
3. 熟悉邮轮的关键词和乘坐方法。
4. 简述水路订票的细则。
5. 了解海上自救、互救和求救的一般性常识。
6. 了解水路标志。

第七章

城市旅游公共交通与特种旅游交通

第一节 城市旅游公共交通概述

一、城市旅游公共交通的定义与服务方式

1. 城市旅游公共交通的定义

城市旅游公共交通,指在城市及其所辖区域范围内供公众出行乘用的各种客运交通方式的总称。它包括公共汽车、电车、出租汽车、轮渡、地铁、轻轨以及缆车等。城市公共交通是城市"工作、居住、休息、交通"四大功能之一,是为满足人民群众出行要求,保证城市经济和社会正常运行,"有利生产、方便生活"的先行官。

城市公交的基本任务是以营运服务为中心,组织和经营城市公共交通,努力为乘客提供"安全、方便、迅速、准点、舒适、经济"的乘车条件。

2. 城市公共交通的服务方式

城市公共交通的运营服务方式从总体上可分为以下三种类型。

(1) 定线定站服务。定线定站服务是指车辆(渡轮)按固定线路运行(航行),沿线设有固定的站点。行车班次(或航行时刻)按调度计划执行。在线路上车辆的行驶方式可分为全程车、区间车、站站停靠的慢车、跨站停靠的大站快车等。

(2) 定线不定站服务。定线不定站服务是指车辆按固定线路运营服务但不设固定站点或仅设临时性站点,乘客可以在沿线任意地点要求上下车,乘用比较方便。目前在各个城市发展很快的小型公共汽车多数属于这一类。

(3) 不定线不定站服务。不定线不定站服务主要指出租汽车服务,其运行线路与乘客上下车地点均不固定,除电话叫车、营业站点要车外,还可在街道上扬手招车。

二、城市道路网

城市道路网的格局是在一定的自然条件、社会条件、现状条件和当地建设条件下，为满足城市交通及其他各种要求而形成的。因此，没有什么统一的格局，实际工作中更不能机械套用某一种形式，而必须根据各地的具体条件，按道路网规划的基本要求进行合理组织。按已形成的城市道路网格局，可以分为以下几种基本类型。

1. 方格式

方格式又称棋盘式，其优点是设计简单，房屋朝向易于处理，并在一定程度上避免城市交通拥挤。

2. 放射式

放射式的特点是城市有明显的市中心或广场，各条街道均通向这里。单纯的放射式只有在小城镇才能适用，因为从城市的任一点到另一点，都要绕经中心。

3. 环形放射式

环形放射式既保持放射街道，又加上与市中心成同心圆的环状街道，以避免单纯放射式的缺点。

4. 方格—环形—放射混合式

方格—环形—放射混合式的特点是城市主体地区采用方格式布局，以外设方形或多边形环路，加放射对角线式直通道路。

5. 自由式

这种城市道路网没有一定的格式，这是由于城镇地区所处地形复杂，考虑了道路功能，又结合自然条件，因地制宜地加以组织而形成的道路网形式。其缺点为占地多，城市内任何两点间道路的非直线系数都较大。

三、城市旅游公共交通的分类

城市旅游公共交通可通过以下几种方式进行分类。

1. 按行驶的路线

城市旅游公共交通按行驶的路线可分为以下两类。
（1）行驶于城市街道上的，如公共汽车、有轨电车、无轨电车。

（2）行驶于城市街道外的，如地下铁道、快速有轨电车、新交通系统、高速铁道、市郊列车、轮渡、缆车等。

2. 按提供服务的方式

城市旅游公共交通按提供服务的方式可分为以下两类。

（1）基本公共交通。它们的服务有固定的线路、固定的停靠站点和固定的运行时刻，大部分城市公共交通属于这一类。

（2）辅助公共交通。它们不设固定线路和停靠站点，没有固定运行时刻，对于固定的公共交通方式来说，它起辅助作用，如出租汽车、机动三轮车等。

3. 按输送乘客的速度特征

城市旅游公共交通按输送乘客的速度特征可分为以下三类。

（1）低速公共交通，如公共汽车、有轨电车、无轨电车、出租汽车等。

（2）快速公共交通，如地下铁道、快速有轨电车、新交通系统、高速铁道等。

（3）特殊形式的公共交通，如轮渡、缆车、直升机等。

公共交通在不同的国家受其本国经济水平和科技水平的影响很大，故发展的规模与水平差异亦很大。即使在一个国家，由于城市的政治、经济地位或地理条件不同，公共交通的结构也各有特色。比如工业发达国家的大城市往往以地铁、快速有轨电车为主干，积极研制新交通系统，发展成多种公共交通方式综合配套，干线交通与支线交通相互衔接，大都市圈内的城市间交通均设有完善而快捷的系统。

第二节 城市旅游公共交通方式

一、城市公共汽电车

1. 城市公共汽电车概述

城市公共汽电车是指在城市中按照规定的线路、站点和时间营运，供公众乘坐的客运车辆。城市公共汽电车客运服务设施，是指为城市公共汽电车客运服务的停车场、站务用房、候车亭、站台、站牌以及供配电等设施。

城市公共汽电车是城市公共交通的重要组成部分。国家实行优先发展城市公共交通战略，对城市公共汽电车客运服务设施建设和投资等方面实施相应的扶持政策。

城市公共汽电车配置有候车亭、站台等城市公共汽电车客运服务设施。在具备条件的城市还设置城市公共汽电车专用道、公交港湾和优先通行信号系统。

城市中的航空港、铁路客运站、居住区、长途汽车站、客运码头、地铁站、轻轨站、大型商业中心、大型文化娱乐场所、旅游景点和体育场馆等均有配套的城市公共汽电车客运服务设施。

各城市公共汽电车设置有专门的管理机构，具体负责本城市的公共汽电车线路编制、公共汽电车客运服务设施的规划和建设、公共汽电车运行管理等。

2. 快速公交

（1）快速公交系统简介。快速公交系统（Bus Rapid Transit，BRT），是一种介于快速轨道交通（Rapid Rail Transit，RRT）与常规公交（Normal Bus Transit，NBT）之间的新型公共客运系统，是一种大运量交通方式，通常也被人称作"地面上的地铁系统"。它是利用现代化公交技术配合智能交通和运营管理，开辟公交专用道路和建造新式公交车站，实现轨道交通运营服务，达到轻轨服务水准的一种独特的城市客运系统。

快速公交系统于1979年起源于巴西的库里蒂巴，与此同时世界上许多城市通过仿效库里蒂巴市的经验，开发改良建设了不同类型的快速公交系统。快速公交系统在类型、容量和表现形式上的多样性，反映出它在运营方面广阔的发展空间以及大运量公交系统与生俱来的灵活性。快速公交系统既适用于一个拥有几十万人口的小城市，同时也适用于特大型的都市。

（2）快速公交系统的组成。快速公交系统由以下几个部分组成。

① 专用路权：通过设置全时段、全封闭、形式多样的公交专用道，提高快速公交的运营速度、准点率和安全性。

② 先进的车辆：配置大容量、高性能、低排放、舒适的公交车辆确保快速公交的大运量、舒适、快捷和智能化的服务。

③ 设施齐备的车站：提供水平登乘、车外售检票、实时信息监控系统和有景观特色的建筑为乘客提供安全、舒适的候车环境与快速方便的上下车服务。

④ 面向乘客需求的线路组织：采用直达线、大站快运、常规线、区间线和支线等灵活的运营组织方式更好地满足乘客的出行需求。

⑤ 智能化的运营管理系统：运用自动车辆定位、实时营运信息、交通信号优先、先进车辆调度，提高快速公交的营运水平。

（3）快速公交系统的特点与优势。

① 特点

快速公交系统是一种高品质、高效率、低能耗、低污染、低成本的公共交通形式，充分体现了以人为本、构建和谐社会的发展理念。快速公交系统采用先进的公交交通车辆和高品质的服务设施，通过专用道路空间来实现快捷、准时、舒适和安全的服务。

快速公交系统系统可以解决走廊内公交车的拥挤和延误等问题，对城市而言，有极其重要的收益和好处。

② 优势

● 乘客节省时间和费用

乘客节省时间是实施快速公交系统的最主要收益。

● 舒适和方便性

快速公交系统车辆内部十分宽敞和舒适，上下车更加方便和快捷。

● 改善混合交通情况

从常规交通中抽出并纳入快速公交系统走廊，公交车辆社会车流的运行速度将得到有效提高。

● 节约运营成本

快速公交系统行驶速度快、载客量大，减少了车辆数量，大大减少购置车辆费用，同时减少燃料、维护、司机、存放等方面的成本。

● 改善驾驶员的工作条件

较高的行驶速度、不受其他车辆影响和干扰的专用车道、车外售检票（意味着驾驶员不必再监督上车人是否投币或刷卡），将会极大减轻司机的工作压力。

● 改善通勤条件和增加工作机会

快速公交系统系统将首先为沿线的那些受时间和出行费用所限的人群带来更多的工作和商业机遇。

● 提高改进生产力和投资环境

快速公交系统可以节省乘客和社会车辆的时间，人们可以从快速公交系统中得到的收益是：不需花太多钱就可以满足出行需要，并且节省时间。

● 改善空气质量

快速公交系统对改善空气质量也有好处。快速公交系统还能节省燃料和能源消耗，从另一方面改善空气质量。

● 土地升值

快速公交系统走廊沿线的土地会得到升值。

二、城市出租车

1. 我国的城市出租车概述

出租汽车，是指经主管部门批准，按照乘客和用户意愿提供客运服务，并且按照行驶里程和时间收费的客车。

出租汽车是城市公共交通的重要组成部分，是城市公共汽电车的交通延伸与补充，更是城市形象的"活名片"。出租汽车的发展，应当与城市建设和城市经济、社会发展水平相适应，并与其他公共交通客运方式相协调。

目前，我国客运出租汽车运营模式归纳起来有4种。

（1）公司化管理模式，即经营权、车辆产权归企业所有，企业实行公司化管理，司机与企业签订劳动合同和承包合同，实行单车承包经营。

（2）挂靠经营模式，即客运出租汽车经营权归企业所有，名义上企业也拥有车辆产权，但实际由司机出资购买车辆，挂靠于企业，以企业名义从事经营。

（3）松散型联合体管理模式，即经营权和车辆产权均为个体经营者所有，通过政府或协会的引导，个体经营者组成松散联合体，对外使用统一的公司名称和服务标志，向公司交纳少量的管理费，公司为其提供办理保险、纳税费等服务。

（4）个体经营模式，即经营权和车辆产权均为个体经营者所有，个体户是完全意义上的市场主体。

2．漫话各国城市出租车

伦敦：英国首都伦敦对出租车驾驶员及出租车的管理和要求有着一整套行之有效的办法。严格的管理和考核制度使伦敦出租车行业的服务质量名列世界前茅，英国出租车驾驶员被认为是世界上最有礼貌的驾驶员。出租车招手即停，没有拒载和乱收费现象，以优质服务和采用高大宽敞的出租车给游客留下终生难忘的好印象，成为游客观察伦敦文明的窗口。

巴黎：巴黎出租车价格比伦敦低得多——只要不出市区，很少超过25欧元，而且他们一般不会拒绝把你送到任何地方。在巴黎乘坐出租车也很安全，通常使用"奔驰"牌轿车，偶尔也使用雷诺汽车公司的"宇宙"牌轿车。小费可有可无，但除车费外，多付一点钱会显得有礼貌。巴黎出租车驾驶员最健谈，你一上车，他便滔滔不绝地侃起来。懂法语的会在他暗示下多给点小费，而听不懂的乘客，欣赏了他的表演后，没准会给上一阵掌声。

值得一提的是，巴黎的出租车只能乘坐3名乘客。如果第4名要上来，就得加付7～10欧元的费用。巴黎的出租车起跳为2欧元，分两个时段计费：白天（早上7点至晚上19点）与夜间（晚上19点至早上7点）两时段。在每个时段内又因乘客搭乘的地域不同，而分三种计价方式：A、B、C。

A价最便宜，适用于白天时段并在巴黎市内，每千米为0.6欧元；B价适用于巴黎市内夜间时段与巴黎郊区的白天时段，每千米为1欧元；C价最贵，适用于郊区的夜间时段与到巴黎以外的地区，每千米为1.2欧元。

莫斯科：在俄罗斯首都莫斯科，出租车基本上全是国产的伏尔加车，车身全部是显眼的黄色，车顶有非常醒目的牌子，能让人一眼认出。莫斯科其他几家主要面向散客的出租车公司的车型也基本为国产的伏尔加车。出租车的标志为圆圈内有一个"T"字。大部分出租车都没有计价器，他们一般先跟乘客讲好价钱，或者凭所行驶的里程数向乘客收钱。莫斯科消费水平位于世界前几位，只靠一份工作要想生活得好很难，有车的人大都扮演着兼职出租车司机的角色。

可以说，莫斯科遍地都是这种不挂牌的黑出租车，随便在哪，只要将胳膊朝着马路平伸着，马上就会有车来问是否要搭车，而且不管是奔驰还是宝马，是公车还是私车，费用一般不高。

纽约：纽约出租车分为电招车和普通出租车两种。电招车是顾客打电话向出租车公司预订的车，一般车型较好，林肯、奔驰、宝马都有，但价格要贵不少。搭乘中，桥或隧道的过路费得旅客自己付。司机常常在运行中为了让车跑得更快自己付过路费，这个费用在乘客下车的时候跟车费一起算。一般给司机15%的小费。纽约的出租车一般在路上叫或在较大的宾馆前可以搭乘。乘车前要看出租车车顶的灯来确认。空车上面的灯是亮的，所以一眼就能看出来。上了出租车要准确地说出你要去的目的地，因为偶尔会有宰游客的司机。车费：起步价（约322米）是2美元，每1/5英里加30美分。等候时20美分/分钟，晚八点到凌晨六点附加50美分。纽约对出租车驾驶员的要求并没有像英国伦敦那么严格，只要学习20个小时的课程，然后在有关交通规则、城市地理位置、自卫措施等方面的80个问题考核中，能答对22个即可通过，有的人不到3个小时便能取得驾照。

罗马：意大利首都罗马的出租车驾驶员必须通过街道知识测验，并从当地政府获得行为检点证书。由于出租车数量有限，因此，一个人想干这一行，必须等一位驾驶员退休后才能补上。罗马的出租车费用为平时起步费为2.33欧元，周日及公共假期是3.36欧元，晚上22点到次日7点之间，起步价为4.91欧元。每件行李收取1.04欧元。

大阪：日本大阪的出租车采取公定价格，主要靠提高服务质量来招揽乘客。到处都设有出租车招呼站，进入招呼站立即有人供应饮料，乘客上下车，驾驶员都会亲自开门迎送和道谢。所有高级车种都装有电话，坐椅内部装有按摩装置，颇受老人和熬夜的上班族的欢迎。夏天乘客乘坐"皇冠"牌出租车可获得一条凉凉的毛巾，小孩子则可以拿到糖果饼干等，车上还备有感冒药、胃药、营养剂等。

三、城市轨道交通

1863年英国建成第一条地铁线路，1888年美国建成第一条有轨电车线路，标志城市交通进入轨道交通时代。经过诞生和初始发展阶段（1863—1923年）、萎缩阶段（1924—1948年）、再发展阶段（1949—1969年）、高速发展阶段（1970年至今），当今世界各大城市和特大城市都确立了公交优先、轨道交通是公交骨干的政策。

1. 城市轨道交通行业

作为城市公共交通系统的一个重要组成部分，在中国国家标准《城市公共交通常用名词术语》中，将城市轨道交通定义为"通常以电能为动力，采取轮轨运转方式的快速大运量公共交通的总称"。目前国际轨道交通有地铁、轻轨、市郊铁路、有轨电车以及悬浮列车等多种类型，号称"城市交通的主动脉"。城市轨道交通和其他公共交通相比，具有以下特点：用地省，运能大，轨道线路的输送能力是公路交通输送能力的近 10 倍。每一单位运输量的能源消耗量少，因而节约能源；采用电力牵引，对环境的污染小。

随着城市化的快速推进，作为中国城市公共交通网络重要组成部分的城市轨道交通网络建设也在快速发展。截至 2012 年年底，全国有 35 个城市在建设轨道交通线路，全国轨道交通运营线路总计达到 67 条，运营长度总里程达到 2042 千米，运营车站总数达到 1353 座。

2. 城市轨道交通的优点

建设城际快速轨道交通网，是综合运输系统现代化的重要标志，快速轨道交通以其输送能力大、快速准时、全天候、节省能源和土地、污染少等特点，提供了开拓未来可持续发展的新空间。

（1）轨道交通用地省，运能大。轨道交通占地是公路的 1/8。一条复线轨道交通线路与一条 16 车道的公路具有大体相同的运输能力。

（2）轨道交通造价低，速度高。轨道交通的造价是地铁的 1/3，速度是地铁的 2 倍。城际快速轨道的运行时速将达到 250 千米/小时，是地铁时速的 2 倍。而地铁的造价高达 4 亿～6 亿元/千米，轻轨的造价只是 1.5 亿元/千米，仅为地铁造价的 1/3。比利时当年在城市轨道建设中，没有首先去投资建设昂贵的地铁，而是坚定在旧的轨道交通基础上逐步建设了新型的轨道交通。目前在布鲁塞尔、安特卫普和夏罗瓦等 5 个城市建设了轻轨铁路，同时在大西洋北海沿岸建设了一条沿海轻轨线路，成为比利时城市公共交通的骨干和主体。

（3）轨道交通节约能源，减少大气污染。轨道交通能耗是公共汽车的 3/5。每一单位运输量能源消费量，轨道交通系统仅为公共汽车的 3/5，私人用车的 1/6。轻轨列车使用的电能是一种清洁的能源，不像燃气机车那样有废油、废渣产生。轨道交通可以减少噪音，它产生的噪音易于治理，通过采取技术措施，如采用超长无缝钢轨，可以减少列车运行中的冲击噪音；采用弹性轮胎，可以减少摩擦噪音；通过城市规划和必要的隔音遮挡也可以降低噪音。据监测，公路上大卡车的噪音达到 94 分贝，而轻轨列车能将运行噪音降低至 7 分贝左右。此外，城际快速轨道交通除了示警等特殊情况，一般不需要鸣笛。

（4）轨道交通安全性高，安全事故极为罕见。由于轨道交通采用了更高的技术标准和更严格的管理措施，比公路交通的安全性高得多，世界各国发生城市轨道交通的事故极为罕见。

3. 轻轨

在城市轨道交通中，轻轨因使用的铁轨质量、机车重量和载客量较小而得名。它的运量只有地铁的一半，对市民的噪音干扰比地铁大，但是，其建设投资的费用只相当于地铁的1/3。

轻轨交通是城市轨道交通的一种，也就是人们常说的快速有轨交通，是20世纪70年代发展起来的一种新型城市公共交通系统，因为它具有诸多优点，而越来越被人们所认可，成为当今世界上发展最为迅猛的轨道交通形式。它的优点主要表现在以下几个方面。

（1）运量大，这是相较于普通的城市公共交通而言的。近些年来逐渐发展起来的轻轨交通，大多是采用电子控制的技术较为先进的有轨电车，可以拖挂单节或多节车厢，而其单向最大高峰每小时客流量可以达到3万人次。

（2）噪音小、污染小。轻轨采用电力机车牵引，没有困扰城市环境的尾气影响，而且还可以将其所产生的噪音控制在国家规定标准70分贝左右。

（3）速度快、安全性高。这两者在交通中一直以来似乎是一对不可调和的矛盾，但轻轨却可以做到二者的有机统一，因为轻轨为有轨交通，在专用铁道上行驶，这样就可以避免经常发生交通事故，所以行车的安全性比无轨电车或公共汽车要大得多，几乎可以消除行车伤亡事故的发生。

（4）灵活性高、成本小，这是相较地铁等其他城市有轨交通来说的。轻轨可以采用多种形式的站台上下乘客，而且可以采用混合路权的形式与其他有轨系统共享轨道，因此其投入的成本就非常小。

（5）整点运行，这可能是对乘客来说，最具诱惑的一条，因为采用电子控制及专用轨道，不仅安全，而且整点准时。

正因为轻轨具有以上诸多优点，使得它成为现代化大都市公共交通的重要选择，与地铁、公路等公共交通共同组成了城市中的立体交通网络，改善了城市中人口与交通的紧张关系，提升了城市人群的生活品质。

4. 地铁

大城市中主要在地下修建隧道，铺设轨道，以电动列车运送乘客的公共交通体系，简称为地铁。

（1）地铁的构成

地铁主要是由线路、列车、车站等组成的交通体系。此外还有供电、通信、信号、通风、照明、排水等系统。地铁线路由路基与轨道构成，轨道与铁路轨道基本相同。它一般采用较重型的钢轨，多为混凝土道床或碎石道床。轨距一般为1435毫米标准轨距。线路按所处位置分为地下、地面和高架线路三种。地下线路为基本类型，地面线路一般建在居民较少的城郊，高架线路铺设在钢或钢筋混凝土高架桥上，避免与地面交通平交，并减少用地。地铁列车均采用由电力动车组成的动车组。地铁车站是列车到发和乘客集散的场所，一般建在客流量较大的集散地。

地铁车站按站台形式分为三类。① 岛式站台车站。站台位于两条线路之间。可以调节上下行不均衡的客流，充分利用站台面积，便于管理，应用比较广泛。② 侧式站台车站。站台位于两条线路外侧，须分别设置两个站台。③ 混合式车站。一个车站内既有岛式站台，又有侧式站台，它们之间用天桥或地道相连，仅为多线车站所采用。

地铁由设置在沿线的牵引变电站向列车馈送直流电，电压有600伏、750伏、825伏、1000伏和1500伏等。有的通过第三轨供电，有的通过架空线供电，但是电压越高越多用架空线。地铁照明等由降压变电站提供三相和单相交流电。

地铁通信采用自动交换电话、调度电话、站间行车电话、无线通信、广播向导系统、电视监视系统、车辆段通信系统、公安电话、事故救援电话等完善的专用通信网。地铁行车信号采用轨道电路自动闭塞信号和电气集中设备。前者是以一段地铁线路的钢轨为导体构成电路，当这段线路被列车占用时，轨道电路就使信号机自动关闭而不使其他列车进入这段线路；后者是通过信号楼内的控制台控制全车站的信号机和道岔。

地铁通风采用机械通风。有的国家还在地铁车站和列车上安设空调装置。

地铁运营的基本要求是快速、准确、安全、舒适、有秩序地运送乘客。

（2）地铁的特点

① 快速。列车运行最高时速根据线区特点不同可达80～130千米，平均行车时速为36～80千米，每站一般停车30秒左右。

② 准确。城市地面交通工具受路面交通情况或天气的影响，但地铁却不受干扰，在任何时间都可准时发送列车。

③ 安全。列车采用安全自动控制系统来操作，严格保证列车行车间隔。地铁供电采用双电源，停电可能性甚微。地铁同样重视防火措施，设有足够的灭火设施设备，各车站均安装有闭路监控系统，以便随时了解车站的情况。

5. 磁悬浮列车

随着航天事业的发展，模拟微重力环境下的空间悬浮技术已成为进行相关高科技研究的重要手段。目前的悬浮技术主要包括电磁悬浮、光悬浮、声悬浮、气流悬浮、静电悬浮、粒子束悬浮等，其中电磁悬浮技术比较成熟。

目前世界上有三种类型的磁悬浮技术，即日本的超导电动磁悬浮、德国的常导电磁悬浮和中国的永磁悬浮。日本和德国的磁悬浮列车在不通电的情况下，车体与槽轨是接触在一起的，而利用永磁悬浮技术制造出的磁悬浮列车在任何情况下，车体和轨道之间都是不接触的。

中国永磁悬浮与国外磁悬浮相比有五大方面的优势：一是悬浮力强，二是经济性好，三是节能性强，四是安全性好，五是平衡性稳定。

（1）上海磁悬浮列车。磁悬浮列车利用"同性相斥，异性相吸"的原理，让磁铁具有抗拒地心引力的能力，使车体完全脱离轨道，悬浮在距离轨道约1厘米处，腾空行驶，创造了近乎"零高度"空间飞行的奇迹。

世界第一条磁悬浮列车示范运营线——上海磁悬浮列车建成后，从浦东龙阳路站到浦东国际机场，三十多千米只需6～7分钟。

上海磁悬浮列车是"常导磁吸型"（简称"常导型"）磁悬浮列车，利用"异性相吸"原理设计，是一种吸力悬浮系统，利用安装在列车两侧转向架上的悬浮电磁铁，和铺设在轨道上的磁铁，在磁场作用下产生的吸力使车辆浮起来。

列车底部及两侧转向架的顶部安装电磁铁，在"工"字轨的上方和上臂部分的下方分别设反作用板和感应钢板，控制电磁铁的电流使电磁铁和轨道间保持1厘米的间隙，让转向架和列车间的吸引力与列车重力相互平衡，利用磁铁吸引力将列车浮起1厘米左右，使列车悬浮在轨道上运行。这必须精确控制电磁铁的电流。

悬浮列车的驱动和同步直线电动机原理一模一样。通俗说，在位于轨道两侧的线圈里流动的交流电，能将线圈变成电磁体，由于它与列车上的电磁体的相互作用，使列车开动。列车头部的电磁体N极被安装在靠前一点的轨道上的电磁体S极所吸引，同时又被安装在轨道上稍后一点的电磁体N极所排斥。列车前进时，线圈里流动的电流方向就反过来，即原来的S极变成N极，N极变成S极。循环交替，列车就向前奔驰。

稳定性由导向系统来控制。"常导型磁吸式"导向系统，是在列车侧面安装一组专门用于导向的电磁铁。列车发生左右偏移时，列车上的导向电磁铁与导向轨的侧面相互作用，产生排斥力，使车辆恢复正常位置。列车如果运行在曲线或坡道上时，控制系统通过对导向磁铁中的电流进行控制，达到控制运行目的。

上海磁悬浮列车时速430千米，一个供电区内只能允许一辆列车运行，轨道两侧25米处有隔离网，上下两侧也有防护设备。转弯处半径达8000米，肉眼观察几乎是一条直线；最小的半径也达1300米。乘客不会有不适感。轨道全线两边50米范围内装有目前国际上最先进的隔离装置。

（2）磁悬浮列车的优点。磁悬浮列车从北京运行到上海，不超过4个小时，从杭州至上海只需23分钟。在时速达200千米时，乘客几乎听不到声响。磁悬浮列车采用电力驱动，其发展不受能源结构，特别是燃油供应的限制，不排放有害气体。据专家介绍，磁悬浮线路的造价只是普通路轨的85%，而且运行时间越长，效益会更明显。因为，磁悬浮列车的路轨寿命可达80年，而普通路轨只有60年。磁悬浮列车车辆的寿命是35年，轮轨列车是20至25年。此外，磁悬浮列车的年运行维修费仅为总投资的1.2%，而轮轨列车高达4.4%。磁悬浮高速列车的运行和维修成本约是轮轨高速列车的1/4。磁悬浮列车和轮轨列车乘客票价的成本比约为1∶2.8。

(3)磁悬浮列车面临的困难。磁悬浮列车虽然具有这么多的好处,但到目前为止,尽管日本和德国已经有了实验路线,世界上也仅有我国有一条商业运营的磁悬浮铁路。那么,究竟是什么原因呢?

首先是安全方面。由于磁悬浮系统必须辅之以电磁力完成悬浮、导向和驱动,因此在断电情况下列车的安全就不能不是一个要考虑的问题。此外,在高速状态下运行时,列车的稳定性和可靠性也需要长期的实际检验。还有,则是建造时的技术难题。由于列车在运行时需要以特定高度悬浮,因此对线路的平整度、路基下沉量等的要求都很高。而且,如何避免强磁场对人体及环境的影响也一定要考虑到。

参加修建上海磁悬浮快速列车的电力专家介绍,敷设在磁浮工程全线的电缆,是德国进口的一种普通铝芯制高压电缆,受电后将产生20 kV高压。专家提醒有关部门,要注意工程沿线周围施工安全,并加强对沿线电缆的保护力度,以防止意外事故发生。

即便有解决以上技术难题的手段,但是又牵涉到另外一个问题——资金。上海段约30千米的线路设计投资为380亿元人民币,而德国的两条线路,一条36.8千米长,将耗资约16亿欧元;另一条长度78.9千米,则将耗资32亿欧元。实际施工中,根据地形、路面及设计运送能力的不同,当然造价也会相差较大。但无论如何,1千米的路线至少需要3亿元人民币的投资,也就是说,1厘米线路就得花上300元。

6. 乘坐轨道交通常识

(1)一般安全常识

在轨道交通范围内,乘客应该注意以下问题:

- 留意车站及列车导向标志;
- 留意车站通告及广播,并遵守指示;
- 正确使用进、出站闸机,待前面的乘客通过及闸门关闭上后方可使用;
- 在安全线以外候车,先下后上,上下车时不要拥挤;
- 给有需要的乘客让座;
- 留意列车广播,提前做好下车准备;
- 小心照顾同行的小孩和老人;
- 按照提示,正确使用安全及紧急设施;
- 一旦发生紧急情况,立即通知车站工作人员。

在轨道交通范围内,禁止有以下行为:

- 吸烟;
- 奔跑、嬉戏、翻越闸机和栏杆;
- 进入地铁隧道、高架线路等非公众区域;

- 携带下列物品：
- 过大的物件或货物；
- 宠物及其他禽畜；

危险品：

第一类，爆炸或易爆物品，如雷管、手榴弹、炸药、烟花、鞭炮、导火线等；

第二类，压缩气体和液化气体，如石油液化气瓶、天然气瓶和其他各种压缩气瓶等；

第三类，易燃液体，如汽油、煤油、柴油、油漆、酒精、香蕉水等；

第四类，易燃固体、自燃物品和遇湿易燃物品，如硫黄、黄磷、白磷、过氧化钠、碳化钙（电石）、钠、钾等；

第五类，强氧化剂，如浓硝酸、浓硫酸、浓盐酸、王水等；

第六类，毒害品和感染性物品，如氯化汞、氰化钾、三氧化二砷（砒霜）、尼古丁、石棉、各类农药等；

第七类，放射性物品，如镭、钋、铀等；

第八类，腐蚀品，如醋酸、磷酸、氨水等；

第九类，其他可能影响乘客人身安全的物品。

（2）轨道交通停电时的注意事项

不用担心车门打不开，更不要出现打砸车门、车窗的举动，而应等待工作人员将指定的车门打开，并从指定的车门向外撤离。

不必担心在隧道里行走看不清路。停电一旦发生，除了引路的工作人员，每隔一段路还会有工作人员手执照明灯为乘客引路，乘客同时还可以利用自己的手机等随身物品取光照明。

不必担心人多时被关在密闭的地铁车厢里会出现呼吸困难。列车迫停隧道内时，地铁调度人员会及时开启隧道通风系统。

不要直接跳到隧道里。列车距离地面有一米多高且地面情况复杂，直接跳下容易崴脚并造成局面的混乱。

千万不要盲目乱跑，站台的容量足够乘客安全有序地撤离。

如无其他意外发生，停电时一般不要拉动报警装置。

在隧道内行走时要小心脚下，以免摔伤或者被障碍物碰伤。

疏散过程中受伤时，请及时与抢险队员取得联系，等候救治。

四、渡轮

渡轮（Ferry）又称渡海小轮，是一种水上运输交通工具，它可以是一只船或舢板等，来回于两个或者三个及以上的码头之间。渡轮用作运送乘客，可以称为客轮。渡轮也可能运送货物（包括危险品、家畜、车辆甚至列车车厢等）。

渡轮可以是定期班次，也可以是等客满才起行的。在世界各国的近海，尤其岛屿间的水上交通多以渡轮为主要工具，如香港的渡轮服务，是昔日香港交通中的一个重要部分。在威尼斯的水上的士也称为渡轮。渡轮每次行走可能是只服务一位客人，所以可以称之为水上巴士。

我国的渡轮分海上渡轮和江湖渡轮，按所载内容分又为载客和客货（含车辆）。渡轮也是我国交通的重要组成部分，它对我国交通的延伸和贡献是巨大的。

渡轮运输比渡江大桥，以及海底隧道更有机动性，后者投资成本大，回本时间长，投资风险相对比较高。

 课外知识

● 中国的有轨电车

有轨电车是一种具有现代化意义的交通工具。中国开通有轨电车最早的城市是香港。1899年，北京开通了城南马家铺至永定门的电车，这条线路共长9.4千米。清政府由于迷信，不许火车通至京师，应外国使臣的要求，只为解决京津铁路终点站马家铺至北京城的客运问题修筑了这条电车线路。1906年，天津又开通了5条电车线路。1908年3月5日凌晨5时30分，上海第一辆有轨电车开通了。

有轨电车在城市中的开行，给人们的生活和观念带来了非常显著的变化。人们很快就接受了这一新生事物。"电车开驶而后，旅行既便，票价尤廉，境内欢迎……座间客满，肩为之摩，甚至有无要事姑借以游览者。其为人所信用可知，而前途之发达更可知。"有轨电车的开通给华人带来了现代交通秩序的观念。

● 中国地铁发展情况

自1956年毛泽东主席在北京首倡建造地铁以来，中国各城市的地铁企业已经探索了五十多年。五十多年来，中国地铁发展迅速，到2012年年底，我国包括台湾地区、香港地区在内的41个城市已有地铁或正在建设地铁，其中已建成的有20个城市（北京、上海、天津、香港、台北、广州、深圳、南京、重庆、武汉、高雄、佛山、成都、杭州、苏州、沈阳、哈尔滨、西安、青岛、郑州），在建的有21个城市（长春、大连、石家庄、无锡、宁波、福州、长沙、常州、徐州、济南、台南、厦门、兰州、太原、洛阳、马鞍山、芜湖、乌鲁木齐、南宁、合肥、南昌）。

中国第一条地铁诞生于北京，于1969年10月1日建成通车。截至2013年5月，北京地铁已开通的线路包括1号线、2号线、4号线、5号线、6号线、8

号线、9号线、10号线、13号线、14号线、15号线、八通线、昌平线、大兴线、房山线、亦庄线和机场线，运营线路总里程456千米，共有269座运营车站。目前，北京地铁正在大规模建设。预计到2016年年底，北京地铁运营总里程将达到660千米以上。在远景规划中，到2020年时，运营总里程将超过1000千米。

香港地铁是由政府的地铁公司经营，自第一条线路于1977年建成通车以来，截至2009年，由于地铁和九铁正式合并，综合铁路系统全长168.1千米，由9条市区线共80个车站组成。香港地铁也是世界上盈利状况最好的城市地铁。

上海地铁建设始于1990年年初。1993年5月28日，上海地铁第一条线路——1号线南段（徐家汇—锦江乐园）建成通车。上海地铁经过近二十余年的建设，2012年上海市轨道交通运营总里程达到510千米左右，总长度居世界第一。到2020年，上海将建成970千米的城市轨道交通网络（不含磁浮示范线），覆盖徐汇、长宁、静安、黄浦、闸北、普陀、卢湾、虹口、闵行、宝山、浦东新区、杨浦、松江13个行政区域，线网规模位列全国之首。

天津地铁始建于1970年4月7日。1976年1月，天津地铁先期建设了3.6千米，开通了新华路站、营口道站、电报大楼站以及海光寺站4个车站试运行，是中国继北京后第2个拥有城市轨道交通系统的城市。1984年12月28日，西北角站和西站开通，天津地铁总里程达到了7.4千米。截至2012年10月1日，天津地铁总里程达到131千米。

广州是中国第四个拥有地铁的城市，广州地铁1号线于1993年12月28日正式动工，到1999年6月28日才正式通车。目前广州地铁已建成开通1~5号线、8号线、APM、广佛线等8条、总长共236千米的线路。至2020年，将建成530千米左右线路，核心区站点覆盖将达到80%以上，基本实现"30、60"的出行目标。

深圳地铁是中国广东省深圳市的城市地铁系统，始建于1999年，于2004年12月28日正式通车。随着深圳地铁的开通，深圳已成为大中华地区继北京、香港、天津、上海、广州及台北后第七个拥有地铁系统的城市。截止2011年6月，深圳地铁2期工程已全线开通，5条线路全长共计178千米。

在寸土寸金的大都市里，地铁已经成为占用土地和空间最少、运输能量最大、运行速度最快、环境污染最小、乘客最安全舒适的理想交通方式，因此越来越被国际大都市所选用。五十多年来中国的地铁建设取得了相当不错的成绩，在缓解城市交通压力方面发挥了巨大的作用。"十一五"后期，为应对金融风暴，扩大内需，中国进一步扩大地铁建设规模，地铁建设的发展将迎来黄金时代。

● 世界主要大城市轨道交通发展现状

目前，世界上机动化水平较高的城市大多有比较成熟与完整的轨道交通系统，有些城市的轨道交通运量占城市公交运量的比重达 50% 以上，有的高达 70%。以下是世界主要大城市轨道交通发展状况。

东京：拥有世界大城市中最长的轨道交通线路，全长近 2000 千米，年运量在 100 亿人次以上，市郊铁路列车最小运行间隔为 2 分钟，最大编组为 15 节，每小时每方向运输能力多达 10 万人次。近 20 多年共新建地铁近 140 千米，总里程达 230 千米。有 7 家分布在郊区的私营铁路公司，服务质量优于国有铁路，同时价格较便宜。

伦敦：早已实现客运以轨道交通为主的目标。地铁共有 9 条线路，总长 408 千米，其中 167 千米在地下；运行间隔为 2～2.5 分钟，郊区为 10 分钟，最大编组为 8 节；市郊铁路共有 650 千米，550 个车站，市中心有 15 个终点站，线路呈放射状布置，有的线路直通距市中心 40 千米以上的新城。

巴黎：其轨道交通包括地铁、轻轨铁路和市郊铁路，承担着全市公共交通 70% 的运量，另外的 30% 由市内和郊区汽车承担；有地铁 15 条，总里程达 199 千米，是内城公共交通的骨干，乘客徒步 5 分钟就可到达地铁站；列车最小运行间隔 95 秒，市郊铁路有 16 条，长 760 千米。

纽约：公共交通占总交通量的 53%，到内城的客运 80% 采用包括地铁、市郊铁路和公共汽车在内的大容量交通工具；市区铁路线共有 27 条，长 443 千米，所有的车站通宵服务。

莫斯科：拥有一个跨及全市的立体交叉地铁网，总长 243 千米，140 多个车站，由 1 条环线和 8 条放射线组成；每天运营 20 个小时，高峰时列车间隔为 75 秒，时速 41 千米，日运量高达 800 多万人次，居世界之首；客运密度为每千米 1400 多万人次，高于伦敦、纽约、巴黎。

● 上海磁悬浮介绍

上海磁悬浮是世界首条商业磁浮运行列车，采用目前国际上较为成熟的德国磁悬浮技术，由上海市和西门子、蒂森克虏伯、磁悬浮高速列车国际公司合作建设，连接上海市区的龙阳路和浦东国际机场。

基本数据

线路长度	30 千米的复线
运行速度	430 千米/小时
运行时间	8：30～17：30，单程约需 8 分钟
间隔时间	15 分钟
车站数量	2 个（龙阳路站和浦东机场站）

票务信息

● 票价

1. 单程：普通席50元/人，贵宾席100元/人。往返程：普通席80元/人，贵宾席160元/人，均可预售。

2. 持当日本人飞机票的乘客，以及荣誉军人、离休干部、残疾人等特殊人群凭证件可享受单程八折优惠。

3. 1.2米以下的有成人陪伴的儿童免票；

4. 另外，上海磁浮交通发展有限公司还联合中国银行上海市分行推出了"磁浮通"的电子客票，即在购买"磁浮通"起一年乘坐磁浮列车10、20、30次的乘客，可享受8、7、6折的优惠。

5. 每张车票仅限当日当班次有效，过期作废。

● 退票

在车票出售当天，乘客如需要退票，可持当日未使用车票至原车票发售窗口全额退票；凭预售券换购的车票，退票时仍退还全额预售券。

● 售票地点

1. 龙阳路站：上海龙阳路2100号车站（地铁2号线的3、4出口）。

2. 浦东机场站：上海浦东国际机场东侧车站（迎宾大楼1、2、3、4廊道直达）。

● 检票时间

1. 发车前20分钟开始进站检票；

2. 发车前5分钟停止进站检票。

第三节　特种旅游交通

受旅行习俗、地理环境、科技发展水平等因素的影响，除常规现代交通方式外，世界各地还存在着丰富多样的特种交通方式。特种旅游交通方式的客运站场、客运工具、客运线路多种多样，无统一固定模式，主要从事游览性运输活动。其主要运输优势表现为类型繁多、游览性强、文化含量高和价格较低（特种现代方式除外），劣势主要是灵活性差、客运功能弱（有些甚至不具备客运功能）、舒适性差（特种现代方式除外）。

一、特种旅游交通概述

1. 特种旅游交通的类型

特种旅游交通方式类型繁多，从其适应的地理条件上可分为平地、坡地、山地、沙漠、草原、雪地、水上、水下、空中等类型，如平地的黄包车、坡地的旱地雪橇、山地的滑竿、沙漠的骆驼、草原的勒勒车、雪地的雪橇、水上的羊皮筏、水下的观光潜艇、空中的热气球等；从历史沿革上可分为传统、现代、超现代等类型，如传统的独木舟、马车和溜索，现代的摩托艇、索道缆车和滑翔机，超现代的气垫船、磁悬浮列车和太空船等；从主要功能上可分为客运、观光、娱乐、健身、竞技等类型，如以客运为主的水翼船，以观光为主的索道，以娱乐为主的仿古游船，以健身为主的自行车，以竞技为主的皮划艇等。

2. 特种旅游交通的特点

特种旅游交通方式具有优越的游览性。首先，它们在运输形式上千奇百怪，在功能上千差万别，能够满足旅游者求新、求奇、求特、求异的多样化特殊游览目的。其次，它们一般具有极强的参与性，多数可由旅游者亲自驾驭并从中得到独特、刺激的体验经历。最后，它们的普及程度一般较低，有些只保留在偏远少数民族地区，有些只在实验基地进行小规模试运行，具有浓厚的民族、地方或科幻色彩，能够满足旅游者怀古和探知未来的特种需求。

多数特种方式存在于特定的社会文化环境之中，从而使旅游者得以体验这些方式所代表的地方民俗文化。比如羊皮筏漂流可以使旅游者亲身体验中国西北部黄河中游回族传统的水上交通文化；溜索使人领略到西南山区少数民族的传统山地交通文化；乌篷船则令人感受到绍兴地方特色浓郁的水乡交通民俗。特种传统方式蕴涵着古朴原始的文化内涵，特种现代方式孕育着五彩缤纷的高科技未来，充分反映出人类交通运输可见文化的传承脉络。

运输站场、工具和线路的多样性，决定了特种交通方式的地域局限性和孤立性。它们彼此割裂，无法形成统一标准的网络体系，因而缺乏常规交通方式所拥有的高效客运功能和灵活性。特种交通方式，或是历史的遗存，或是未来的雏形，或是景区（点）的配套设施，因此其运速、运距十分有限。除磁悬浮列车、气垫船、水翼船等高科技运输方式外，特种旅游交通的舒适性一般较差。

二、常见的特种旅游交通方式

1. 索道

索道又称吊车、缆车、流笼，是交通工具的一种，通常在崎岖的山坡上运载乘客或货物上下山。索道是利用悬挂在半空中的钢索，承托及牵引客车或货车。除了车站外，一般在中途每隔一段距离建造承托钢索的支架。部分的索道采用吊挂在钢索之下的吊车；亦有索道是没有吊车的，乘客坐在开放在半空的吊椅。使用吊椅的索道在滑雪区最为常见。

乘坐索道的安全常识如下。

（1）乘索道前，首先查看该索道是否悬挂有国家质检总局颁发的"客运索道安全检验合格"标志。

（2）认真阅读索道入口处的"乘客须知"。

（3）进入站台后，听从服务人员的指挥，按顺序上车。

（4）进入吊车（吊椅）内后，坐稳扶住，不要擅自打开车门及安全护栏。

（5）到站下车时，听从服务人员的疏导，陆续下车，离开站台。

发生意外情况时应特别注意以下几点。

（1）如遇索道偶然停车时不要着急，耐心等待，注意收听线路广播内容，不要自己打开车门或护栏。

（2）如遇索道故障短时间内不能排除，乘客要稳定情绪，不要惊慌，等待工作人员前来营救，千万不可自行设法离开吊车（吊椅）。

（3）救护人员到达后，一定要服从救护人员的指挥，配合救护人员工作，不要争先恐后，年轻人应协助救护人员，首先营救儿童、老人和妇女，先帮助他（她）们顺利到达地面。

（4）乘客到达地面后，在工作人员的引导下，应尽量避开索道行驶区，有秩序地向索道站转移。

2. 轿子

轿子是一种靠人或畜扛、载而行，供人乘坐的交通工具，曾在东西方各国广泛流行。就其结构而言，轿子是安装在两根杠上可移动的床、坐椅、坐兜或睡椅，有篷或无篷。轿子最早是由车演化而来。《汉书》载：会稽太守严助"舆轿而喻领（岭）"。唐颜师古注解为："服虔曰：'轿音桥，谓隘道舆车也'。臣瓒曰：'今竹舆车也，江表作竹舆以行是也'。"汉时的所谓轿不过是能行山路的车。《明史·舆服志》干脆明说："轿者，肩行之车。"所以旧时轿又称"肩舆"、"平肩舆"。"轿子"之名，据说最早始于宋。古罗马时代，只有皇后和元老院议员的夫人才能乘坐。17世纪到有弹簧坐垫的马车出现之前，轿子在整个欧洲都很盛行。

中国的轿子曾流行于广大地区，自古以来历代相袭。因时代、地区、形制的不同而有不同的名称，如肩舆、檐子、兜子、眠轿、暖轿等。现代人所熟悉的轿子多系明、清以来沿袭使用的暖轿，又称帷轿。木制长方形框架，于中部固定在两根具有韧性的细圆木轿杆上。轿底用木板封闭，上放可坐单人或双人的靠背坐箱。轿顶及左、右、后三侧以帷帐封好，前设可掀动的轿帘，两侧轿帷多留小窗，另备窗帘。历代统治阶级都曾制定过轿子的形制等级，体现在轿子的大小、帷帐用料质地的好坏和轿夫的人数等方面。民间所用的轿子分素帷小轿和花轿两种。前者系一般妇女出门所用之物，后者则专用于婚嫁迎娶。20世纪80年代中期开始，素帷小轿、花轿都被旅游业启用。花轿多设置在旅游点，与中国帝王传统的结婚礼服——凤冠、霞帔配合，用来接待中外游客，举行中国古代婚礼仪式，或用作拍照道具。素帷小轿则作为江浙山区的一种民俗交通工具，用来迎送中外游客。

二人抬的轿子称"二人小轿"，四人抬的称"四人小轿"，八人以上抬的则称之为大轿，如"八抬大轿"等。在封建社会的等级制度下，轿子和其他事物一样，在使用上也是有着严格的等级规定，违规则要受罚。历代史书对此都有明确而严格的记载。《明史》载："弘治七年令，文武官例应乘轿者，以四人舁之。其五府管事，内外镇守，守备及公、伯、都督等，不问老少，皆不得乘轿，违例乘轿及擅用八人者奏闻。"隆庆二年，应城伯孙文栋违例乘轿被告发，立刻被罚停俸禄。官员需按例，百姓有钱也不得逾制。

轿子在种类上，有官轿、民轿、喜轿、魂轿等不同；在使用上，有走平道与山路的区别；在用材上，有木、竹、藤等之分；在方式上，有人抬的和牲口抬的，如骆驼驮的"驼轿"，元代皇帝还坐过"象轿"。"骡驮轿"是"骡抬轿"的讹音，是清末民初流行过一阵的交通工具。轿子是用二匹骡子前后抬着。轿杆固定在骡背鞍子上，轿夫跟着边走边吆喝，大轿可坐3～4人。轿外夏包苇席或蒙纱，冬季则是棉围子。骡驮轿多用于山区或乡间崎岖小路。

此外，不同地区还有类似轿子的旅游交通工具，最典型的就是山里人常见的滑竿。

滑竿是用两根结实的长竹竿绑扎成担架，中间架以竹片编成的躺椅或用绳索结成的坐兜，前垂脚踏板。乘坐时，人坐在椅中或兜中，可半坐半卧，由两轿夫前后肩抬而行。滑竿在上坡时，人坐得最稳；下坡时，也丝毫没有因倾斜而产生的恐惧感；尤其走平路时，因竹竿有弹性，行走时上下颤动，更能给人以充分的享受，且可减轻乘者的疲劳。

3. 竹筏

（1）竹筏概述

竹筏是中国民间的水上交通工具，又称竹排、竹算，流行于江南广大地区，已有近2000年的历史。竹筏用真竹配加刺竹捆扎而成，小筏用5～8根竹，大筏用11～16根。一般长约3丈，宽数尺。竹子粗端做筏头高高翘起，细端做筏尾平铺水面。制作时，先用刀削去竹子的表皮。将粗的一端放在火上烤软，按一定尺寸将其弄弯，呈弧形，以做筏头。然后涂上防腐汁液，干燥后再涂上多层桐油或沥青以防腐。组搭时，先搞好支架，在上面排好竹材，一人在上一人在下用藤条绑紧扎牢即可。竹筏浮力强，吃水量少，水上行驶平稳安全，无论大筏小筏均由一名梢工点篙撑驾，具有就地取材，制作简便的优点，故历来是江南水上的重要运输工具。同时，古朴原始的小竹筏也构成江南水乡独具特色的景致。20世纪80年代中期，中国浙江、福建、广西等旅游系统相继启用竹筏，在风景如画的江面上开展漂流旅游。同期，中国传统的竹筏传到中美洲，在牙买加的安东尼奥港也开展起乘竹筏游览的活动。

（2）竹筏漂流注意事项

漂流旅游是指合法拥有省级旅游行政管理部门颁发的漂流定点证的企业组织旅游者在溪、江河、湖等水域利用漂流工具进行的人工漂流旅游活动。漂流旅游是目前一种新兴的旅游项目，具有"险、惊、奇"的特点。旅游者感受大自然的"惊、奇"依"险"而有，"险"应以安全为基础，如何"化险为夷"，不妨掌握一些漂流的安全知识。以下介绍旅游者应掌握的有关竹筏的安全知识。

① 上筏前，服从调度安排，有秩序上筏；上筏后检查乘筏的救生衣是否齐全并仔细阅读《乘筏须知》，以掌握乘筏安全知识和救援电话，贵重特品勿带上筏。

② 竹筏起航后，必须穿着救生衣，听从筏工的安全告知，不在行进的筏上走动拍照，特别是筏航行至险滩、急流、转弯处，更要保持身体平衡，拉好筏上的安全绳；竹筏转弯时保持身体平衡，拉好安全扶手。

③ 航行途中，如遇大风、雷雨等恶劣天气时，应听从筏工指挥，让筏航行到安全的地方避险。

④ 行进中如遇泼水嬉闹，不可动作太大，应听从筏工指挥。

4．皮筏子

与竹筏相仿，在黄河两岸早在千百年前，聪明勇敢的黄河儿女就钻进充气的牛羊皮胎里浮泅过河。《水经注》中有关于皮筏子的记载，《宋史》中说"以羊皮为囊，吹气实之，浮于水"，那时的羊皮筏子与我们今天见到的已经差不多了。

皮筏，古称"革船"，是撒拉、东乡、保安、回、土等少数民族的传统水上交通运输工具，流行于青海、甘肃、宁夏等地的黄河沿岸。

皮筏子按制作原料又可分为羊皮筏和牛皮筏。羊皮筏多用山羊皮制成。皮囊的制作方法是，将羊宰杀后，先去头，然后从颈口处取出肉、骨、内脏，剩下一张完整的皮子。将其放入水中浸泡数日，捞出曝晒一日，将毛刮净，灌入适量食盐、水和植物油，再次曝晒至外皮呈红褐即可。组筏时用口吹充气，扎好口便成为皮胎。牛皮筏的制作与羊皮筏大体相同。

皮筏子的制法是，编圆木棍为排，下栓数个、数十个皮囊即成。使用时皮囊在下，木排在上。可乘人，可载货。小的可载重2~3吨，大的可载重10余吨。它自重，吃水浅，不怕搁浅触礁，操纵灵活方便。

现在，黄河边供游客乘坐的羊皮筏子大都是用13只皮胎采取前后4只中间5只的排列方式绑扎成的小筏子，重20斤左右，能坐5个人。据说，从前最大的羊皮筏子有600只皮胎，能载重15吨。

划羊皮筏子的水手被称为"筏子客"，他们都是有很多年经验，深谙水性的老"把式"。电影《筏子客》中就有粗犷剽悍、技术高超的"筏子客"形象。

"筏子客"老李扛着皮筏子走到河边小码头，将羊皮胎朝下放进水中，在木架子上铺几块垫子，等我们盘腿坐好了，他也坐下来开始划桨，筏子便离开码头，随水漂流。他说过去做"筏子客"非常危险，是在刀口浪尖上讨营生，因此有很多讲究，比如不能说"破"、"沉"、"碰"、"没"、"断"等不吉利的字，首次出行还要挂红、放炮、焚香、祭奠河神。现在会划羊皮筏子的人越来越少了。

5．电瓶车

电瓶车又称为"电动车"，它是由蓄电池（电瓶）提供电能，由电动机驱动的纯电动机动车辆。近年来，电瓶车广泛应用于公园、景区、休闲度假村的观光载客。

操作规程：

（1）工作前，必须检查制动器、喇叭（警铃）、灯光、电瓶电压、电流，有异常时，应修理或更换。禁止机况不正常时强行作业。

（2）司机必须服从信号指挥。信号不明时，禁止擅自开车。

（3）启动时，应鸣号（铃）示警。运行中，司机要集中精力，头、手不许伸出窗外，要随时观察线路情况和其他设施杂物等有无侵界。

（4）调车、摘挂、扳道、安放铁楔等工作必须由专人负责。禁止用其它任何物件代替联接销和铁楔的使用。

（5）运载的物件过宽过高时，司机必须确认其尺寸有无超出限界，途中有无掉落的危险。

（6）交会时，空车让重车，不准抢行。

（7）司机离开机车时，必须将机车制动，切断电流；必要时，用铁楔楔紧车轮。

6．热气球

热气球在中国已有悠久的历史，知名学者李约瑟曾指出，1241年蒙古人曾经在李格尼兹（Liegnitz）战役中使用过龙形天灯传递信号。法国的孟格菲兄弟于1783年才向空中释放欧洲第一个内充热空气的气球。法国的罗伯特兄弟是最先乘充满氢气的气球飞上天空的。

（1）热气球简介。热气球，更严格地讲应叫做密封气球，由球囊、吊篮和加热装置三部分构成。球皮是由强化尼龙制成的（有的热气球是由涤纶制成的）。尽管它的质量很轻，但却极结实，球囊是不透气的。

① 体积

标准的热气球的体积分为几个级别：七级球体积为2000～2400立方米；八级球体积为2400～3000立方米；九级球体积为3000～4000立方米；十级球体积为4000～6000立方米。除此之外，还有异型球，目前国内唯一一只熊猫热气球，球体积为 2300 立方米。

② 吊篮

吊篮由藤条编制而成（我国大多数采用东南亚进口的材料），着陆时能起到缓和冲击的作用。吊篮四角放置 4 个热气球专用液化气瓶，置计量器，吊篮内还装有温度表、高度表、升降表等飞行仪表。

③ 仪器

高度计——高度指示计；升降速度表——显示上升和下降速度；温度计——指示球囊内的空气温度。

④ 燃烧器

燃烧器是热气球的心脏，用比一般家庭煤气炉大 150 倍的能量燃烧压缩气，点火燃烧器是主燃烧器的火种。一直保持火种，即使被风吹，也不会熄灭。另外，热气球上有两个燃烧系统以防备空中出现的故障。

⑤ 燃料

热气球通常用的燃料是丙烷或液化气，气瓶固定在吊篮内。一只热气球能载运 20 千克的液体燃料。当火点燃时，火焰有 2～3 米高，并发出巨大的响声。

⑥ 驾驶

热气球并非真的被"驾驶"，它是随风而行。但是，由于风在不同的高度有不同的方向和速度，驾驶员可以根据飞行需要的方向选择适当的高度。

⑦ 速度

热气球飘飞速度的快与慢，是由风速的快慢决定的，因为热气球本身并没有动力系统，飞行速度完全取决于风速。热气球最大下降速度 6 米/秒，最大上升速度 5 米/秒。

⑧ 最佳飞行时间

一天中太阳刚刚升起时或太阳下山前一两个小时，是热气球飞行的最佳时间，因为此时通常风很平静，气流也很稳定。

⑨ 飞行持续时间

一只热气球通常携带足够的石油液化气或丙烷能持续飞行两个小时，但一些因素也会影响飞行的持续时间，比如气温、风速、吊篮重量（包括乘客）和在当天飞行的具体时间。

⑩ 复原

热气球恢复原状需要地勤人员的帮助，地勤人员驾驶卡车或小货车跟随飘飞的热气球，预先到达降落点。一只热气球飘飞需要 3～4 个地勤人员和地面无线电设备的服务和帮助。

（2）注意事项

体验者乘坐热气球升空时应注意以下几个事项。

① 起飞前穿好纯棉衣物。正常情况下，热气球上的火焰不会对人身产生影

响。纯棉制品不易燃烧，飞行员穿着纯棉服装会更安全，一旦失火不会黏在身上。建议体验者也尽可能穿着纯棉衣物、运动鞋、戴有檐的帽子。

② 点火时做好心理准备。热气球点火升空时，会于一瞬间喷出高达3～5米的火焰，同时会发出一声类似于爆炸声的巨响。所以，体验者在点火时要做好充分的心理准备，抓紧吊篮。

③ 飞行时勿碰吊篮内相关设备。吊篮内要站飞行员、飞行助手、体验者，还要携带4瓶燃气及相关设备，所以会非常狭窄。为了不影响飞行员的操作，建议体验者尽量靠边站立，不要碰触吊篮内的相关设备。

④ 降落时面向前方。在即将降落时，体验者必须面向前进方面，用手扶好吊篮的边缘，采用微蹲的姿势即可。热气球的结构很特殊，即使出现突然熄火的现象，热气球也不会急速下降，而是非常缓慢地降落到地面。这种情况下，热气球的降落速度也不会超过5.5米/秒，比降落伞的正常下降速度还慢。只要乘坐者不慌张，听从飞行员的指挥，安心等热气球自然降落，是不会有危险的。

7. 飞艇

飞艇（Airship）是一种轻于空气的航空器，它与热气球最大的区别在于具有推进和控制飞行状态的装置。飞艇由巨大的流线型艇体、位于艇体下面的吊舱、起稳定控制作用的尾面和推进装置组成。艇体的气囊内充以密度比空气小的浮升气体（氢气或氦气）借以产生浮力使飞艇升空。吊舱供人员乘坐和装载货物，尾面用来控制和保持航向、俯仰的稳定。

从结构上看，飞艇可分为三种类型：硬式飞艇、半硬式飞艇和软式飞艇。

① 硬式飞艇。硬式飞艇通过内部骨架来维持其外形和刚性。

② 半硬式飞艇。半硬式飞艇主要通过气囊内的气体压力来保持其外形，但有刚性龙骨起辅助作用。

③ 软式飞艇。现代的软式飞艇通过外壳内的氦气压力来维持外形，辅之以内部副气囊内的可变体积空气。

现代飞艇一般都是软式飞艇，要保持它们的外形，只能是通过气囊中氦气压力来实现，其主要组成部分如下。

① 气囊：里面充满了氦气以提供升力，另外里面还有辅助气囊。现代飞艇上气囊由涤纶、聚酯纤维、迈拉等人造材料织成，可有效地防止氦气的泄漏，并具有很长的使用时间。

② 辅助气囊：飞艇内部一个小的、辅助性的气囊，可通过在飞行中的充气和放气来控制和保持飞艇形状和浮力。

③ 吊舱：位于飞艇下方的舱室，包括驾驶舱、发动机和人员舱（如果是有人驾驶飞艇的话）。

④ 推进装置：为飞艇的起飞、降落和空中悬停提供动力。

⑤ 尾翼、方向舵和升降舵：为飞艇提供机动能力。

我国拥有自主知识产权的两种用于旅游观光的软式飞艇 CA-80 型软式载人飞艇和 CA-120 型软式载人飞艇分别可载 4 名和 8 名游客。最大续航时间均在 10 小时以上。

8. 气垫船

气垫船（Air-cushion Craft）又叫"腾空船"，是一种利用空气的支撑力升离水面的船。这种船一出现立即受到全世界造船界的关注。

利用船底与水面间的高压气垫作用，使船体部分或全部提升以实现快速航行的船舶。高压气垫是将空气压入船底，在船底周边有柔性围裙（也可以是刚性围裙）限制空气逸出而形成，以空气压力顶升船体。1959 年英国建造了第一艘气垫船，航行于英吉利海峡。气垫船多为客船，也用作渡船或交通船。气垫船航行速度可达每小时 80 海里。

按气垫船提升高度可分为全垫升式和部分垫升式。全垫升气垫船又称全浮式气垫船，是在船底四周有柔性围裙，由于是全垫升，故其速度高且适应性好，除能在水面航行外，也可在平坦地面和沼泽中行驶。其推进是使用空气螺旋桨，用空气舵控制方向。部分垫升式气垫船，即侧壁气垫船，是在船体两舷设刚性侧壁，而在首尾设柔性气封装置以维持气垫，可垫升大部分船体，只能航行于水面，其推进是使用水下螺旋桨式喷水装置。航行速度高于普通船舶，但不及全垫升式气垫船。气垫船结构材质要求强度高、质量轻，使用铝合金、玻璃钢或高强度钢制造，采用航空发动机、高速柴油机等作为动力装置。

气垫船设计的思路就是在船底下面产生一个气垫，使船体与地面不直接接触，好像悬在空中一样。这个气垫由发动机从船体上方或四周吸进空气，然后由船体下方喷出。由于船底四周用橡胶带围衬，像个弹性的裙子一样，就形成了一个气垫。气垫船有一个充气的气垫，可使船体浮出水面航行，由于水的阻力减少，因此航行速度很快。气垫船并非只是在水上浮动，而是受气垫的支撑，可在水上、沼泽或陆地上移动。气垫船上带有巨大的风扇来形成气垫。这股气垫被一圈称为"围裙"的橡胶围封在船身周围。

气垫船的最大优点是它能在地面和水面上一样行驶，在地面上行驶时也不需要修筑公路，非常方便。

世界上现有的最大气垫客船，要数英国制造的 SRN4-Ⅲ型气垫船。它采用的是全浮式，特征是用空气螺旋桨推进（如同飞机的螺旋桨一样），船的底部四周装有尼龙橡胶布制成的"围裙"，高压空气自船底射出，在船底和水面之间形成气垫支持船体的重量，以减少航行阻力。航速平均每小时 100 千米，可载客 416 人，汽车 55 辆。速度最快的气垫船是美国的侧壁式气垫船，每小时达 167 千米。

第四节　城市交通和特种旅游交通的常见标志

一、我国部分地铁标志（见图 7-1）

图 7-1　我国部分地铁标志

二、国外部分地铁标志（见图 7-2）

图 7-2　国外部分地铁标志

图 7-2 国外部分地铁标志（续）

图 7-2 国外部分地铁标志(续)

三、特种旅游交通标志（见图7-3）

图7-3 特种旅游交通标志

 **练习与思考**

1. 城市旅游公共交通的定义是什么？
2. 城市旅游公共交通包含了哪些内容？
3. BRT是指什么？
4. 何为轨道交通？轨道交通包含了哪些交通方式？
5. 轻轨、地铁有什么区别？又有什么相同点？
6. 磁悬浮的特点是什么？简述上海运营的磁悬浮列车。
7. 特种旅游交通方式是指什么？你所知道的有哪几种？

第八章 旅游交通的运作与组织

第一节 旅游交通行业管理

一、旅游交通行业管理概述

1. 旅游交通行业管理的含义

行业管理理论是在有关经济学的基本原理的指导下，综合运用系统论、控制论、信息论、科学技术、数学、统计等学科的理论知识方法，来研究行业经济运行的内在规律，寻找与之相适应的管理方式。旅游交通行业管理是指各级政府的旅游交通行业主管部门代表政府，在研究旅游交通行业内在规律的基础上，在政策制定、宏观调控、经济环境的创造、市场秩序的维护、总体供需平衡的调解、行业监督等方面进行行政管理。具体包括民航、铁路、公路和水运运输、旅游等行业主管部门对各种交通基础建设、交通市场秩序、服务质量等方面的管理。

旅游交通行业管理的主体是国家旅游局，以及民航、铁路、公路和水路行业的行政主管部门。具体来说，民航的行业主管者是民航总局；铁路运输行业的行业主管者是铁道部；公路、水路运输行业的管理者主要是交通部。

旅游交通行业管理的客体主要是旅游交通行业，具体的管理内容包括：旅游交通安全监管，培育、建设市场，质量管理，价格规范，人力资源管理。

管理的手段和方法主要是经济、法律、行政手段。在我国，随着经济体制改革的推进，特别是在我国已是WTO成员国的情况下，政府的行政管理也由原来的部门管理向行业管理转变。部门管理是传统计划经济的产物，即政府直接管理微观经济活动，其手段主要是行政指令；在市场经济条件下，政府的管理理念转变，实施以经济、法律和宏观调控为主要手段的行业管理，由直接管理转向间接管理，由微观管理转为宏观管理。

管理的目标是通过规范的管理，建立高效、合理的行业运行机制，为企业提供安全的市场竞争环境，为旅游者提供安全、高质量的旅游交通服务。

2. 旅游交通行业管理的重要作用

(1) 加强交通行业管理，是推进旅游交通基础建设的重要举措。

在很多地区，旅游交通已经成为我国旅游业发展的瓶颈，区域内的海陆空三维立体交通网络没有形成，甚至旅游城市内的精品景点处于彼此隔离状态，旅游集散功能薄弱，与日益壮大的旅游业不相匹配。究其原因，主要是由于旅游交通基础设施属于高投资项目，且技术性强，在旅游行业"投资少、见效快"的投资理念的影响下，与旅行社、旅游饭店等投资热点相比，就显得"门可罗雀"了。在这种情况下，为解决旅游交通的供需矛盾，旅游交通行业管理的主要内容之一就是创造良好的投资环境，大力吸引社会投资，建成合理的旅游交通网络。

旅游交通的建设主要有三方面内容：一是旅游目的地的交通网络建设，使游客进入目的地能够迅速散开，并且能够通过旅游交通的设计，欣赏到旅游目的地的精华景点，提高目的地的旅游价值；二是旅游城市间的交通网络建设，使游客能够进得来，出得去；三是省际区域间的交通网络建设，实施旅游资源联合共享。

在加大基础建设的同时，基础建设的管理要与之配套，以发挥其最大的作用。这里，管理的重点是工程实施的质量，旅游交通行业管理部门必须采取强有力的措施，对基础设施工程实行事前审批、事中监督、事后评定的全方位管理，为交通运输提供有力保证。

(2) 加强交通行业管理，是培育和发展统一开放、竞争有序的旅游交通运输市场的必然要求。

发展旅游交通的根本任务是为了经济社会的发展和人民生活水平的提高，尤其是为了给人们的旅行提供优质的运输服务。而要实现这个目标，必须依托旅游交通运输市场载体。加强交通基础建设是达到这个目标的必要条件，管理和开发运输市场则是发展旅游交通的充分条件，真正健康的旅游交通行业是基础设施和运输市场的全面发展。从我国旅游交通运输市场的现状来看，民航、铁路等行业还处于政府的相对集中管制之中，仍然受宏观经济的约束和控制；公路和水运行业虽然改革的步伐较快，竞争较为完全，但市场不稳定，价格竞争激烈。中国旅游业的快速发展要求交通运输市场的健康发展和支持。目前我国整体交通市场处于改革阶段，新旧体制交叉并存，企业经营主体、经营设施、经营方式政治发生重大变化，这对旅游交通运输市场管理提出了严峻挑战，交通行业管理部门必须坚持交通建设和行业管理并重，"两手都要硬"，为旅游业的发展提供良好的交通条件。

3. 旅游交通行业管理的原则

(1) 市场化原则。在以往计划经济条件下，我国的旅游交通管理主要表现为政企合一的部门管理模式。国家旅游交通行政主管部门制订了全国旅游交通运输计划，企业必须严格按计划进行交通运输经营活动。在这种行政性高度集中的计划管理体制下，国家是唯一的旅游交通经济主体，全国是一个大企业，计划由国家下达，资金由国家划拨，工资由国家提供，产品由国家销售，最后赢了国家赚，亏了国家赔。各个旅游交通企业只是全国大企业的分厂、车间或班组，因而没有自主经营权，缺乏活力和扩大再生产的积极性。目前，我国正由社会主义计划经济体制向市场经济体制过渡，旅游交通管理为适应市场经济的需要，也要由以前的计划模式向市场模式转变，由部门管理向行业管理转变。企业一律与政府部门脱钩，改变按行政级别配备和管理旅游交通企业干部的旧模式，走市场化道路，把旅游企业经营者从党政干部序列中分离开来，使经营者专心致力于企业的经营管理。行业管理机构作为政府职能部门，要从计划经济转向市场经济，从直接管理转变为间接管理。

（2）科学管理和管理服务相结合的原则。现代管理靠的是适合国情、科学完善的管理系统，尤其是全球经济步入信息时代，信息化、科学化是现代管理的大势所趋，而我国也处在建设有中国特色社会主义市场经济的历史时期，在行业管理市场化的基础上，政府要采用科学的管理手段和管理理念。科学的管理手段就是管理信息系统在航空、铁路、水路等交通运输业中的应用；科学管理理念就是"信息就是管理的手段，人才就是管理的资源"的理念，在管理实践中做到"以人为本"，充分发挥人的潜力。将交通客运的安全性列为行业管理的首要任务，确保人的生命和财产安全。科学的管理理念还体现在管理方式上，由"统治式管理"向"服务式管理"转变，增强政府为企业服务的功能。

（3）系统原则。行业管理是综合系统论、控制论、信息论基础上的管理方式。系统论就是指在行业管理实践中要有大局观念，兼顾系统各组成部分的利益，使系统力量大于各方力量之和。由于旅游交通业的交叉性和复杂性，民用航空业的主管部门是民航总局，铁路运输业的主管部门是铁道部，水路和公路的主管部门是交通部，而旅游车船由旅游局来管。这就要求各个部门加强协调，从旅游交通行业的大局出发，不能搞行业割据，避免资源浪费和重复建设。

4. 旅游交通行业管理模式

行业管理模式就是谁来管理行业、管理边界及手段。具体到旅游交通的行业管理模式，就是要回答"谁来管理旅游交通行业"的问题。

现阶段，在我国行业机构还不健全的情况下，行业管理的实施主体主要是政府。我国旅游业实施"政府主导型"行业管理模式，旅游管理部门作为政府职能机构，代表政府行使行政权力。国家及省、市各级旅游主管部门负责制订当地旅游行业发展计划、旅游资源开发规划和项目审批、旅游市场准入、旅游市场检查监督、旅游企业市场行为的规范惩戒、旅游市场服务、旅游安全管理、旅游统计、旅游促销等行业管理工作。在这种全行业政府主导的大背景下，作为旅游业一个分支行业的旅游交通行业管理也应该实施政府主导。

（1）政府主导意味着要在旅游交通行业加强宏观调控。伴随着经济体制的改革，我国的交通运输业经历着改革暴风雨的洗礼，民航总局、铁道部等都在围绕"政企分开、企业进入市场"进行大刀阔斧的改革。这就要求政府加大宏观调控力度，其原因有二：一是这种改革本身是在政府的促使下进行的，而非市场自发。政府在这场改革中，处于"领航人"和"护航人"的位置。二是改革将带来混合经济主体的形成，多种投资主体进入，如果将行业完全交由市场来管导致市场的混乱无序，最终受到伤害的还是消费者的利益，而且行业也不能实现可持续发展。

（2）"政府主导"并不代表"政府主持"。所谓宏观调控，它与微观领导的最大区别就在于管理手段和管理边界。宏观调控主要采用法律手段和经济手段。政府明确自身的管理边界，该由政府管的事，一定要管好；该交给企业的权力，部门不该截留；可以通过市场解决的问题，政府不要横加干预。旅游交通行业管理机构的管理重点是：突出交通发展战略重点，加强交通发展政策研究；加强政府机构的改革，重新定义政府的行业管理界限；加强交通立法，形成完备的交通法律体系；加强市场监管，培育完善的市场，维护市场的竞争性。

总之，就目前的状况而言，我国旅游交通行业管理的体制就是以"政企分开，市场运作，宏观调控"为特征的政府主导模式。

二、旅游交通行业管理者

旅游交通行业管理者必须充当旅游交通运输的规划者，与相关交通部门合作设计和规划好旅游交通环境，同时必须是旅游交通的监督者和协调者。

1. 旅游交通行业管理者的含义

旅游交通行业管理者就是在交通运输管理机构中，负有一定的管理责任，拥有相应的管理职权，并能通过管理业务活动影响交通运输有效进行的工作人员。

交通行业管理者是政府行业管理活动的组织者，是政府行业政策的传达者和执行者。

2. 旅游交通行业管理者的作用

（1）交通运输业的规划者。旅游交通管理者的职责就是根据所管区域的自然条件、经济结构、运力、运量以及交通运输的基本设施，合理地规划本地区规划期内交通运输的发展速度和发展规模，并且与更大区域内的整体交通网络互相衔接，确定本地区交通行业的发展政策以及发展的总体目标。

（2）交通行业管理的监督者。旅游交通市场的监督就是对进入旅游交通市场的行为主体的市场资格、交换行为及交换质量等进行检查监督。通过检查监督，纠正和惩罚运输市场参与者不符合市场经济规则的经济行为。旅游交通管理者还是交通法规的制定者和执行者，维护旅游交通市场的道德规范和公正原则，保证市场机制的正常运行和运输市场的稳定良好，促进全国或本区域交通事业的健康发展。

3. 旅游交通管理者应具备的素质

一位合格的交通行业管理者应具备以下两点素质。

（1）综合、先进的科学理论知识。旅游交通管理者既要具备交通专业的技术性知识，还要有旅游专业的经济知识，以及数学、统计等方面的知识。旅游业是一个更新快、极具活力的行业，所以要想跟得上潮流，行业管理者就要随时更新自己的知识，始终站在理论和实践的最前沿。

（2）过硬的个人素质。首先，旅游交通管理者是市场秩序的维护者，维护市场秩序包括立法和执法两个方面。所以行业管理者首先要有很强的法律意识、廉洁意识和良好的思想道德品质，才能做到依法行政。其次，还要有很强的指挥能力、组织能力和应变能力。交通行业的管理错综复杂，而且市场经济千变万化，应该学会适应不断变化的情况，否则就会坐失良机，给管理造成损失。

第二节　旅游交通的营运

一、旅游交通营运管理概述

旅游交通营运指的是规划、组织并实施旅游者在旅游过程中最优化、性价比最佳的交通方式。

旅游交通营运的目的就是通过采用有效的管理方式、方法和手段，保证票务预订和销售、旅客安全享受交通各项服务的组织活动顺利进行。

旅游交通营运的特征有以下几点。

1. 服务对象专一性

旅游交通营运的服务对象一般以旅游者为主体，具有明显的针对性和专一性。虽然目前旅游交通营运的服务已局部扩展到商务客货运，但仍基本局限于为旅游者提供交通服务为主导。

2. 营运手段多样性

由于旅游的客观需要，使得多数旅游过程所涉及的交通工具多样化，因此旅游交通的营运不可能以单一的公路、铁路、航空或轮船的方式运营，而必须根据实际旅游线路和游客的需求来编排和组织，结合各交通方式的特点，运用多样化的手段来实施每次旅游所需的交通服务。

3. 经营方式灵活性

公共交通基本以市场化运作为主，而每种交通方式的市场化经营模式各不相同，价格的变化更是难以把握，再加上社会关系、规模总量等因素，迫使旅游交通营运者在具体的经营方式上采取绝对灵活的方式，以应变诸多因素的影响，全方位地进行互补互贴、左右互调、以求平衡，在充分满足旅游需求的前提下，争取最大得益。

4. 管理方法综合性

专一化的服务对象，多样化的营运手段，灵活的经营方式给管理带来了新的课题。实践和经验告诉我们，旅游交通营运管理必须考虑共性与个性相结合、全年与各月相结合、总市场与分市场相结合、常规性需求与特殊性需求相结合等综合性问题。因此，旅游交通营运的管理方法十分强调综合性。

二、旅游交通营运的规划和组织管理

(一) 旅游交通营运的规划

1. 定义

旅游交通营运的规划是针对旅游交通现实和潜在需求，在对旅游规划地旅游交通现状和未来进行调查、分析和预测的基础上，为适应旅游交通营运的要求而编制的旅游交通操作蓝图。

2. 旅游交通营运的规划目的

旅游交通营运的规划目的就是保障旅游对交通的需要。具体体现在以下四个方面。

(1) 运营能适应旅游经济发展的需要，促进旅游的发展。
(2) 能使各种交通方式相互协调、配合互补，充分发挥各自优势。
(3) 合理、和谐的运营能产生最佳的社会及经济效益。
(4) 使旅游者的出行能方便、迅速、舒适、经济。

3. 旅游交通营运的规划的作用

旅游交通营运的规划作用体现在以下三个方面。

（1）根据交通市场的现状和旅游客观需求，明确了旅游交通营运的目标，使各种旅游交通方式协调发展，优势互补。

（2）创造安全、便捷并符合"旅速游慢，旅短游长，旅中有游，游旅结合"的游览性特征的交通运输环境，满足旅游者特殊的旅游交通需要。

（3）保持旅游交通供给与需求的总体平衡，降低旅游季节性和区域性给旅游业带来的负面影响，保证旅游交通经济效益的实现。

4. 旅游交通营运的规划的一般性思路

作为一个旅游企业在进行具体旅游交通营运的规划时，一般将旅游交通营运规划分为外部交通营运规划和内部交通营运规划两部分。外部交通营运规划，是指营运旅游客源地与目的地之间的交通（大交通），如何通过公路、铁路、水路和航空相结合的方式进入目的地。内部交通营运规划是指旅游目的地内游览交通的运作方式和内容。其模式如图 8-1 所示。

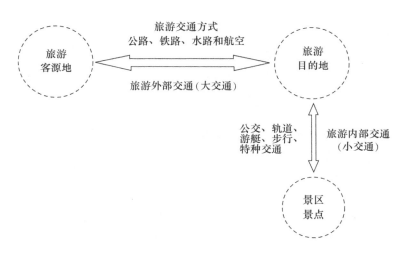

图 8-1　旅游交通营运规划模式图

旅游交通营运规划模式图告诉我们，在进行规划时一般应从以下几方面考虑。

（1）市场导向。市场导向必须从目标市场的实际出发，确定旅游交通的运力、设施与线路布局、营运方式等，以保持供给与需求在数量和种类上的平衡。

（2）经济效益。旅游交通是一个资源、技术密集型产业，必须注重营运的科学性，在保障旅游交通良性循环和安全准点的前提下，着重考虑经济效益。

（3）突出重点。旅游交通营运是一个系统工程，易受诸多环境因素影响。在规划时，必须抓住主要矛盾和关键环节，保证重点就是保证全局。

旅游交通规划重点，一般是指旅游交通枢纽、主导交通方式、内外旅游交通干线。

（4）综合配套。纵向上，保持公路、铁路、航空、水运、特种交通等交通方式之间的协调；横向上，保持行、住、食、游、购、娱等各要素之间的协调。

（5）区域特色与国际标准统一。根据地理和文化特征，规划具有区域特色的旅游交通营运系统。同时，在服务水平和惯例方面应与国际标准保持一致。

（6）便于游览。旅游交通不同于一般的公交运输，在营运规划上必须坚持较一般公共交通更加豪华舒适、特色鲜明、形式多样、主题突出等便于游览的原则。

（二）旅游交通营运的组织管理

旅游交通营运的实施是反映旅游交通服务效应的具体工作，在具体实施中必须执行规划、注重步骤、适度把握。

1. 执行规划

必须严格按营运规划执行旅游交通方案，尤其是在实施大交通方案时，原则上不能随意变更和取消，注重规划的权威性。

2. 注重步骤

旅游交通的具体操作都有严格的步骤，特别是大交通的实施，必须按公路、铁路、水路和航空方面的各自要求和步骤来实现旅游交通的目的。

3. 适度把握

旅游交通的具体操作都应讲究方式和方法。旅游交通的实际运作和经验告诉我们，旅游交通在强调相当僵硬的方式外，更注重方法上的适度把握，尤其在处理旅游交通的各种变更与事件时，适时适度地运用各种处事技巧、相关法律法规和各交通企业的规章制度等，才能让旅游交通的实施得以既顺利又安全的实现。

三、旅游交通营运的服务和技术管理

（一）旅游交通营运的服务管理

1. 始终停靠站的营运服务管理

始终停靠站，是旅游者在旅行活动中的主要集散地。由于旅游者常常在远离家乡的陌生地上下或换乘交通工具，因此，搞好始终停靠站的服务管理，创造清洁而舒适的休息和候车（机、船，下同）环境，帮助旅游者解决旅行生活中的疑难问题，就更为重要。始终停靠站的营运服务管理，包括以下几个方面的内容

(1) 候车室服务管理。候车室是旅游者开始旅行活动的休息场所，因此人员拥挤，流动性大。候车室服务管理的主要任务，就是保证旅客的休息，向旅客报告乘坐交通工具的班次、时间、地点等信息，使旅客顺利、愉快地踏上旅途。

(2) 问讯服务管理。旅游交通运输企业应在始终停靠站中的适当地点设立问讯处或问讯窗口，并配备业务熟练的服务人员为旅客解答有关客运方面的疑难问题。

(3) 寄存服务管理。停靠站应设立相对数量和规模的小件物品寄存处，为旅游者提供安全、方便的小件物品寄存服务。

(4) 餐饮服务管理。停靠站应在适当地点设立旅客餐厅和副食品商店（柜台），为旅客提供可口、方便、卫生的饭菜、饮料和旅行小食品。

(5) 清洁卫生服务管理。加强清洁卫生管理，创造卫生、舒适的休息和候车环境，是旅游交通运输企业运营服务管理的重要组成部分。

2. 交通工具上的运营服务管理

由于受交通工具上空间狭小的制约，旅客的旅行生活方式比较单一，生活内容比较单调。交通工具上的营运服务管理，就要通过对各项服务的安排、规定、监督，使营运服务规范化、标准化，为旅客提供热情周到、及时方便的旅行服务，保证旅客安全、舒适、愉快。

(1) 安全服务管理。交通工具上的安全服务管理，要贯彻"预防为主"的方针，杜绝交通事故的隐患。一方面，要加强对司乘人员的安全教育，制定严格的安全运输操作规程及标准，保证交通工具安全运行；另一方面，要通过多种渠道向旅客宣传旅行安全常识，提高旅客在特殊情况下的自我保护能力。此外，在安全服务管理中，还必须十分重视对交通事故或其他原因造成的旅客意外伤害或急病事件的处理。

(2) 宣传与预告服务管理。宣传预告服务是旅客在旅行途中了解国内外大事、交通工具上服务设施和项目、旅行进程、沿途观光景点以及旅行目的地基本概况的主要信息渠道。

(3) 餐饮服务管理。交通工具上餐饮服务管理的重点，在于为旅客提供卫生、方便、快速的餐饮服务。

(4) 清洁卫生服务管理。由于交通工具上空间小，旅客众多，加强清洁卫生服务管理，搞好环境卫生，对于旅客舒适、愉快地度过旅行生活十分重要。

（二）旅游交通营运技术管理

旅游交通营运技术管理是在坚持科技进步的前提下，在企业现有的技术、经济基础上，以先进的技术、工艺和装备，保障企业的产品质量适应市场需求，节约能源、降低消耗、扩大生产规模、提高经济效益的活动。

1. 技术、产品创新

对交通企业的技术、产品创新必须以提高经济效益为目标，充分利用资源，吸取先进的经验完善自身，提高竞争力。

2. 质量管理

搞好产品设计工作并制定技术文件；搞好产品试生产及质量管理工作；研究产品的科学技术原理、工艺等因素；采取有针对性的改进措施保证技术组织管理；利用各种方法加强产品的质量管理。

第三节　旅游交通的协调

协调就是正确处理组织内外各种关系，为组织正常运转创造良好的条件和环境，促进组织目标的实现。

旅游交通的协调就是正确处理好旅游与各交通组织者的关系，为旅游的正常出游创造良好的条件和环境，实现旅游交通和谐、统筹、均衡的目标。

一、旅游交通产业内部分工与协作

旅游交通协调，关键在于参与的各交通组织者与旅游组织者、各交通组织者之间的分工与协作，强化各自的优势才能更好地满足旅游者的需求，优势互补才能有效地拓宽旅游交通市场，才能促进旅游交通业的持续稳定发展。因此，根据运输优势与需求特点相统一原则对旅游交通产业内部进行合理分工，同时遵循互补原则促进产业内部协作运输，将是我国旅游交通调整和优化产业结构的核心战略。为更好地实现各种旅游交通方式既分工又协作的良好环境，就必须对各种旅游交通方式进行优劣分析以及市场对不同交通的需要分析，这样才能真正做好协调工作和旅游交通服务工作。

1. 各种交通方式的优势与劣势

一般而言，旅游交通产业是依据运输活动的地理特征进行内部分工的，即公路、铁路承担陆路运输，航空承担空中运输，水路承担水上运输，特种交通方式承担特殊地理环境的运输。然而，在多种交通方式并存的现实生活中，旅游者往往不是根据运输活动的地理特征来选择交通方式的，而是依据交通方式的运输速度、距离、价格、舒适性、游览性、灵活性等综合优势来决定旅行方式。各种旅游交通方式都拥有各自的运输优势和劣势（见表 8-1），能够满足不同运输需求旅游者的特定需要，并据此进行产业内部分工，有利于优化旅游交通产业结构，强化各种交通方式的优势功能，提高整个产业的市场适应力和竞争力。

表 8-1　各种旅游交通方式的优势和劣势对比表

类　型		运距	运速	运价	舒适性	游览性	灵活性
旅游公路		短	低	低	中	良	优
旅游铁路		中	中	中	良	中	良
旅游航空		长	高	高	优	差	中
旅游水运	一般	中	低	低	差	良	中
	远洋游船	长	低	高	优	优	差
特种旅游运输	一般	短	低	低	差	优	差
	高科技运输	短	高	高	良	优	差

2．各种旅游交通方式主导不同的市场

旅游交通运输一级市场由短距离、中距离、远距离三个细分二级市场组成。每一个二级市场又可根据运输速度细分为低速、中速、高速三个三级市场。每一个三级市场又可根据运输价格细分为低档、中档、高档三个四级市场。在二级市场，公路和特种交通方式占据短距离细分市场的主导地位，铁路和水路占据中距离细分市场的主导地位，航空和远洋游船交通方式占据远距离细分市场的主导地位。在三级市场，公路、水运、特种传统交通方式主导低速细分市场，铁路主导中速细分市场，航空、特种高科技交通方式主导高速细分市场。在四级市场，公路、水路、特种传统交通方式主导低档细分市场，铁路主导中档细分市场，航空、游船和特种高科技交通方式主导高档细分市场（见表 8-2）。

表 8-2　旅游交通产业内部分工结构

	市场特征	主导交通方式	市场特征	主导交通方式	市场特征	主导交通方式
一级市场	旅游交通整体市场	公路，铁路，航空，水运，特种交通方式				
二级市场	短距离	公路，特种交通方式	中距离	铁路，水运	远距离	航空，远洋游船
三级市场	低速短距离	特种传统方式	低速中距离	水运	低速远距离	远洋游船
	中速短距离	公路	中速中距离	铁路	中速远距离	铁路
	高速短距离	特种交通	高速中距离	航空	高速远距离	航空

续表

	市场特征	主导交通方式	市场特征	主导交通方式	市场特征	主导交通方式
四级市场	低档低速短距离	特种传统方式（如自行车）	中档低速中距离	水运（如普通水上客运）	低档低速远距离	公路（如长途客运）
	中档低速短距离	特种传统方式（如游览索道）	中档低速中距离	公路（如长途旅游汽车）	中档低速远距离	水运（如远洋客运）
	高档低速短距离		高档低速中距离	水运（如内河游船）	高档低速远距离	水运（如远洋游船）
	低档中速短距离	公路（如公共汽车）	低档中速中距离	铁路（如普通旅客列车）	低档中速远距离	铁路（如普通列车）
	中档中速短距离	公路（如旅游汽车）	中档中速中距离	铁路（如旅游列车）	中档中速远距离	铁路（如旅游列车）
	高档中速短距离	铁路（如旅游列车）	高档中速中距离	航空（如直升机游览飞行）	高档中速远距离	铁路（如高速列车）
	低档高速短距离	铁路（地铁）	低档高速中距离		低档高速远距离	
	中档高速短距离	铁路（如高速列车）	中档高速中距离	铁路（如高速列车）	中档高速远距离	航空（如民航班机）
	高档高速短距离	特种现代方式（磁悬浮列车）	高档高速中距离	航空（如民航班机头等舱）	高档高速远距离	航空（如旅游包机）

二、旅游交通产业内部分工的特点

旅游交通产业内部分工具有逐渐细化的特点。随着旅游交通市场细分程度的加深，旅游需求的条件越来越多，能够满足特定需求条件的交通方式在类型上呈逐级减少的趋势，甚至会出现断档现象。比如，在一级市场五种旅游交通方式都符合市场需求，在二级市场的3个子市场中各有2种主导交通方式，在三级市场的9个子市场中多数只有1种主导交通方式，而在四级市场的27个子市场中没有任何交通方式能够满足特定的市场需求条件。产业分工逐级细化的特点是各种旅游交通方式合理分工的基础，只有把市场需求特点和各种交通方式的自身优势相结合，才能建立功能分明、竞争有序、供求平衡的高效产业结构。

产业内部分工的另一个特点是：随着市场细分的深入以及市场供给断档趋势的出现，交通方式开始进行近似供给，即近似满足特定需求的交通方式成为断档子市场的主导交通方式。比如，在四级细分市场中的中档高速短距离市场中，铁路并不具备短距离运输优势，但却具备中档、高速两项优势，因此以近似身份成为该市场的主导方式。产业分工近似供给的特点是各种旅游交通方式联合运输的基础，只有根据优势互补的原则进行产业协作，才能有效拓展市场和增加需求，从而增强整个产业的发展后劲和潜力。

舒适性、游览性和灵活性也是影响旅游者选择交通方式的主要因素，因而也是旅游交通产业内部分工的重要特征。航空和远洋游船舒适性优势最明显，居商务、会议、度假运输市场主导地位；特种交通、公路、水运方式游览性突出，是专项旅游、游览、娱乐运输市场的首选；公路和铁路方式灵活性最佳，成为中转联运和衔接运输市场的主宰。值得注意的是：旅游者对舒适性、游览性和灵活性的追求往往不是单一的，而是综合统一的。比如，铁路运输的单项优势并不十分突出，但是其融舒适性、游览性、灵活性于一体的综合优势却十分明显，因而可以兼顾多种旅游运输细分市场，具备了较强的市场适应能力和渗透能力。

三、行业协会

行业协会是政府和市场间的桥梁，被称为行业管理中的中介组织，其作用主要有三：凝聚团结作用、行业自律作用和维护行业权益的作用。由于政府机构与市场中企业的利益不同，很多方面不能完全维护企业的利益，所以，在规范成熟的市场经济条件下，不能单单靠政府力量来完成对行业的管理，政府应该在"政企分开、公平、自愿、共赢"原则的基础上，将一部分属于行业服务的职能转移给行业协会，发挥行业协会的组织、协调和服务功能。

交通部直属的协会有：中国公路建设行业协会、中国公路勘察设计协会、中国道路运输协会、中国汽车维修行业协会、中国汽车保修设备行业协会、中国水运建设行业协会、中国港口协会、中国船东协会、中国交通企业管理协会、中国水上消防协会、中国船级社、中国公路学会、中国航海学会等。

国家旅游局方面的旅游交通协会主要是旅游车船协会（China Tourism Automobile and Cruise Association，CTACA）。

（一）旅游车船协会概况

中国旅游车船协会是由中国境内的旅游汽车、游船企业和旅游客车及配件生产企业、汽车租赁、汽车援救等单位，在平等自愿的基础上组成的全国旅游车船行业的转业性协会，是非营利性社会组织，具有独立的社团法人资格。协会于1988年成立，现有会员200余家。其宗旨是：遵守国家宪法、法律、法规和政策，遵守社会道德风尚，广泛团结联系旅游车船业界人士，代表并维护会员的共同利益和合法权益，努力为会员、为政府、为行业服务，在政府和会员之间发挥桥梁和纽带作用，为把我国建设成为世界旅游强国，促进国民经济和社会发展做出积极贡献。

中国旅游车船协会主管单位为国家旅游局，社团登记管理机关为民政部，接受国家旅游局的领导、民政部的监督管理和中国旅游协会的业务指导。协会于 1991 年作为中国唯一代表加入国际旅游联盟（AIT）组织。其业务范围是：

（1）宣传贯彻国家有关旅游业发展的方针政策，向主管单位反映会员的愿望和要求。

（2）总结交流旅游车船企业的工作经验，收集国内外本行业信息，深入进行调查研究，向主管单位提供决策依据和积极建议。

（3）组织会员订立行规、行约并监督遵守，维护旅游市场秩序，协助主管单位加强对旅游市场的监督管理。

（4）为会员提供咨询服务，加强会员之间的交流与合作，组织开展培训、研讨、考察和新经验、新技术及科研成果的推广等活动，沟通会员间的横向联合，促进行业间的业务联网。

（5）指导下设的专业委员会开展业务活动。

（6）加强与行业内外的相关组织、社团的联系与合作。

（7）开展与国际旅游联盟（AIT）组织等海外相关行业之间的交流与合作。

（8）编印会刊和信息资料，为会员提供信息服务。

（9）承办主管单位委托的其他工作。

（二）行业协会的工作空间

1. 政策扶持

旅游业是一个敏感行业，受政治经济波动的影响很大。2003 年的"非典"疫情使旅游业遭受到了前所未有的重创。酒店、景区无人，旅游交通空座。如何在出现行业波动时，给企业以政策扶持和援助，使企业渡过难关，实行行业的可持续发展，这是值得思考的问题。在申请政策扶持方面，行业协会责无旁贷。行业协会是行业内企业之间的联盟，最能代表企业的利益，企业之间联合起来用一个声音说话，更能够增加与主管部门的谈判能力，为企业争取到正当的利益。

2. 市场管理

我国旅游车船行业存在着服务不规范、恶性竞争、"黑车"问题，严重影响了旅游客运市场的秩序，行业协会要加大规范市场秩序、打击违法违规行为的力度。旅游客运市场是一个多部门管理的交叉领域，政府部门时常出现相互扯皮的现象。在这种情况下，行业协会应发挥协调作用，联合其他行业协会对市场进行监管和整顿。但是，整顿只是权宜之计，治标不治本，行业协会还要转变思路，更多的引导市场走向，支持、鼓励旅游车船企业开辟新的客运业务，缓解市场竞争，为企业提供一个更加宽松的经营环境。

3. 行业自律

正如上面所说，市场的监管对于解决旅游车船市场中的不规范问题只是问题解决的一个方面。按照辩证法的观点，事物的矛盾有内因和外因两个方面。解决旅游客运市场的不规范问题的根本办法，还要从行业内部来进行整顿，加强行业的自律能力。行业协会应该是行业的一面镜子，发现有问题的企业在行业内及时通报，并且利用各种媒体向公众汇报，不仅将行业隐患消除在萌芽状态，避免引起游客投诉等更大的问题，还可以树立良好的行业形象，提高旅游者对行业的信任度。

总之，在我国目前的市场经济中行业协会的作用还没有引起充分的重视，行业组织的力量还没有充分施展。随着我国社会主义市场经济的完善和健康发展，行业协会在行业管理中的地位一定会更加稳固。在行业管理中，政府要适当放权，充分发挥行业协会的作用，给行业协会一定的作用空间，该由行业协会来管的一定不要干涉；要加强对协会的指导和管理，支持协会开发工作，充分发挥协会在行业中的作用。协会也要加强自身建设，不断提高自身素质和能力，更好地发挥桥梁和纽带作用，当好政府的助手和参谋。协会要为企业提供服务，加强行业自律管理，协调企业间的竞争与合作关系，通过制定行规、行约进行自我保护，维护行业共同利益。

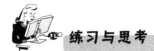

练习与思考

1. 简述旅游交通行业管理的含义和原则。
2. 旅游交通营运的含义与目的是什么？
3. 简述旅游交通营运的特征。
4. 旅游交通营运规划的作用有哪些？
5. 旅游交通营运规划的思路应该是什么？
6. 旅游交通营运规划的实施应注意什么？
7. 为什么要进行旅游交通的协调？

参 考 文 献

[1] 中华人民共和国公路法 [M]. 北京：中国法制出版社，1999.
[2] 中华人民共和国道路交通安全法 [M]. 北京：人民交通出版社，2003.
[3] 中华人民共和国民用航空法 [M]. 北京：法律出版社，2005.
[4] 中华人民共和国铁路法 [M]. 北京：中国铁道出版社，1990.
[5] 中华人民共和国国际海运条例 [M]. 北京：人民交通出版社，2002.
[6] 民航航班时刻管理暂行办法 [M]. 北京：中国民航出版社，2007.
[7] 民用航空安全信息管理规定 [M]. 北京：中国民航出版社，2005.
[8] 中华人民共和国港口法 [M]. 北京：法律出版社，2004.
[9] 国内航空运输承运人赔偿责任限额规定 [M]. 北京：中国民航出版社，2005.
[10] 中国民用航空旅客行李国内运输规则 [M]. 北京：中国民航出版社，1996.
[11] 经营空中游览项目审批办法 [M]. 北京：中国民航出版社，1996.
[12] GB/T 18764—2002 民用航空旅客运输术语.
[13] GB/T 18360—2001 公共航空运输服务质量评定.
[14] GB/T 18041—2000 民用航空货物运输术语.
[15] GB/T 17836—1999 通用航空机场设备设施.
[16] GB 18432—2001 民用航空地面事故等级.
[17] MH/T 7010—2003 民用航空运输机场安全检查信息管理系统技术规范.
[18] MH/T 7004.2—1995 航空食品卫生规范.
[19] GB 50139—2004 内河通航标准.
[20] GB 5768.2—2009 道路交通标志和标线 第2部分：道路交通标志.
[21] 中国民用航空总局. 中国民用航空运输规则 [M]. 北京：中国民航出版社，1996.
[22] 中国民用航空总局. 中国民用航空旅客行李国内运输规则 [M]. 北京：中国民航出版社，1996.
[23] 中国民用航空总局. 中国民用航空旅客行李国际运输规则 [M]. 北京：中国民航出版社，1998.
[24] 中国民用航空总局. 中国民用航空安全检查规则 [M]. 北京：中国民航出版社，1999.
[25] 中国民用航空总局. 航空安全与航空事故防范实务手册 [M]. 北京：光明日报出版社，2007.
[26] 王冈，曹振国. 民航与民用飞机 [M]. 北京：科学技术出版社，中国社会出版社，1998.
[27] 中国民用航空总局. 民用航空机场地面服务实用手册 [M]. 北京：中国知识出版社，2006.
[28] 李国. 民用航空服务与运营管理实用手册 [M]. 合肥：安徽文化音像出版社，2004.

[29] 张增民. 今日中国民航 [M]. 北京：中国民航出版社，2003.

[30] 〔英〕阿什弗德. 机场运行 [M]. 北京：中国民航出版社，2003.

[31] 王庆西. 机场服务 [M]. 北京：中国民航出版社，2004.

[32] 中国民用航空总局. 客舱安全与应急处置 [M]. 北京：中国民航出版社，2009.

[33] 赵影，钟小东. 民航客货运输实务 [M]. 北京：中国民航出版社，2007.

[34] 李永. 民航基础知识教程 [M]. 北京：中国民航出版社，2006.

[35] 张辉. 民航国际旅客运价教程 [M]. 北京：中国民航出版社，2006.

[36] 肖艳颖. 航空保险 [M]. 北京：中国民航出版社，2008.

[37] 崔祥建. 民航法律法规与实务 [M]. 北京：旅游教育出版社，2007.

[38] 铁道部政策法规司. 铁路交通事故应急救援和调查处理条例实施手册 [M]. 北京：中国铁道出版社，2008.

[39] 铁道部政策法规司. 中国铁路法规、规章及规范性文件汇编：2008年版 [M]. 北京：中国铁道出版社，2008.

[40] 上海铁路局职工教. 电气化铁路安全普及读本 [M]. 北京：中国铁道出版社，2006.

[41] 王慧晶. 铁路客运业务实务 [M]. 北京：中国铁道出版社，2009.

[42] 赵鹏主. 高速铁路运营组织 [M]. 北京：中国铁道出版社，2009.

[43] 贾俊芳. 高速铁路客运服务 [M]. 北京：中国铁道出版社，2009.

[44] 刘建国. 高速铁路概论 [M]. 北京：中国铁道出版社，2009.

[45] 孔庆春. 铁路交通事故应急救援知识读本 [M]. 北京：中国铁道出版社，2007.

[46] 孔庆春. 轨道车运用安全知识读本 [M]. 北京：中国铁道出版社，2008.

[47] 曹钟雄，等. 国外铁路法律法规选编 [M]. 北京：中国铁道出版社，2002.

[48] 赵吉山，等. 铁路运输安全管理 [M]. 北京：中国铁道出版社，2004.

[49] 周平. 铁路旅客运输服务（第二版）[M]. 北京：中国铁道出版社，2008.

[50] 王文武. 交通执法管理手册 [M]. 北京：人民交通出版社，2005.

[51] 刘建军. 中华人民共和国道路交通安全法解说与运用 [M]. 北京：人民交通出版社，2004.

[52] 毛保华，等. 城市轨道交通（高校教材）[M]. 北京：科学出版社，2001.

[53] 交通部规划司. GB 5768—1999〈道路交通标志和标线〉使用手册 [M]. 北京：中国标准出版社，2007.

[54] 周蔚吾. 城市道路与高速公路衔接指路标志设置指南 [M]. 北京：人民交通出版社，2009.

[55] 张生瑞. 道路交通标志、标线和指挥信号全接触 [M]. 北京：人民交通出版社，2005.

[56] 谢来发. 美国道路交通标志与标线 [M]. 北京：人民交通出版社，2009.

[57] 丁三丰. 世界经典标志大全 [M]. 北京：世界图书出版公司，2006.

[58] 段广云. 高速公路交通安全管理实务 [M]. 北京：人民交通出版社，2007.

[59] 湖南地图出版社. 中国高速公路行车指南 [M]. 长沙：湖南地图出版社，2008.

[60] 王选仓. 高速公路管理 [M]. 北京：人民交通出版社，2008.

[61] 湖南省交通研究院. 中国高速公路行车指南（袖珍版）[M]. 长沙：湖南地图出版社，2008.

[62] 交通研究院. 美国高速公路运营管理手册 [M]. 北京：人民交通出版社，2009.

[63] 陈航,等. 中国交通地理 [M]. 北京:科学出版社,2000.
[64] 黑龙江公路局. 公路运输的安全监管违章查处与事故救援实务指南(上、中、下)[M]. 哈尔滨:黑龙江人民出版社,2003.
[65] 法律出版社法规中心. 新编交通运输纠纷办案手册 [M]. 北京:法律出版社,2008.
[66] 〔法〕梅兰. 城市交通 [M]. 高煜译. 北京:商务印书馆,1996.
[67] 理查兹. 未来的城市交通 [M]. 上海:同济大学出版社,2006.
[68] 黄序. 外国家庭汽车化与大城市交通 [M]. 北京:中国建材工业出版社,2006.
[69] 崔京浩,陆化普. 解析城市交通 [M]. 北京:中国水利水电出版社,2001.
[70] 刁心宏,李明华. 城市轨道交通概论 [M]. 北京:中国铁道出版社,2009.
[71] 张力. 城市轨道交通运营与管理综合应用 [M]. 北京:电力出版社,2008.
[72] 中国地铁工程咨询公司. 地铁与轻轨 [M]. 北京:中国铁道出版社,2004.
[73] 张庆贺. 地铁与轻轨 [M]. 第二版. 北京:人民交通出版社,2006.
[74] 郭继孚. 国内外快速公交系统发展实践 [M]. 北京:中国建筑出版社,2008.
[75] 陆锡明. 快速公交系统 [M]. 上海:同济大学出版社,2005.
[76] 法律出版社法规出版中心. 内河航标管理办法 [M]. 北京:法律出版社,2004.
[77] 王柏祥. 国内航空运输承运人赔偿责任限额规定,贯彻实施与民用航空运输安全管理实施手册 [M]. 北京:中国知识出版社,2006.
[78] 中华人民共和国海事局. 水上交通事故调查处理指南 [M]. 北京:人民交通出版社,2002.
[79] 王诺. 邮轮经济:邮轮管理·邮轮码头·邮轮产业 [M]. 北京:化学工业出版社,2008.
[80] 湄虹. 邮轮旅游全攻略 [M]. 重庆:重庆大学出版社,2009.
[81] 方大怀,章婧. 航道文化 [M]. 北京:人民交通出版社,2008.
[82] 航标协会. 国际航标协会助航指南 [M]. 第五版. 北京:人民交通出版社,2008.
[83] 马永伟. 保险知识读本 [M]. 北京:中国金融出版社,2000.
[84] 李一新. 最新野外生存手册 [M]. 北京:石油工业出版社,2007.
[85] 杨天庆,崔学梅. 野外生存之旅 [M]. 兰州:甘肃人民出版社,2009.
[86] 王桂忠,等. 野外生存教育教程 [M]. 广州:暨南大学出版社,2009.
[87] 陈国荣. 交通通识 [M]. 南京:东南大学出版社,2007.
[88] 崔莉. 旅游交通管理 [M]. 北京:清华大学出版社,2007.